KB034718

기록되지 않은 노동

숨겨진 여성의 일 이야기

기록되지 않은 노동

초판 1쇄 발행 • 2016년 1월 20일
초판 4쇄 발행 • 2019년 11월 20일

지은이 • 여성노동자글쓰기모임
펴낸이 • 황규관

펴낸곳 • 도서출판 삶창
출판등록 • 2010년 11월 30일 제2010-000168호
주소 • 04149 서울시 마포구 대흥로 84-6, 302호
전화 • 02-848-3097
팩스 • 02-848-3094
홈페이지 • www.samchang.or.kr

디자인 • 정하연
인쇄 • 스크린그래픽

여성노동자글쓰기모임 씀

김시형
김은선
김향수
류현영
라온소연
문세경
변정윤
안미선
윤춘신
은아
이지홍
최성미
희정

숨겨진
여성의 일
이야기

기록되지 않은 노동

삶창

여자들이 함께 모여
글을 쓰면 좋겠다

글쓰기교실을 찾는 수강생이 많은 것도 아니었다. 많아야 열 명 안쪽이었다. 다 지나고 나서 생각해보니, 일주일에 한 번씩 8주, 두 달간 글쓰기교실을 진행하는 게 쉬운 일은 아니었다. 한 달에 한 번 정기 모임을 해오던 우리가 일주일마다 저녁 시간에 모였다. 글쓰기 교실에 찾아온 이들을 맞이하고, 강의를 듣고, 뒤풀이를 하며 서로 낯선 사이를 좁혀 나갔다. 삶창의 기획으로 시작해 1년에 한 차례씩 글쓰기교실을 여섯 번 열었고, 일곱 번째는 우리 모임에서 홀로 지원 사업을 신청해서 열었다.

우리는 왜 그런 자리를 마련했을까. 어디서 지금 혼자 외로운 당신, 함께 이야기하고 글 쓰자는 그런 마음이었지 싶다. 특별한 글쓰기 기술을 가르쳐줄 수도 없고, 글쓰기교실에 나온다고 글쓰기 실력이 확

느는 것도 아니다. 단지, 여성이든 삶이든 사회든 글이든 먼저 고민한 '언니들'한테서 다른 데서 듣지 못하는 이야기 한 자락 얻어들으며 공부하자고 제안하고, 한 줄이어도 좋으니 써보자고 용기 북돋워주고, 그간 아무한테도 열어놓지 못했거나 아무도 들어주지 않았던 이야기에 귀 기울여주고, 그렇게 털어놓아도 하나도 부끄럽지 않다는 걸, 이야기해도 된다는 걸 알아나간 시간이었다. 잘난 사람들에, 나를 밀치는 세상에 주눅 들 필요 없다는 걸 스스로 일깨우는 시간이었다.

어쩌다 처음 만나는 이에게 여성노동자글쓰기모임이라고 말하면, "모임 이름이 뭐예요?" 라는 질문을 받곤 한다. '모임' 다음에 그럴 듯한 이름이 따라오리라 생각했을 텐데, 우리는 모임 뒤에 다른 이름을 만들자고 머리 맞대본 적이 없다. 달리 필요성도 느끼지 않았다. 그냥 여성노동자글쓰기모임.

모임 공간도 따로 없다. 돈을 모아 공간을 마련해볼 욕심도 없다. 대표가 있거나 회칙을 조목조목 만들지도 않았고, 총회라는 형식도 없다. 12월 송년회 때, 달마다 5000원씩 낸 회비를 어디에 어떻게 썼는지 정도를 확인한다. 목적이나 목표도 뚜렷하지 않다. 송년회 때 다음 해에 해볼 몇 가지를 잡고 달마다 글 쓸 사람과 사회 볼 사람을 정하는데 하다 보면 그것도 다 지키지 못한다. 조직을 튼튼히 하거나 확장할 생각 같은 것도 없다. 우리가 '조직'이라는 생각도 사실 희박하다. 밖에서 보기엔 무척 아마추어 같고, 주먹구구식으로 보일 게다. 한 달에 한 번, 두세 시간 만나는 정기 모임에 1년에 한 번 참여하는 회원도 있고, 몇 년에 한 번 오는 회원도 있다. 몇 달에 한 번 오기도 하고, 달마다 안 빠지고 참여하는 이도 있다. 오래 안 나온다고 제명을 하거나 그런 것도 없다. 그러면서 만 12년을 왔다.

12년을 왔지만 우리는 앞으로 10년, 20년을 약속하지도 않는다. 12년을 그렇게 왔기 때문이다. 예상하고 기획해온 12년이 아니다. 앞으로 얼마를 더 가자는 것도 없고, 갈 수 있을지 없을지에 대해서도 생각하지 않는다. 내일 당장 사라져도 아쉽거나 두려워하지 않을 거다. 무언가 생기거나 만들면 자라기도 하고 자라다 사라지거나 없어지기도 하고 그러지 않겠는가. 모일 때까지 모이고, 만날 때까지 만나면 되리라.

언젠가 회원들과 나눈 이야기가 있다. 우리 모임이 각 회원들 삶의 중요도에서 맨 마지막 순위여도 괜찮지 않겠느냐고. 모임 날 온다고 했다가도 그날 직장 일로, 가족 일로, 친구 일로 다른 어떤 일로든 우리 모임이 뒤로 밀려도 괜찮지 않겠느냐고. 다른 중요한 모든 일들을 다 하고 나서 그러고도 시간이 되고, 생각이 나 와도 되지 않겠느냐고. 몇 년 만에 한 번이라도 얼굴 보면 반갑고 고마운 거고, 몇 년 만에 한 번 생각 나 왔는데 그대로 우리가 있어 어제 본 듯 반겨주면 그게 어디냐고. 가을빛으로 물든 나뭇잎보다 우리 모임이 꼭 더 아름다워야 할 필요는 없다.

그래서 하고 싶은 말은, 여기저기에서 여자들이 함께 모여 글을 쓰면 좋겠다. 글쓰기는 혼자 하는 일이지만 혼자 하기 어려운 일이기도 하다. 어쩌다 여성들이 모인 자리에 글쓰기에 대해 이야기하러 가면 꼭 하는 이야기가 있다. 함께 모여 글 쓰고 들려주고 들어주자고. 들은 글에 대해 이야기할 때는 가능한 한 부족하고 못한 점을 찾아 이야기해주기보다는 미약하나 좋고 잘한 점을 들어서 이야기해주자고. 그래서 더러 시작해보았다는 소식을 전해 듣기도 했다.

이 책은 여성노동자글쓰기모임에서 처음 내는 책이다. 글쓴이 중에는 벌써 책을 여러 권 내거나 공연을 올린 작가도 있지만, 다른 사람을 인터뷰하고 글을 쓰고 대중매체에 싣는 게 처음인 이들이 대다수다. 용기를 내어 해보겠다고 손들고, 누굴 만날지 생각하고, 누가 먼저 쓸지 순서를 잡고, 떨리는 마음으로 인터뷰를 하고, 초고를 쓰고 고치고 완성하기까지 시간도 많이 걸리고 애도 많이 썼다. 그리고 다시 글을 모아 책을 만들기까지도 오랜 시간이 걸렸다.

이 책은 앞으로 더 많은 사람들에게 여러 방식으로 말을 걸어나갈 거다. 안산 땟골 여성 이주노동자에 관한 글이 『일다』에 실린 뒤, 어떤 신문에서 땟골 고려인 이주노동자를 크게 다룬 기사를 보았다. 한 다큐멘터리 감독은 작품 상영 뒤 관객과 대화 시간에 자신의 작업에 이 글이 실마리가 되었다고 말했다. 이 책에 실린 글 한 편 한 편이 새로운 씨앗이 되어 자라나면 좋겠다. 누군가에게는 더 파고들 현장으로, 누군가에게는 노동 현장에서 소리 내는 용기로, 누군가에게는 부러뜨린 연필을 애써 다시 쥐는 계기로, 누군가에게는 외롭지 않다는 위로로……. 서른한 명의 여성이 자신의 이야기를 들려준 것처럼, 열세 명 여성이 쓴 글을 세상에 내놓는다. 이건 우리 게 아니라 당신 거다.

_____박수정(르포작가)

일하는 여자들의
얼굴

일하는 여자들이 있다. 그녀가 '일을 한다'는 것은 잘 보이지 않는
다. 언제나 그 자리에서 일을 해왔으므로 당연히 있는 모습으로 여겨
진다. 그 일은 '노동'이라는 공식적인 이름으로 잘 불리지 않는다. 그
러나 그녀들은 자신의 얼굴을 가지고 있다. 생존을 위해 일하고, 노동
을 통해 세상과 만나며, 차별에 맞서고 있다. 그 얼굴을 마주하면 새
로운 이야기를 들을 수 있다. 노동과 노동 아닌 것의 구분이 얼마나 인
위적이며, 삶에서 그 일이 어떤 의미를 가지고 있는지, 한 사람이 얼마
나 혼신의 힘을 다해 일을 해내는지 알게 된다.

개인의 선택만을 강조하는 신자유주의의 무한경쟁 속에서 여성노동
자들의 일자리는 급변해왔다. 산업구조가 재편되고 서비스업이 발달
하면서 1990년대 이후 여성들은 비정규, 비공식 노동을 더욱 도맡게

되었다. 여성에게 주어지는 새로운 일은 화려해 보였지만 실은 불안정한 일자리였다. 10년 사이에 여성 비정규직은 34만 명이 증가했고 시간제와 파견 용역직이 급증했다. 일하는 여성들 다섯 명 중 한 명은 시간제나 파견직으로 일한다. 유망 직종이라며 새 일들이 줄줄이 생겨나고 있지만, 여성에게 주어지는 일자리는 사회적 보장에서 제외되고 법적으로 노동권을 보장받지 못하는 일이 많다. 그 속에는 먹이고 씻기고 기분 맞춰주고 돌보는 일은 여성이 당연히 하는 일이고, 그 대가를 따로 쳐주지 않아도 된다는 성별 분업과 성차별의 편견이 있다. 그리고 사회의 필수적인 서비스를 민간시장에 맡겨 여성들의 노동조건을 악화시키는 정책의 부재도 있었다. 새로운 여성노동자들이 생겨났지만 그녀들에게 노동자라는 이름을 붙여주는 이는 없었다. 그 일이 노동이라는 것조차 새로웠다. 일은 노동으로 자리매김 되어야 하고 사회의 지속을 위해 그 권리와 안전이 보장되어야 하는데도 말이다.

이 글들은 여성노동자글쓰기모임이 여성주의 저널 『일다』에 3년 동안 '기록되지 않은 노동'이라는 제목으로 연재한 글들이다. 거창한 기획이 아니었다. 바로 곁에서 일하는 여성노동자들이 있는데 잘 보이지도 들리지도 않으니 그 일을 한번 기록해보자고 시작했다. 그녀들은 길목에서 동네에서 일터에서 일상적으로 만나는 이웃이었다. 때로 자신의 일터 이야기를 꾹꾹 눌러 쓰기도 했다. 기록하는 이와 기록되는 이의 거리는 가까웠다. 세상을 같이 살고 있는 또 다른 여성을 만나 천천히 듣고 쓰면서 우리는 얼굴들이 참 많이 닮기도 했다는 걸 느꼈다.

여성노동자글쓰기모임은 2003년에 서울에서 시작해 정기적인 글쓰기 강좌와 글쓰기 모임을 꾸려왔다. 여성노동자가 직접 글을 쓰고 기록하자는 취지에서 소박하게 시작한 모임이었다. 단지 꾸준히 만나기 위해 노력했다. 글을 쓰고 싶어서, 사람들을 만나는 게 좋아서, 여자로 사는 이야기를 맘껏 할 수 있어서, 외로울 때 비빌 언덕을 삼고자 여러 여성들이 모였다. 직업도 다양했고 나이도 다 달랐다. 우리가 뭘 할 수 있을까 궁리했다. 힘이 없어도 만날 수 있고, 무얼 바꿀 처지는 못 되어도 보탤 수 있다고 여겼다. 전문적으로 글 쓰는 이들이 아니어도 생활의 터전에서 어떤 일이 일어나는지 누구보다 깊은 이해와 애정을 가지고 기록했다. 마주앉은 그녀의 목소리에 귀 기울이고 그 펄떡이는 숨소리와 공명했다. 어떻게든 살고자 애쓰는 사람들이 마땅히 누려야 할 권리를 빼앗긴 데 대해 마음 아파했다. 함께 살아남고자 했다. 열세 사람의 필자가 그렇게 몇 년 동안 숨은 얼굴들을 만났다. 마주한 얼굴이 어떻게 웃음짓고 눈물짓고 한숨짓는지, 그 표정이 얼마나 낯익고도 낯선지 보면서, 우리는 고립되지 않고 연결되기 위해, 일과 삶의 의미를 찾기 위해, 세상과 소통하기 위해 한 자 한 자 써내려갔다. 한 사람의 얼굴은 결국 그가 사는 세상의 풍경을 송두리째 보여준다고 믿었기 때문이다. 한 달에 한 번씩, 모임에서 머리를 맞대고 서툰 글을 소리 내어 읽고 같이 궁리하고 고쳐 썼다. 이 글들은 작은 사람들이 협력해서 보여주는 낮은 얼굴들이다.

책의 첫 장은 일상 속에서 마주친 여성들의 일 이야기를 다뤘다. 가게 앞에서 만난 행사도우미, 센터의 운동강사, 골목을 돌다 만난 야쿠르트 판매원, 고속도로 톨게이트 여성노동자, 운전대를 잡고 있는 대리운전기사, 종일 웃다가 때로 건강을 상하면서까지 자리를 지키는 그녀들의 노동을 들여다보았다.

둘째 장에서는 새로운 일자리로 등장했으나 여성이 대부분 전담하게 된 돌봄노동의 실태를 파헤쳤다. 고용 보장을 받지 못하고 사적 영역에서 일하는 산모도우미, 불안한 노동조건 속에서 고립되어 일하는 초등 돌봄교실 교사, 경력이 늘면 일할 기회가 줄어드는 보육교사, '날개 없는 천사'라는 이름 대신 정당한 대가를 원하는 장애인 활동보조인, 다른 이들을 돌보지만 정작 자신의 노동에 대해서는 돌봄을 받지 못하는 간병인의 이야기를 담았다. 국가가 공공성을 강화해 이 노동들이 시장에 잠식당하지 않게 해야 한다.

셋째 장에서는 여성노동자글쓰기모임 회원들이 자신의 노동 이야기를 직접 수기로 써서 들려준다. 근로기준법의 사각지대인 하청공장 지하 창고에서 일한 이야기부터 요양보호사로서 부당해고를 겪은 일, 예술인으로서 고민하는 절박한 생존의 문제, 장애 여성으로 겪은 일터의 경험까지 진솔하게 들려준다.

넷째 장에서는 소수자 여성이 차별받지 않고 일할 권리를 가져야 한다고 목소리를 모은다. 비혼모라는 이유로 노동시장에서 배제되는 싱글맘, 성희롱의 대상이 되기 일쑤인 여성 이주노동자, 시각장애 안마사 여성이 겪은 노동 현실의 이야기를 기록했다.

다섯째 장에서는 노동을 공론화하고 노동권 보장을 위해 직접 싸우는 여성노동자들의 얼굴을 담았다. 호텔 룸메이드로 일하며 비정규직 차별에 시달리다 노동조합을 만들어 싸우고 해고된 여성, '밥이나 하는' 것이 아니라 '소중하고 안전한 노동'으로 자기 일을 자리매김하려 애쓰는 급식조리원, 자신은 '방송용 소품'이 아니라 노동자라고 외치는 보조출연자, 조선소에서 배를 만드는 하청 여성 노동자의 분투기가 그려진다. 온몸으로 살아내는 그 삶의 뜨거움과 강인한 희망을 독자들은 느낄 수 있을 것이다. 노동에 이름을 붙이고 연대하며 평등한 공동체를 만들기 위해 이들은 애쓰고 있었다. 무엇이 노동이고 어떻게 노동자로서 노동권을 보장받을 수 있을지, 앞이 보이지 않는 현실 속에서도 싸움과 연대는 끊임없이 이어지고 있다.

이 책은 여성노동자글쓰기모임이 같은 희망을 품고 기록한 결과물이다. 10여 년 동안 우리 여성의 일자리가 어떻게 급속하게 파편화되고 배제되는지 목격했다. 일을 해도 설 자리를 잃고 일하는 사람으로 여겨지지 않아 어떻게 고통받는지 함께 겪었다. 우리 사회 여성들의 일하는 모습을 동시대를 사는 이름 없는 여성노동자들이 기록했다. 이 책이 풍경 속에 스쳐 지나가는 얼굴을 마주할 수 있는 시선과, 동료와 손을 잡을 수 있는 힘을 전해주었으면 한다.

가슴에서 우러나온 목소리들을 하나하나 옮겨 적으며 알게 되었다. 우리는 돈을 위해서 일하는 것이 아니라 다른 이에게 필요한 사람이 되기 위해서, 다른 사람을 만나기 위해서 일하고 있다는 것을. 누구나 자기 일이 다른 사람에게 도움이 되기를 꿈꾸고, 협력하고 싶어하며, 자신이 일에 쓰는 시간이 의미가 있기를 바라면서, 결국 함께 살아낼 수 있다는 것을 믿고 싶어한다. 그 외로운 자부심을, 사람다움을 남몰래 지키고 있는 자부심을 함께 지킬 수 있게, 그녀들을 노동자라고 부르

고 그 목소리에 귀 기울여야 한다. 고개 숙이고 일하던 한 여성의 얼굴
과 그 깊은 눈빛을 이제 곧 독자도 마주치게 될 것이다.

_____필자들을 대신하여, 안미선

차

례

1   '아가씨, 아줌마' 뒤에 숨은 이름, 노동자

2 새로운 일자리, 돌봄노동을 한다는 것

3 텔레비전에 안 나오는 나의 노동 이야기

4 우리에게 일할 권리를

5 설치고 떠들고 연대할래!

1

'아가씨, 아줌마' 뒤에
숨은 이름, 노동자

이
지
홍

나는야
야쿠르트 아줌마!

**30년 베테랑 판매원과
6년 신참내기 판매원의 더블 인터뷰**

낯선 곳에서 길을 헤맬 때면 어김없이 살구색 유니폼을 입은 야쿠르트 아줌마를 먼저 찾게 된다. 어린 시절부터 지금까지 지하철역, 아파트, 시장, 주택가 골목 등 거리 곳곳에서 어렵지 않게 마주치는 유니폼이기에, 초면에도 불구하고 길을 묻기가 부담스럽지 않다. 마치 오래 알아왔다는 듯 거리낌 없이 길을 묻고는 서둘러 걸음을 돌리곤 했다. 감사의 뜻으로 야쿠르트라도 하나 팔아줄 만도 한데, 젊은 인생은 제 앞가림만으로도 벅찬지 야박하게 등을 돌리곤 했다.

그렇게 스치듯 지나쳐 온 유니폼이 새롭게 보이기 시작한 것은, 아이를 낳고부터였다. 아이를 낳기 전, 길은 집과 목적지를 이어주는 기능적 의미밖에는 없었다. 하지만 아이가 집 밖을 나서기 시작하면서 길은 놀이터가 되기도 하고, 일상의 조각들을 관람하는 전시장이 되기도 했다. 길과 새롭게 만남을 시작하니 익숙한 것들이 새롭게 보이기 시작했다. 예전엔 야쿠르트 아줌마를 만나도 살구색 유니폼밖에 기억이 남지 않았지만, 어느 순간 유니폼 주인들의 얼굴이 눈에 들어오고 그분들의 삶이 궁금해진 것이다.

"아이를 돌보며 일할 수 있어 감사합니다"

'야쿠르트 판매원'이라는 직종이 처음 우리 사회에 출현한 것은 1971년도다. 당시 47명이었던 야쿠르트 판매원은 1975년 1000여 명에서 1983년 5000여 명으로 늘어났고 2013년 현재 1만 3000명 정도가 활동 중이다.* 1980년대 당시 야쿠르트 판매원은 주부들의 꿈의 직장이기도 했다. 한혜옥(가명, 50대) 씨는 야쿠르트 판매원이 꿈의 직장이라 불리던 1980년대에 입사해 30년을 한결같이 일해온 베테랑 판매원이다.

"그 당시 유치원도 별로 없고, 전동카 위에 애기 태우고 다니면서 일했어요. 내 지역, 활동범위 내에 집이 있으니까, 애가 돌아오는 시간에 맞춰서 애들도 챙길 수 있었고, 이만한 직업이 없었죠. 그 당시엔 대기

---

* "발효유 등 건강기능식품 전문회사 한국야쿠르트가 야쿠르트 아줌마를 통한 방문판매를 처음 도입한 것은 회사 태동기인 1971년이었다. 47명으로 시작해 1990년에 7342명으로 늘었고, 2000년대에도 꾸준히 늘어 2005년부터는 1만 3000명 수준을 유지하고 있다. 연매출 1조 원 가량, 발효유 시장 점유율 1위(41%)인 이 회사 매출의 95% 이상이 전국 방방곡곡에 포진한 야쿠르트 아줌마로부터 나온다."―「'야쿠르트 아줌마'는 그냥 아줌마가 아니다」, 『한겨레』, 2015. 1. 4.

1. '아가씨, 아줌마' 뒤에 숨은 이름, 노동자

자가 하도 많아서 자격도 고졸 이상이고, 인물 보고 골라서 뽑고 했어요. 애 보면서 하는 직종 중에서 최고의 수입이더라고요. (1980년대 후반에) 26만, 27만 원이면 큰돈이었어요. 참 좋은 직종이었죠."

'참 좋은 직종이었다'는, 쓸쓸함이 감도는 한혜옥 씨의 뒷말에 이어, 과일 노점에서 신문 배달, 사무직, 식당 알바까지 안 해본 일 없다는 6년 경력의 신참내기 판매원 강현숙(가명, 40대) 씨가 '야쿠르트 아줌마'로서의 자부심을 한껏 늘어놓는다.

"과일 노점을 2년 하다가 이걸 하니까 너무 좋은 거예요. 노점을 하다보면 구청 신경 써야 하고. (과일이나 야쿠르트나 길거리에서 하는 건 마찬가지인데) 사람들이 대하는 태도가 달라요. 예전 여사님들이 그만큼 쌓아놓은 것이 있어서, 이미지 자체가 너무 좋은 거예요. 그리고 내가 필요할 때 프리랜서와 마찬가지여서 근무를 조절할 수 있고, 잠시잠시 개인 일을 볼 수 있는 장점이 있죠."

그 길목엔 언제나 그녀들이 있다

아침 8시 30분에 관리점에서 물건을 받아 오전에 고정판매(배달 업무)를 끝내면, 해지기 전까지 한곳에서 유동판매를 시작한다. 하루 평균 열 시간 이상을 길 위에서 보내고 하루에도 수십 차례 무거운 물건을 들고 계단을 오르내려야 한다. 그러다보니 무릎관절과 허리의 통증은 기본, 겨울이면 얼굴에 동상이 단골처럼 찾아온다.

"저는 여름이 힘들어요. 겨울은 그냥 견디면 되는데, 여름이면 지쳐 버리니까."(한혜옥)

"장마철에 우의를 입고 있다 보니 곰팡이가 생기기도 하고, 한여름에 는 햇빛 때문에 알레르기도 생겨요. 전 몸이 약하니까 멀티비타민도 잘 챙겨 먹고, 먹는 것에 신경을 써요. 한번은 겨울에 얇은 거 아홉 개까지 껴입고 다녀봤어요. 그러면 화장실 가는 게 너무 힘들어. 그걸 다 벗고 입기가……."(강현숙)

"(계절도 계절이지만) 아파도 진짜 쉬지를 못 해요. 도와줄 사람이 없는 거예요. 자기 지구밖에는 알지를 못 하니까 대신 해줄 수가 없는 거죠. 갑자기 사고를 당하거나 상을 당하게 되면, 미리 빠지는 날만큼 다 배 달해놓고 고객들한테 메모 남기고 빼야 돼요. 두 번 그런 일 겪었는데, 부모님 상을 당했는데 (배달은 끝내야 하고) 나를 기다린다고 생각하니 까…… 동료들이 같이 도와줘서 200집 다 돌리고 갔어요."

비가 오나 눈이 오나, 언제나 그곳에 가면 그녀들을 만날 수 있다. 마치 그 옛날 마을 초입에 우뚝 서 있던 장승처럼, 길을 들고나는 사람 들과 눈 맞추고 엷은 미소를 주고받는다. 그렇게 서서히 서로의 인생 을 나누는 새로운 인연을 맺어간다.

"(영업이다 보니) 항상 웃는 낯으로 인사를 하면 판매액이 달라져요. 얼굴 쳐다보고 그냥 지나칠 것도 인사하고, 멀뚱멀뚱 서 있는 것과는 다르죠."(한혜옥)

"집에서 안 좋은 일도 있는데 일 나오면 무조건 웃어야 하니까, 오히 려 많은 도움이 돼요. 표정도 밝아지고."(강현숙)

"이 일 하고 3년 지나면 애용자가 만들어지면서 (고객들과) 유대관계가 형성돼요. 한번은 고객의 아이가 자라 출가해서 애를 낳아 친정에 왔는데…… 내 고객의 아이가 장성해서 또 아이를 낳아 살아간다는 것이, 그런 점에서 보람을 느껴요. 회사의 다른 쪽에서 불평불만이 있더라도 고객 때문에 버티는 거예요."(한혜옥)

"진짜…… 이 여사님들 없었으면…… (고객들과) 너무 친밀한 관계를 유지하니까, 제품이 좋아서도 있지만 아줌마들이 좋아서 먹는 경우도 많아요. (여사님들이 쌓은) '신뢰'가 이 회사를 지금까지 이끈 것이 아닌가 싶고, 정말 존경스러워요."(강현숙)

"개인사업자지만 직원과 다르지 않다"

야쿠르트 판매원은 각 지역 관리점에 소속되어 있는데, 하나의 관리점마다 주택, 직장, 아파트, 시장 지구 등 17~20개 지구를 관리한다. 즉, 한 판매원이 하나의 지구를 맡아 개인영업을 하는 개인사업자가 되는 것이다.

"개인사업자지만, 회사의 직접적인 지시도 많고, 따라야 할 것들이 많아요. 저희가 취급하는 제품이 발효유 외에 건강식품까지 40종이 넘어요. 그러니까 영업교육도 많이 시키고, 고객 응대방법도 많이 시키고, 새로운 제품에 대한 교육을 한 달에 두 번씩 받고. 하지만 저희한테 돌아오는 것은 없어요. 퇴직금도 없고, 4대보험도 없고. 교묘하게 혜택만

없는 거예요."(한혜옥)

열 시간 영업을 마치고 집에 돌아오면 고객 관리를 위한 업무가 남아 있다. 영수증 출력, 수금 체크, 재방문, 포인트 적립까지 신경 써야 할 일이 한두 가지가 아니다.

"제 고정고객이 180가구인데, 각 가구마다 요일, 제품 종류 다 다르고, 수금 관련 서류들도 다 정리해야 해요. 멤버십 가입시키려면 일일이 가서 신청받고, 사은품도 전달하고. 정말 머리 나쁘면 이 일도 못 해요. 그나마 요즘은 스마트폰이 생겨서 편해졌죠."(강현숙)

"사실 판매액의 23%가 저희가 받는 수수료인데, 그날 신청한 제품을 다 못 팔면 저희가 알아서 처리해야 돼요. 그러니까 월급을 받아도 그게 전부 다 월급은 아닌 거죠."(한혜옥)

"무엇보다 수금 문제가 너무 힘들어요. 수금이 잘 안 되면 대납을 해야 하고, 돈 관리하는 게 스트레스가 많아요. 매달 수금이 안 되고 20~30만 원씩 깔리는 거예요. 나중에 수금이 되더라도 (그 자체로) 스트레스가 되는 거죠."(강현숙)

"엄마의 이름으로 버티고, 또 버틴다"

재고 처리 비용이 오롯이 판매원들에게 전가되고, 추가 업무에 대한 보상은 전혀 없다. 아무리 억울해도 당장 들어가야 할 생활비, 학원비에 엄마들은 그저 버티고 버틸 수밖에 없었다.

"여사님들이 경제적으로 참 힘든 분들이 많아요. 그러니까 참고 하는 거죠. 자기네는 토요일날 쉬면서, 우리는 못 쉬고."(한혜옥)

"여사님들이 최전방에서 이렇게 노력하고 있는데, 직원들한테 주는 거 몇 퍼센트만 내줘도 좋겠어요. 저희한테 돌아오는 게 너무 없으니까, (오히려) 고객들한테 챙겨줄 수 있으면 최대한 챙겨주게 돼요."(강현숙)

"10년 전만 해도 상조회는 본사 직영점 판매원(직원)들만 해당됐어요. 하지만 지금은 자치회라는 것이 만들어지고, 1년에 한 번 상조회장과 각 관리점 자치회장들이 만나서 (개선점에 대해) 이야기해요. 하지만 힘이 약하다 보니까 거의 어필을 못 하죠. 그나마 지금은 산재도 된다고 하고, 2013년부터 '활동수수료 지원'이라고 해서 한 달에 5만 원씩 퇴직금 식으로 연금보험을 들어주고 있어요."** (한혜옥)

일에 대한 자부심과 달리 회사에 대한 신뢰도는 매우 낮았다. '개인사업자'라는 덫에 걸려 회사에 대한 의무는 크고, 누릴 수 있는 권리는 너무 적기 때문이다.

"전요, 아침에 판매원 여사님들이 물건 받아서 관리점에서 나서는 모습들을 보면, '벌들이 벌집에서 꽃밭으로 꿀 따러 가는 거 같다'는 생각이 들어요. 여사님들 정말 존경해야 해요. 식비 하나 챙겨주지 않고, 잡

** "'개인사업자'로서 일하는 특수고용직이라고 회사에서는 4대보험 가입, 교통비·식대·퇴직금 지급을 하지 않고 기본급도 없다. 토요일을 빼고 주6일 일하는데 연차휴가도 정해져 있지 않고 아프거나 자리를 비웠을 때를 대비한 지원시스템도 체계적이지 않다. 다만 일하다 다쳤을 경우 회사에서 치료비를 지급하고, 퇴직금은 아니지만 이율이 높은 목돈마련 제도인 '적립금'을 운영한다."—「'야쿠르트 아줌마'는 그냥 아줌마가 아니다」, 『한겨레』, 2015. 1. 4.

무에 대한 보상 하나 없어요. 그래도 고객들을 보고 그 관계 때문에 일을 하는 거죠. 사실 회사에 대한 자부심은 없어요. 돌아서면 아무것도 없으니까. 남는 게 뭐가 있어요? 보상이 너무 적어요."(강현숙)

"사실, 옛날에 재능 학습지 교사들이 노조 만드는 것 보고 저희도 한 번 해보려고 했는데, 다들 사는 게 너무 어렵다 보니까 안 되더라고요. 그저 내가 벌어야 되니까 버티는 거고. 그래도 버티는 거예요. 조금 더 열심히 일하면 되지 않을까…… 이런 생각으로."(한혜옥)

야쿠르트 판매원은 과거 일하는 어머니들의 대표적인 직업이었다. 탄력적인 시간 운용이 가능하다는 장점 때문에 많은 기혼 여성들이 이 직업을 선호했다. 엄마의 살결이 연상되는 살구색 유니폼이 주는 친근함과 편안함으로 사회적 이미지는 매우 높았고, 판매원 당사자들의 만족도도 높았다.

하지만, 막상 노동 현장에서 만난 그들의 삶은 만만치가 않다. 사계절을 길에서 온몸으로 버텨야 하고, 아파도 휴가 한 번 가기가 쉽지 않다. 개인사업자라는 이유로 재고 처리는 오롯이 판매원 몫이고, 고객 관리를 위한 잡무 역시 아무 보상 없이 그들이 담당해야만 한다. 매스컴에선 기혼 여성이 선호하는 직업으로 야쿠르트 판매원을 이야기하지만, 2000년 들어서 젊은 엄마들의 발길이 뜸한 것이 현실이다.

한국야쿠르트는 주부 판매원의 헌신을 통해 '친절하고 믿을 수 있는 어머니'라는 기업 브랜드 이미지를 성공적으로 안착시켰고, 연매출 1조 원에 육박하는 기업으로 성장할 수 있었다. 지금이라도 개인사업자라는 허울 좋은 올가미로 보상 없는 의무를 강요하기보다는, 기업

성장의 진정한 파트너로서 주부 판매원에 대한 정당한 보상을 고민해야 한다.

도우미 인권은
없는 것 같아요

**행사도우미로
20대를 나다**

행사도우미, 유망한 직종?

대졸 취업난과 아르바이트 시장 경쟁이 언론에서 언급될 때, 내레이터 모델과 판촉도우미 직종은 그중 시급이 높고 20대의 지원 비중이 90%를 넘어서는 대표 직종으로 꼽힌다.

스물두 살 때부터 행사도우미 일을 시작해 7년째 그 일을 하고, 이제 스물아홉 살이 된 최미연(가명) 씨는 '유망하다'는 말에 고개를 저었다.

"10여 년 전과 페이(임금)가 똑같고 이제 너도 나도 하려는 사람이 많다 보니까 오히려 낮아지는 추세예요. 페이는 행사마다 다른데 경력이나 외모도 중요시하구요. 보여주는 직업이다 보니까. 시간당 1만 원, 2만 원 선인데 일이 짧게는 하루, 전시 같은 경우 길게는 4, 5일이에요.

일이 언제 들어올지 모르니까 불안하죠. 일이 얼마나 들어오느냐에 달린 건데, 하고 싶다고 일정을 다 소화할 수도 없고 갑자기 취소된다거나 임금을 안 주는 등 변동 사항이 많지요. 생활을 계획하는 데 한계가 있어요. 전 같으면 행사가 많을 때지만 세월호 이후 행사가 많이 축소되었어요. 계약서를 쓰는 것도 극히 드문 일이에요. 저는 장기 계약으로 들어갈 때 계약서 쓴 적 있지만 그런 일은 전체에서 십 프로 미만이에요."

업체가 갑자기 일정을 바꾸거나 변심해서 행사를 취소하는 경우가 자주 있지만, 그럴 때 아무 보상도 못 받는다. 행사도우미들은 '그때그때 스케줄을 관리하고 생활을 하게 되는데' 하루 전날이나 당일에 갑자기 취소를 하게 되면 그 손해가 커서 굉장히 힘들어지게 된다고 했다. '그런 경우에는 절반 정도의 페이라도 달라, 삼분의 일이라도 달라'고 요구해보기도 했지만 업체에서 그렇게 한 적은 없다.

"광고주한테서 오더를 받으면 에이전시가 도우미들을 모집해요. 광고주가 있고 대행사, 에이전시가 있고 그 밑에 도우미들이 있는 거죠. 우리는 에이전시나 대행사의 눈치를 보고 불만이나 할 말이 있어도 다음에 일을 못 받을까봐 말하지 못하는 경우가 많아요. 불합리하다고 생각해요. 법적인 조치도 없고. 반대로 도우미가 몸이 아프다거나 부득이한 일이 생기면 업체 쪽에서 난리가 나요. 자기들은 '미안하다'는 말이면 끝인데 도우미들이 그러면 매장되는 분위기죠. '당신, 앞으로 일 못 할 거야, 다음에 우리 볼 생각하지 말아!' 되게 기분 나쁘게 저희한테 말씀을 하죠."

하루를 일하더라도 계약서를 쓸 수 있었으면

최미연 씨는 스스로 '꼬치꼬치 따지는 사람'이라고 했다. 일을 시작할 때도 자신이 어떤 장소에 가서 어떤 일을 해야 하는지 미리 꼭 물어본다. 그렇지 않고 무조건 "네"라고 해놓고 가보면 갑자기 말이 바뀌고 허용 범위보다 일이 더 늘어나는 경우가 많다.

임금이 체불될 때도 따졌다. 세 번까지 참다가 돈을 줄 때까지 전화를 했단다. "제 노동의 대가를 받는 거잖아요." 돈을 지급하라고 요구할 땐 그 업체와 일을 안 할 각오까지 했다. 금액이 얼마 되지 않는데도 업체는 돈을 바로 지급해주지 않는 경우가 다반사였다. 같은 일을 해도 최미연 씨처럼 요구하는 이에게는 제일 먼저 돈을 주고, 같이 일한 다른 동료에겐 세 달 뒤에야 돈을 준 적도 있었다.

"페이를 지급하기로 한 날짜를 안 지켜주세요. 잘 주는 업체가 있는 반면 안 주는 업체도 있고 임금 체불로 소송까지 가는 업체도 봤어요. 우린 그 돈을 받아야 생활이 되는데 계속 미루거나 전화를 안 받거나 날짜를 변경하고 말을 바꾸고 기다리게 하고…… 일을 했으면 돈을 받아야 하는 거잖아요? 근데, 말 잘 못하는 도우미, 싫은 소리 못 하는 도우미는 적은 금액인데도 세 달 뒤에나 겨우 받거나 못 받는 경우도 있고. 아무 데서나 일이 오면 그냥 믿고 해야 하는 건가? 어디가 괜찮은 업체인지 우린 판별하기 어렵죠. 도우미들은 약자지요."

인터뷰 중에도 한 에이전시가 그녀에게 문자를 보냈다. 붉은 치마와 민소매 흰 티를 입은 여자 사진이 왔다.

"민소매를 입으라 하네요. 옷을 주시기도 하지만 사진에 맞춰 자기 옷을 챙겨 가야 하는 경우도 있어요. 큐시트도 오고, 이렇게 알려주는 건 친절한 편이에요. 그렇지 않은 경우도 있거든요. 그럼 더 힘들죠. 내일 일은 이벤트 간단히 진행해서 응모하시는 분에게 선물하는 일이에요."

최미연 씨는 함께 온 진행 대본을 유심히 들여다본다. 일을 할 때 그녀가 바라는 것은 이런 것이다.

"하루를 일하더라도 계약서를 쓰면 좋을 거 같아요. 쌍방 간의 약속이니까 계약서를 쓰면 좋겠고, 당일이나 하루 전에 취소하는 일이 없으면 하고, 취소하면 보상한다는 거 명시해주면 좋겠고, 도우미의 안전을 더 생각해주면 일하기 좋을 거 같아요. 일하는 사람의 건강도 좀 고려해주면 일하기 좋을 것 같고……. 제일 많이 신경 쓰는 거는 페이예요. 다들 '어, 돈 못 받으면 어떡하지?' 그게 제일 먼저 불안해요. '갑자기 펑크나서 돈이 안 생겼네.' 그것도 불안하고. 약자니까. 하지만, 어차피 돈을 벌려고 다들 하는 일이잖아요."

도우미를 보는 '그런 시선'에서 벗어나고 싶어

그녀는 다양한 일을 한다. 회사 이미지 홍보 도우미도 하고, 정장을 입고 안내하는 의전 일도 하고, 안내 데스크에서 고객을 응대하는 일도 하고, 추첨 이벤트 진행을 하거나 회사 홍보를 위한 체험 진행을 하기도 한다. 업체는 대기업, 중소기업, 공공기관, 학교, 프랜차이저, 작은 가게도 있다. 일하는 시간은 행사마다 다르지만 적어도 다섯 시간에서 여덟 시간을 일한다.

최미연 씨는 프랜차이저 오픈 때 마이크를 들고 이벤트 설명을 하는 내레이터 일도 해보았다. 밖에서 계속 서서 일하는데 한여름 땡볕 아래였다. 파라솔 하나가 없었다. 한겨울엔 칼바람 속에 서 있었다. 너무 덥고, 너무 춥고, 목이 아프고, 다리가 아팠다. 하지만 최미연 씨는 "되게 힘들어요"라고 한마디 할 뿐이다. 그 말을 할 때 표정이 잠시 우울하게 굳는다. 45분 말하고 15분을 쉬거나, 50분을 말하고 10분을 쉴 때, 그 5분 10분 차이가 아주 크게 느껴졌다고 했다.

"저는 원래 목이 약한 편인데 계속 말해야 하니까 편도염이 잘 걸려요. 다른 분들도 많이 그렇고⋯⋯. 또 저희 일은 아무래도 고객들 위주로 친절하고 기분 좋게 항상 응대해야 하잖아요. 도우미 인권은 없는 것 같아요. 성희롱도 있고⋯⋯. 제가 들어본 말 중 되게 기분 나쁘고 불쾌했던 것은, '축하드립니다. 선물 드릴게요' 하면 아저씨가 나보고 '언니는 안 주나? 다른 건 안 주나?' 능글맞게 말하는 거예요. 할아버지가 뒤에서 안은 적도 있고, 끈적끈적한 눈빛으로 지켜본 적도 있고."

다른 도우미들도 그런 일들을 겪는다고 한다.

"저는 키도 별로 안 크고 연예인처럼 예쁜 편도 아닌데 키 큰 다른 언니한테는 더 심하고. 그때 저는 '왜 이러세요?' 하거나 보안이 옆에 있으면 제지를 부탁하지만 대책이 미미하죠. 업체에서 시끄럽게 만드는 거 싫어하니까 많이 넘기는 것 같아요. 저런 얘기 들으려고 내가 이런 일 하는 거 아닌데⋯⋯ 되게 기분이 안 좋죠."

"반말하는 것부터 좀 바꿔주면 좋겠어요"

행사를 진행하다 보면 반말을 수시로 듣거나, 함부로 대하는 태도를 접한다. 한정된 선물을 충분히 주었는데도 더 달라고 하거나 물건을 훔쳐가는 고객도 있다.

"일하고 있는데 안 좋은 시선으로 본다거나 노골적으로 본다거나 말도 반말 많이 해요. '아가씨, 이것 좀 해줘봐. 이게 뭐야? 이거 줘!' 이렇게 말해요. 나가보면 20, 30대는 그래도 저희를 존중해주는 편인데 40, 50대 분들이 반말을 많이 하는 편이에요. 딸처럼 생각해서 그러는지 몰라도 기분이 안 좋아요. 무시하는 어조라서 기분이 나빠요……. 도우미에 대한 인식에서부터 변화가 생겨야 할 거 같아요. 우리는 일하고 있는 거거든요. 마음으로 존중을 해줬으면 좋겠어요. 업체도 도우미에게 존댓말 안 하고 반말하는 분도 계시니까, 그런 것부터 바꿔주면 좋겠어요."

이 일이 '잠깐 하기 괜찮다고들 여겨' 대학생들도 많이 하고 있다고 했다. 시험 준비를 한다거나 학교 공부를 한다거나 자기 진로를 준비하는 과정에서 행사도우미 일을 하는 젊은 여성들이 많다.

"저희 도우미끼리는 '무슨 일 하세요?' 물으면 '프리랜서예요' 하거든요. 도우미라 하면 안 좋은 시선으로 보는 경우도 있어서…… 노래방 도우미도 있고, 사람들은 도우미 하면 그게 먼저 생각이 나나봐요. 짧게 노출한 의상 입고 춤추는 내레이터 모델, 도우미, 하면서 부정적인 인식이 있어요. 그래서 그런 시선에서 벗어나고 싶어서 우리끼리 프리랜서라고 해요."

"'프리'들은……". 그녀는 동료들을 지칭할 때 그렇게 불렀다. 사람들에게 이야기하고 다양한 일을 하니까 재미도 있고, 자기가 한 말이나 진행한 게임으로 주는 선물에 손님들이 즐거워하니까 기쁠 때도 있다. 그런 긍정적인 보람, 생계를 책임지는 노동에 대한 자긍심, 그리고 언젠가는 원하는 곳이나 존중받으며 하고 싶은 일을 할 수 있는 곳으로 떠날 거라는 희망이 '프리'라는 단어 속에 담겨 있다. 그래서 그녀들은 '그런 시선'에서 벗어나고 싶고 '그런 말'을 듣고 싶지 않다.

연기자에 대한 꿈을 품고서

그녀는 스물두 살 때에 시리얼을 판매하는 마트의 판촉도우미 일을 시작했다. 아홉 시간 일해서 5만 원을 받았다. 같은 일을 해도 경력이 없다 싶으면 업체에서 임금에 차등을 두었다. "난 일을 잘했어요." 그녀가 웃었다.

그녀는 전문대 예술학과를 나왔다. 지방에서 서울로 올라와 공부했을 때는 연기에 대한 꿈이 있었다. 학교를 졸업하고 연극도 하고, 오디션을 보고, 여러 곳에 지원을 했다. 수입이 없어 방값조차 밀리게 되자, '일을 하면서 연기를 해야겠다' 마음먹고 다시 판촉도우미 일을 했다. 연기하는 친구들이 행사도우미 일도 같이 하는 걸 주변에서 많이 보게 된다.

"연기라는 것 자체가 언제 부를지 모르고 5분대기조 같은 성격이라서 직장생활을 못 한 거죠. 행사도우미를 하려는 게 아니라 연기를 하려는 거니까 참으면서 도우미 일을 하는 거죠. 연기로는 생활이 안 되니까."

그래서 스물네 살에 본격적으로 다시 일을 시작했다.

"베이비 스킨케어 상품 판촉도우미를 1년 계약직으로 했어요. 한 달에 20일 이상 일하는 건데 저는 일 욕심이 있어서 한 달에 25일 이상 일했어요. 하루에 아홉 시간 하고 일당 9만 원 받았어요. 그때 9만 원이면 마트에서 제일 많이 받은 거예요. 1년 고정수익이 있었지만 일은 되게 힘들어요. 계속 서서 일하고 매출 압박도 있고. 매출 압박은 경쟁사보다 높게 기준을 달성하라고 저희한테 내려와요. 일반 판매직이 아니라 판매를 잘하는 팀을 따로 만들어 절 뽑은 거라 매출 압박이 더 컸죠. 한 곳에서만 일하지 않고 여러 마트를 가야 했어요. 집과 멀리 있는 곳, 왕복 서너 시간 걸리는 매장으로도 가야 했고, 몹시 힘든 일이에요."

그때 에이전시에서 그녀에게 '4대보험을 들지, (고용 계약) 세금을 3.3% 뗄지(프리랜서 계약) 둘 중 하나를 선택하라'고 했다. 그녀는 4대보험에 가입하고 보험금을 내는 것을 선택했다. 고용된 노동자라는 것을 선택한 것이다.

"일이 끝난 뒤에 실업급여를 몇 개월 받을 수 있었어요. 하길 잘했구나 싶었지만 그 후로 4대보험을 들 기회는 전혀 없었죠."

하루에 아홉 시간, 한 달에 25일, 1년을 계약직으로 일했던 그녀는 그 후 더 이상 노동자가 아닌 것처럼 여겨진다.

행사장의 꽃? 시들면 싫어하겠죠

주로 에이전시나 프로모션을 통해 일용직으로 일을 구해왔다. 행사 도우미 소모임 같은 카페를 찾아 들어가 프로필을 작성해 메일로 지원하기도 했다. 에이전시나 대행사가 광고주 쪽에 연계되어 있어서 '오더'를 받으면 에이전시가 그런 소모임에 기재를 한다. 에이전시와는 거의 구두로 약속한다. 광고주가 책정하는 금액에서 에이전시가 자기가 정하는 일부를 떼고 도우미한테 돈을 준다. 그때 에이전시가 많이 가져가는 경우도 있다.

"보통은 7대 3이라고 생각하는데 더 많이 떼어 가는 경우가 많아요. 금액을 모르는데 간혹 광고주가 이번에 얼마 줬다는 말을 들으면 '아, 에이전시가 굉장히 많이 떼어갔구나' 알게 되는 경우가 있어요. 불투명하죠. 우리는 에이전시가 일을 주면 감사한 거고, 안 주면 못 하는 거니까, 에이전시한테 잘못 보일까봐, 밉보일까봐, 쉬쉬하는 도우미들이 많아요. 기분 나쁘고 불합리한 거를 불평은 하지만 얘기 못 하는 분들이 많죠. 키 크고 외모가 되시는 분은 모터쇼나 레이싱 쪽으로 포즈모델 하시고 페이가 더 높아요. 아무래도 상품이잖아요. 외모 관리를 많이 해요. 성형수술을 많이 한다거나 포즈 모델은 가슴 성형한다거나 다이어트 한다거나. 계속 일하려고 그렇게들 하죠."

최미연 씨는 자신을 계속 연기자로 여기고 있다. 영화와 드라마에 단역으로도 출연했다. 하고 싶은 일이 연기였지만 드라마 촬영장에서 스치다시피 하는 배역을 맡은 자신은 이름이 없었다. "애, 쟤"라고 반말로 불리며 짐짝처럼 푸대접을 받을 때가 많았다. 알고 보니 내가 본 영화들에도 그녀가 출연한 적이 있었다. 나는 다음 영화에서는 그녀의 얼굴을 또렷이 알아보겠다고 약속했다. 최미연 씨가 말한다.

"한국 나이로 지금 제가 스물아홉 살인데 일반 직장생활의 이력이 없어요. 이제 직장생활은 못 하겠죠? 소위 말하는 대기업이든 중소기업이든 일하기 힘들겠죠. 지식도 없고 커리어도 없기 때문에. 그래서 행사도우미 했던 분들이 어차피 이쪽 일들을 많이 알기 때문에 에이전시 실장으로 가는 경우가 많아요. 아님 비서나 경리로 간다거나. 행사도우미 일은요, 다들 잠깐 하고 말 일이라고 생각하는 일이에요. 도우미들스스로도. 다른 걸 같이 생각하고 다들 준비한단 말이에요. 취업 준비하면서, 학교 다니며, 잠깐 하거나 거쳐 가는 일로 인식해요. 도우미들스스로 오래는 못 할 거라고 생각해요. 보통 관리를 잘하면 30대 초중반까지 일할 수 있다고 하는데 어려워요. 이건 보여주는 직업이잖아요. 예쁘고 늘씬한 여자를 찾죠. 행사장의 꽃이라고 하는데, 이런 도우미들은…… 시들면 싫어하겠죠."

삶을 걸었고, 진심으로 이 일을 해왔으니까

그녀는 잠시 말을 멈췄다.

"하지만 전 뿌듯해요. 이 일 하면서 저는 학자금을 다 갚았어요. 예술대 2년제를 나왔는데 부모님한테 도움을 받을 수 없는 형편이어서 학자금을 모두 빌려 학교를 다녔거든요. 학교를 졸업할 때 그 빚이 2000만 원이었어요. 행사도우미 일을 해서 돈이 생기면 그 빚을 갚았어요. 몇 십만 원 생겼다, 50만 원 생겼다 하면 그때마다 돈을 갚은 거예요. 학교를 졸업해 스물네 살부터 4년 동안 일해서 그 돈을 다 갚았어요. 되게 뿌듯했어요. 전 그동안 진짜 열심히 했어요!"

그녀는 앞으로 결혼하게 된다면 이렇게까지는 안 살고 싶다고 말하며 웃었다. "젊은 사람들이 선택할 수 있는 알바는 다 해봤거든요." 학자금을 갚고 자신의 힘으로 몇 백만 원의 보증금을 마련해 작은 월세방을 구한 것도 무척 뿌듯하다.

다들 그랬다. 행사도우미 일은 잠깐 거쳐 가는 일일 뿐이라고. 지나치는 고객들도, 땡볕 아래에 종일 서 있는 도우미 자신도 이것이 삶의 배경일 뿐이라고 여겼다. 그래서 무슨 일을 하는지, 왜 그런 역할을 하는지, 누가 그것을 정하는지, 노동의 조건이 어떤지, 바꿀 수 있는 부분은 무엇인지 아무도 눈여겨보지 않았다. 하지만 이것이 지금 주어진 모든 것이다. 이곳이 우리가 머무르는 곳이라는 걸 알게 된다.

"어차피 본인이 가지고 있는 걸 잘 헤쳐나가야 해요. 잘 구분하는 눈을 가지고 똑 부러지게 헤쳐가면 괜찮을 것 같아요."

그녀는 바란다. 자신이 하는 노동이 짓밟히지 않기를, 하대받지 않기를, 대가를 받을 수 있기를. 왜냐하면 주어진 노동을 '진짜 열심히' 수행했으므로. 스물아홉에 처음으로 얻은 작은 방 한 칸, 허락되지 않았지만 기어이 해낸 공부, 그 꿈 때문에 치러야 했던 것들, 지켜낸 자립. 자기 삶을 책임지려고 진심으로 이 일을 했으므로. 정해준 어떤 복

장으로, 어떤 말로, 어떤 한결같은 웃음으로 일해야 했더라도 그녀는
삶을 걸었고 진심이었으므로. 그 진심이 존중을 받기를 원한다. 믿었
으므로 약속이 지켜지기를 바란다.

그녀는 내일도 일을 하러 나간다.

김
시
형

운동강사들의
불건강한 노동 이야기

여성 트레이너
다현, 래아 인터뷰

신체 활동을 통해 건강을 유지하는 것은 물론 삶의 활력까지 찾는 사람들이 많아졌다. 몸을 움직여 땀 흘리고 나면 스트레스와 잡념이 사라진다는 경험담도 주변에서 쉽게 듣는다. 날이 갈수록 주목받는 신체 활동의 가치만큼, 그 방법과 관련 산업 규모도 나날이 커지고 있다. 그 중에서도 '생활체육'이라고 불리는 영역에서 그 산업을 구성하고 떠받치며 일하는 사람들, 즉 노동자들이 있다.

필자도 몇 년 전부터 여러 공간에서 요가와 유산소운동, 근력강화운동, 춤 등 여러 운동수업을 수강했다. 그러면서 운동을 가르치는 강사들과 친분이 생겼고, 이들이 하는 노동의 성격과 환경, 조건을 조금씩 알게 됐다.

운동법, 구기, 무술, 춤 등 제대로 몸 쓰는 법을 가르치는 사람들이니 누구보다도 건강할 것 같고 행복하고 스트레스도 없을 것 같았다. 그러나 자세히 들여다보면 장시간 혹은 불규칙한 노동 시간과 저임금, 격무로 인한 스트레스, 과도한 감정노동으로 그리 건강하지 못하게 살아가는 모습이 목격되었다. 그래서 내가 건강하게 사는 데 상당한 부분을 기여하는 운동강사들이 어떻게 일하고 어떤 삶을 사는지 궁금해졌다. 수년 전부터 현장에서 운동강사로 일하고 있는 두 여성을 만나 이야기를 나눴다.

새벽부터 밤까지 무조건 많이 뛰어야 해요

"죽을 것같이 격렬하게 운동하고 났을 때 머릿속이 개운해지고 날아갈 것 같은 쾌감을 느꼈어요. 새로운 경험을 하고, 지쳐 있던 몸과 마음이 운동으로 변하는 걸 보고 주위에서도 본격적으로 하라고 권했어요. 그래서 태보(Tae-Bo) 강사 자격증 따고, 스텝댄스 자격증도 땄죠. 그 전까지 영어 과외로 생계를 유지했는데 자격증을 따고 해당 협회에서 취업 알선을 해줘서 그룹운동(흔히 '지엑스GX'라고 부름) 강사로 일을 시작했어요. 유산소운동의 여러 종목을 가르치며 피트니스센터에서 일한 거예요. 이때도 영어 과외는 계속 알바로 했어요."

대학을 졸업하고 한 비영리단체에서 상담일을 하던 다현 씨(36세)는 어려움을 겪는 내담자들의 이야기에 귀 기울이다 보니 본인의 몸과 마음이 지쳐 쉬기로 했다. 이때 친구가 쉬는 동안 운동을 해보면 어떻겠

냐고 해서 한번 해보았는데, 무척 매력을 느꼈다고 한다.

시작은 자신의 건강이 목적이었지만, 남에게도 그 경험을 전하는 사람이 되고 싶어졌다. 그런 뜻을 가지고 운동강사가 되었는데 막상 닥친 현실은 가차 없었다. 단체에서 일할 때도 수입이 적어 영어 과외로 생계를 유지했는데, 운동강사로 일하면서도 그 상황은 바뀌지 않았다. 그만큼 노동 강도와 시간에 비해 임금 수준이 낮았다.

"계약서 작성 같은 건 전혀 없었어요. 처음엔 강의 한 회당 2만 5000원이나 3만 원을 주었어요. 한 달에 네 번 나가면 최대 12만 원이에요. 제가 하는 지엑스 수업은 음악에 따라 안무를 짜는 창작 과정이 반드시 필요해서 시간 투자가 필수예요. 그에 대한 보수는 무시되더라고요. 심한 곳은 강사에게 사람을 끌어오는 것까지 요구해서 두당 급여를 책정하기도 했어요."

8, 9년째 운동강사의 보수는 그대로다

다현 씨는, 운동을 배우는 인구는 많아졌지만 강사 역시 확 늘어나서 보수 단가가 무척 낮은 점을 이렇게 설명했다.

"강사 양성하는 협회도 많아지고 전체 강사 인구도 많아져서 공급이 확 늘어나니까 고용주들 입장에서는 임금을 올릴 이유가 없는 거죠. 그나마 조금 더 나았던 다른 종목의 임금도 같이 내려가는 부작용까지 나타났어요. 그러니 새벽부터 밤까지 무조건 수업을 많이 뛰어야 기본 생계가 유지돼요. 장거리도 마다 않고 동서남북 종횡무진 보따리장수처럼 돌아다니기도 해요."

운동을 가르치는 일을 시작한 지 8년, 9년이 되었는데도 일한 대가로 받는 임금이 오르기는커녕 오히려 낮아지는 형편이다. 정규직이 아니고 일한 시간에 따라 임금을 받는 체계다 보니 다들 노동 시간을 늘려 수입을 올리는 방법을 택한다.

하지만 아무리 하고 싶다고 해서 무조건 수업을 많이 "뛸" 수는 없다. 몸이 망가지니까. 실제로 다현 씨의 동료 선후배 중에 크고 작은 부상이 없는 사람이 없단다.

"운동강사들은 카이로프랙틱, 침술 등에 수시로 의지하고 있어요. 어디가 안 좋으면 일단 그 부위를 쓰지 않고 쉬는 것이 필수지만 쉴 수가 없죠. 발목 보호대, 무릎 보호대 같은 걸 차고 일하는 것이 기본이고요. 저는 아직까지 큰 부상이 없었는데 몇 달 전부터 무릎이 좀 안 좋아 조심하고 있어요."

걸스힙합, 태보, 스텝댄스, 재즈댄스 등 지엑스 수업은 강사가 수강생들에게 동작을 직접 반복해서 보여주어야 하므로 운동량이 많고 몸에 무리가 온다. 쉴 새 없이 몸을 과도하게 움직이며 시범을 보이다 보니, 아차 하는 순간 관절과 근육이 다치는 일이 잦다. 하지만 다쳐도 병원에 가서 꾸준히 치료받고 푹 쉬는 일은 불가능하다. 시간이 곧 돈이고, 수업을 쉰다는 건 해고를 뜻하기 때문이다. 병원이라도 가려면 강의를 해줄 '대타'를 알아서 직접 구해 보내놓아야 한다.

건강해지는 방법을 가르치는 운동강사들이 오히려 힘든 신체노동과 낮은 보수에 시달리는가 하면, 충분히 휴식을 취할 시간도 없어 피로나 과로 탓에 부상이 많다. 참 아이러니한 현실이다.

산재보험 같은 것은 꿈도 꾸지 못한다. 운동센터 운영자나 고용주에게 아프거나 다쳤다고 말해도 고용주는 펑크 날 수업 걱정뿐, 시간제 강사의 복리후생에는 신경 쓰지 않는다. 4대보험은 운동강사들에게 꿈같은 일이다. 수업 시간표를 짤 때도 강사 의견을 묻는 일이 별로 없다. 월수금만 나올 수 있는 강사에게 갑자기 화목 시간표를 들이밀며 "안 돼요? 당연히 될 줄 알았는데"라고 반문하는 것이 보통이다.

폭력적이고 위계적인 체육계의 관행

래아 씨(33세)는 피트니스센터에서 개인 트레이너(Personal Trainer, 줄여서 PT라고 부르는 운동법을 지도하는 강사)로 일하면서 아주 가끔이지만 정규직원을 본 적이 있다고 했다. 하지만 그것도 센터마다 한두 명 정도 있는 팀장급 직원들뿐이다. 외부 강사는 물론이고 한곳에 붙박혀 일하는 트레이너들 모두 비정규직이다. 4대보험은 고사하고 근로계약서조차 쓰지 않는다.

"하루 열두 시간 정도 근무해요. 트레이너는 수강생들 눈도 신경 써야 하니까 자기 관리를 철저히 해야 하는데 정말 힘들죠. 근무시간 짬짬이 하거나 혹은 업무 외 시간에 운동을 따로 해요. 월차, 연차 같은 건 없어요."

래아 씨는 운동강사로 일하는 기간 외에도 체육계의 고질적인 폭력성과 모순을 다층적으로 겪었다고 했다.

대입 수능시험을 치르고 합기도장에 들어가서 4년 남짓 열심히 합기도를 배웠다. 그곳 관장이 잘 가르쳐준다고 생각했고 나중에는 관장이 부사범으로 부르면서 여러 가지 허드렛일을 시켜도 묵묵히 했다. 그러나 항상 무시하는 듯한 관장의 태도가 섭섭했고 자신을 함부로 대할 때마다 거북스러웠다.

"무료로 부사범 교육을 받는 거니까 내가 고마워해야 한대요. 네가 여기에서 나가면 뭐 해먹고 살 거냐, 저기 태권도 전공한 애도 겨우 80만 원 받는다, 너 같은 부전공자는 아무것도 못한다, 이러면서. 성희롱 비슷한 행동도 하고."

래아 씨는 관장이 툭하면 잡일을 시키고, 노동에 대한 임금을 제대로 지불하지 않으면서 오히려 무시를 일삼는 태도가 싫어서 도장을 그만뒀다. 그래도 운동에 대한 열망은 계속 있어서 대학 졸업 후 다시 준비를 해 체육교육과에 편입했다.

그러나 그렇게 들어간 대학 체육교육과에도 폭력과 군대적 위계와 권위주의가 가득했다.

"제가 다닌 학교는 그렇게까지 심하지는 않았지만 '다나까'체(군대에서 흔히 쓰는 '다' '나' '까'로 끝나는 말투. '요'는 쓰면 안 된다)라든지, 의무와 규율 같은 게 어느 정도는 있었죠. 엠티나 술자리에 가면 후배가 알아서 해야 할 일이 딱딱 정해져 있고, 남녀 차별이 대놓고는 아니지만 제가 보기에는 엄청 심했어요. 군대, 조폭 이런 문화였죠. 그러다 제가 선배가 딱 됐는데, 사실 후배한테 대접받는 게 편하잖아요. 그 느낌이 참 묘하고 씁쓸했어요. 결국 그런 문화에 넌덜머리가 나서 휴학까지 했어요."

"트레이너인지 영업사원인지 구분이 안 갔죠"

래아 씨가 휴학하고 일자리를 구한 곳은 서울 강남역 근처의 꽤 규모가 있는 피트니스센터였다.

"이곳 퍼스널 트레이너들은 기본급이 80만 원 될까 말까 했는데, 모자라는 수입을 채우려면 할당제로 신규 (고객) 등록 실적을 올리는 수밖에 없었어요. 매일 나가서 역에서 전단지 뿌리고, 그렇게 온 사람들 상담해서 되도록 높은 금액에 1년치 이용권 끊게 하고. 내가 트레이너인지 영업사원인지 구분이 안 갔죠."

화장실과 강의실 등 센터 구석구석 청소하기, 짐 옮기기, 전단지 배포 등 갖은 잡일에 수강생을 관리하고 감정노동도 감당해야 했다. 식대는 겨우 하루에 3000원이어서 질 낮은 인스턴트 식품으로 끼니를 때웠다. 제일 힘들었던 건, 신규 등록자를 끌어오는 영업이 서툴다 보니 심각한 저임금을 감수해야 했던 점이다. 당연히 운동을 가르쳐주는 본업에 집중할 여력이 남아나지 않았다.

그뿐 아니라 트레이너들 사이에 폭력이 난무하는 상황이 래아 씨를 무척 힘들게 했다.

1. '아가씨, 아줌마' 뒤에 숨은 이름, 노동자

"팀장급 같은 관리자들이 의견이 안 맞는다고 나중에는 골프채 휘두르며 피 터지게 싸우는 거예요. 이건 아니다 싶었죠. 술 먹거나 회식할 때조차 폭력적인 분위기고. 여자들을 노골적으로 성추행하는 일도 잦았어요. 남자 트레이너들이 일부러 여자 수강생들에게 연애 감정 부추기고 성적 긴장을 조성하고. 아예 여러 명의 수강생들과 동시에 연애하는 남자 트레이너들도 있어요. 여성 트레이너들은 그 안에서 배제되고 차별을 받죠. 노동은 거의 똑같이 하면서요."

남성 트레이너들이 성희롱 발언을 하며 즐기는 것도 래아 씨는 여러 번 목격했다. 운동하는 수강생들의 신체 부위를 가리키며 뒤에서 낄낄거리거나, 어떤 부위를 더 잘 보려고 특정 동작을 일부러 더 시키는 일도 다반사였다.

신기한 건, 일부를 제외하고는 여성 수강생들 다수가 남성 트레이너를 더 선호한다는 거였다. 그래서인지 여성 전용 피트니스클럽이 성공하는 일은 거의 없고, 여성 퍼스널 트레이너가 성공하는 일도 별로 없다고 한다. 래아 씨는 그 이유에 대해, 여성 트레이너들 사이에 선후배 관계가 형성되지 않아서라고 설명했다.

"남자들은 형 아우 하면서 자기들만의 세계를 형성하는 데 익숙하잖아요. 보통 어떤 조직이든 남자들은 조직에 기여한 정도나 능력 여하에 상관없이, 술 먹고 형 아우 하면서 자연스레 그 조직에 녹아드는 점이 있죠. 그런데 여성 트레이너들 사이엔 그 연대가 없는 거예요. 끌어줄 선배도, 열심히 노력해서 크고 싶어하는 후배도 없어요. 서로 잘 모르고요."

결국 더 배울 것도 없고, 처음 면접 때 제시한 임금 약속을 지키지 않은 강남 피트니스센터를 나왔다. 그다음 간 곳은 신촌의 한 한의원이었다. 이번에는 '운동처방사' 자격으로 취직했는데, 전 직장에 비해 잡무가 거의 없고 식사가 제공되어서 훨씬 조건이 괜찮아 보였다.

하지만 이곳에서도 불합리한 영업을 요구받았다. 운동처방사가 운동을 통해 환자들을 치료해주는 것이 아니라, 환자들을 잘 구슬려 최대한 돈을 많이 쓰게 만드는 일이 주 임무였다.

"한약, 침, 카복시(지방분해 주사요법)가 결합된 패키지를 최대한 많이 파는 것이 내 일이었어요. 역시 환자들의 건강보다는 돈벌이가 중요했던 거죠. 한약 몇 첩, 침, 주사, 운동처방을 몇 백만 원에 끊게 할 것이냐가 관건이고. 전처럼 전단지 배포는 안 해도 블로그에 내가 환자인 척하며 경험담을 올려야 했고, 관련된 온라인 카페 등에 들어가서 내가 여기 가서 효험을 봤다는 식의 홍보 글도 올리라고 하고……."

그래도 3개월을 버텨 수습기간을 보내고 정직원이 될 때가 왔다. 하지만 원장은 말을 바꿨다.

"'네가 영업을 잘 못하니까 정규직은 못 시켜주겠다'는 거예요. 그냥 월급 조금 올려준다고. '너 4대보험 뭐가 필요해? 여기서 일하다 혹시 다쳐도 우리가 다 고쳐주면 되잖아' 이러면서. 규모도 꽤 있는 곳이었는데 이런 식으로 나오니까 실망했죠. 그때 그냥 다시 학교로 돌아갔어요."

래아 씨는 위계와 권위가 팽배한 학교에 복학했다. 일단 대학에서 자격증을 따고 석사학위를 받으면 이런 대접을 안 받아도 될 것 같았고, 원하는 일을 할 수 있을 거라 생각했다.

서로 존중하는 운동문화의 가능성을 찾아서

다현 씨는 최소한의 고용보장도 없고, 주체성도 결여되어 있으며, 잠시 노동을 쉬고 피로를 회복할 여유도 없는 운동강사들의 열악한 상황을 알려주었다.

래아 씨는 학교와 피트니스센터 운영체계 전반에 퍼진 군대문화와 성차별, 폭력적 위계질서에 지쳐 산업현장으로 뛰어들었다. 하지만 그곳 역시 미용과 건강을 돈벌이 대상으로 여겼고, 이러한 상업주의와 노동 착취에 좌절했다는 이야기를 들려주었다.

다현 씨와 래아 씨의 이야기를 듣고 나니 아직까지 이런 상황이 바뀌지 않고 유지되는 것이 오히려 이상하게 여겨졌다. 이렇게 열악하게 일하는데 아무도 이의를 제기하지 않는 것도 의아했다. 운동강사들끼리 뭉쳐서 노동 조건을 개선하려고 노력하거나 모여서 고충을 토로하는 커뮤니티가 없는지 물었다.

"다 따로 놀아요. 단순한 정보 교환은 인터넷에서 많이 하고, 노동 조건에 대해서도 불만까지는 말해요. 악덕 업주 고발하는 신문고도 있고, 조언도 해줘요. 하지만 그냥 거기까지예요. 조직력이 있어야 하는데 거기까진 못 가요. 노동자라는 의식도 부족하고, 부당한 감정노동 같은 걸 공론화하는 것이 익숙하지 않죠. 그나마 학교 체육과나 선수단 내 성폭력 문화, 군대문화 이런 건 언론에서 다뤄져 다행인데."(래아)

"지엑스 강사들은 급여가 너무 적은 게 제일 큰 불만이거든요. 그래도 싫으면 그냥 그만둘 수밖에 없어요. 시세라는 게 정해져 있으니까.

나는 수많은 시간제 강사들 중 한 명인 거잖아요. 강사들에게는 이런 조건이 당연하게 여겨지고, 노조나 권익을 위해 싸우는 것은 어렵고 상상조차 안 하죠. 사실 나도 생계 수단이 그나마 하나 더 있어서 아주 절실하지 않았던 것 같아요. 어쩌다 내가 얘기 꺼내도 '언니, 왜 그렇게 어려운 얘기 해? 난 몰라' 그래요."(다현)

다현 씨와 래아 씨는 최근 여성주의적 지역 공동체를 실험하고 있는 뜻 맞는 사람들을 만나, 새로운 개념의 복합 문화 공간이자 운동 공간을 만드는 데 참여했다. 굳이 학위나 졸업장이 없어도, 수강생들에게 비싼 이용료를 내게 하지 않아도, 건강을 가꾸고 즐겁게 운동하는 문화를 전파할 수 있다는 희망이 생겼다.

단순히 날씬하고 가느다란 몸이 아니라 강하고 최적화된 몸을 갖길 원하는 여성들이 늘어나는 것과, 사람들이 자신을 사랑하고 공동체를 자랑스레 여기는 걸 목격한다. 함께 격려하며 신체활동을 하고, 그 안의 관계를 소중히 돌보는 과정을 통해 가능해진 일들이다.

"이윤 무한 증식이 목표인 영리성 운동센터라면 이런 여성주의 감수성이 살아 있지 못할 거예요. 운동강사들은 한곳에서 길어야 반 년, 일 년 일하거든요. 일하는 사람이든, 운동하는 사람이든 워낙 드나드는 게 잦으니 공동체의식, 연대의식, 관계가 유지될 수 없을 테니까요. 꾸준히 얼굴을 봐야 서로 이루려는 목표와 발전 과정을 지켜보며 격려할 수 있잖아요."

다현 씨의 말이다. 물론, 좋은 뜻을 가진 지역 운동센터라 해도 일의 양이 줄어든 것은 아니다. 수업과 행정 사무, 수강생 관리를 모두 해내야 한다. 이렇게 힘든데도 운동강사를 하는 이유가 뭐냐고 다현 씨에게 물었다.

"수강생들과 힘든 운동을 하면서 함께 땀 흘리고 한계를 극복하는 경험을 공유하는 게 참 좋아요. 운동하고 나갈 때 뿌듯하고 당당한 그 얼굴들이요. 그리고 수강생들이 '난 여기가 안 예뻐요', '여기를 고치고 싶어요', '여기가 싫고 여기를 살 빼고 싶고' 이런 말 할 때 나는 '아니다, 당신 자신 그대로 소중하고 아름답다'고 말해요. 나만 할 수 있는 수업이 있다고 보거든요. 남자 강사들이 가끔 '어머님들 그 뱃살 다 빼고 싶냐, 그럼 이거 열심히 해라, 뭐뭐뭐는 먹지 마라' 그래요. 우리가 무슨 다이어트에 목숨 건 동물인 것처럼. 나는 다이어트라는 말은 안 해요. '체지방 줄이자' 이런 말은 해도요. 전혀 차원이 다르거든요. 안 그래도 죄책감 가진 사람들에게 그런 강의는 하지 않겠다, 이런 결심으로 해요. 그런데 그게 전달될 때 뛸 듯이 기쁘고 뿌듯해요."

래아 씨는 수강생들과 직접 얼굴을 맞대고 만나 얻는 인간관계와 소통, 거기서 얻어지는 변화가 자신에게 추동력이 된다고 설명했다. 그리고 자신의 몸을 있는 그대로 받아들이고 사랑하는 법을 수강생들에게 알리고 실천하는 기쁨이 가장 크다고 했다. 한편 래아 씨는 조금 더 구조적인 면에 초점을 두어 이야기했다.

"체육계가 정말 권위주의적이고 가부장제나 군대문화에 물들었다고 하지만, 이게 다 사회 전반에 퍼져 있다고 봐요. 그게 체육계에서 노골적이고 집약되어서 드러나는 거지. 체육계 하나만 개선한다고 될 일이 아닌 거예요. 그 속에서 억압된 여성들과 사회적 약자들이 해방되려면 당장 무엇이 필요한지 찾고, 내가 할 일들을 하나씩 이루는 과정이 성취감을 주었어요. 지금 일하는 곳도 노동량이 많고 근로 조건이 혁신적으로 좋은 건 아니지만, 적어도 서로 존중하는 인간적인 문화가 풍부해요. 그것만으로 일단 큰 자산이라고 봐요."

운동산업에서 폭력적인 관행이 만연한 이유는 우리가 살고 일하는 사회 전체가 폭력을 묵과하기 때문이라는 거였다. 이제 래아 씨는 무조건 그 추세를 따르는 대신 평등하고 존중하는 태도가 당연하게 여겨지는 환경을 만들기 위해 노력한다. 이 거대한 체제에 본인이 한 걸음씩 천천히 균열을 내고 있다는 자부심이 들고 있는 내게도 느껴졌다.

다현 씨와 래아 씨는 앞으로 새롭게 개척할 운동문화와 가능성에 희망을 품고 있었지만, 여전히 느끼는 한계와 겹겹이 쌓인 관행, 경쟁 문화에 부담을 느끼는 듯했다. 한없이 싼 가격을 제시하는 헬스 센터들과 경쟁해야 하고, 저임금과 갖은 막노동을 참아야 하는 운동강사들이 수백, 수천 명 있다는 현실도 이들이 한껏 장밋빛 희망에만 젖지 못하게 한다.

그래도 '당신 수업으로 나 이만큼 좋아졌다'고 경험담을 말하고, 자신도 이것을 배워서 운동강사가 되겠다고 하는 수강생들이 있어 기쁘다. 다현 씨와 래아 씨는 자신들의 작은 노력이 실마리가 되어 운동문화 전반에 서서히 영향을 미치길, 후배 강사들에게 악조건을 대물림하지 않기를 절실히 바란다.

류
현
영

대리운전, 음지의 직업이 아닌
공식적 직업으로

**여성 대리운전기사
인터뷰**

날씨와 싸우고 손님과 씨름하고

올해 대리기사 2년 차인 김영선(가명) 씨가 대리운전을 시작한 계기는 남편의 얼굴을 도통 보기 어렵기 때문이었다. 자신은 주야 2교대 근무를 하는 회사에 다니고, 남편은 제주도를 오가며 화물차 운전을 해서 집에 오는 시간이 일정치 않았다. 그래서 파트타임 일자리를 알아보았지만 급여가 여의치 않았다. 그때 대리운전을 하던 친구가 시간도 자유롭고 어디 가서 일하는 거보다 벌이가 낫다고 권유해 아르바이트로 시작했는데 그게 본업이 되었다.

영선 씨는 저녁 8시 반에 일을 시작해 11시쯤까지 법인기사 콜을 받고, 이후 새벽 1시쯤까지 광역기사 콜을 받는다. 법인기사는 대리운전업체가 기업과 계약을 맺고 팀장급 이상 임원 차를 운전해주는 기사이다. 광역기사는 우리가 일반적으로 접하는 대리기사, 즉 자율로 콜을 받아 일하는 기사이고.

"법인기사는 정장을 입어야 되고, 구두도 신어야 해요. 그런 불편함이 있는데, 대신 페이가 약간 좋아요. 그런데 11시 넘으면 법인 콜은 거의 끊겨요. 그래서 그 이후에는 광역 콜을 받아요. 거의 1시까지. 요즘엔 1시 이후에는 콜이 거의 없어요. 술문화가 1차 문화로 바뀌었고, 권하는 시대도 아니라서. 그리고 나면 집에 돌아오는 게 문제예요. 많이 걸리면 두 시간, 멀리서 운 좋게 집 방향으로 가는 콜을 잡으면 일찍 들어가고."

처음 일을 시작했을 때는 밤낮이 바뀌어 잠도 제대로 못 자고, 햇빛을 못 보다 보니 낮에 나오면 핑 도는 어지럼증을 느끼기도 했다. 또 사시사철 밖에서 일하다 보니 추위, 더위, 모기가 문제였다. 장갑을 껴도 손이 시리고, 옷을 아무리 껴입어도 칼바람을 막을 수 없었다. 눈 오면 눈길 운전도 큰일이고, 비 오면 우산을 써도 흠뻑 젖기 일쑤였다. 여름엔 밤에도 열대야 때문에 너무 더워 손님한테 땀 냄새 풍길까 전전긍긍하고, 끝없이 달려드는 모기 때문에 모기약은 필수였다. 요즘에는 미세먼지도 큰 문제인데, 심한 날 마스크를 쓰고 나가지 않았다가 목이 답답해 혼나기도 했다. 또 손님이 대부분 남자에다 취객이라 여성 대리기사가 오면 성적 농담을 던지거나 시답잖은 장난을 거는 경우도 많았다.

"험한 말 하는 사람도 있고, 하루에 얼마 버냐, 내가 그거 줄 테니까 놀자, 이러는 분들도 많아요. 그래서 한번은 경찰서까지 간 적도 있어요. 그분이 술이 많이 취해서 강제 성추행이 돼가지고 경찰서 갔다 검찰까지 갔어요. 처음에는 술에 취해서 기억이 안 나니까 잘못했다는 소리를 안 하고 끝까지 가보자 그랬는데, 내가 정황을 너무 정확하게 설명하니까 끝내는 본인이 잘못했다고 인정했어요. 그런 여자 대리기사들 많아요. 그런 식으로 성적 농락을 당하는 경우가. 근데 나도 일하다 보니까 그렇게 장난을 걸면 농담으로 받아치게도 되고, 그렇게 변하더라고요."

얼토당토않게 떼이는 온갖 수수료

대리운전은 운전면허만 있으면 일을 할 수 있다. 대리운전업체와 따로 계약도 필요 없다. 그냥 업체에 일을 하겠다 말하고 프로그램 받고 보험료만 내면 끝이다. 다달이 프로그램 사용료와 보험료를 내는데, 회사에서 드는 보험이라고 해봐야 그냥 책임보험 수준이라 자기가 알아서 조심 운전을 하는 수밖에 없다. 그러니 업체는 한마디로 손님 연결해주는 일만 하는 것이다. 하지만 그게 전부가 아니다. 업체는 대리기사에 대한 아무런 책임도 갖지 않으면서 20%라는 높은 수수료와 이런저런 명목으로 돈을 떼어간다. 요즘 가장 문제가 되는 것이 바로 로지라는 업체의 프로그램이다.

"로지라는 업체가 있는데, 거기가 말이 많아요. 프로그램이 하나만 있으면 일을 받을 수 있는데, 로지는 프로그램을 로지 A, B, C, 이렇게 나눠 만들어가지고 프로그램별로 다 1만 5000원씩 받아요. 이 세 가지는 본인 자율로 깔 수 있어요. 하나를 깔든 두 개를 깔든. 그런데 문제는 A는 어느 지역에서 많이 들어오고, B는 어느 지역에서 많이 들어온다는 거예요. 그러니까 보통 대리기사는 세 개를 다 깔죠."

게다가 기사는 배차 취소 수수료까지 물어야 한다.

"예를 들어, 내가 콜을 잡았어요. 그런데 어, 여기는 내가 가면 안 되겠다 싶어서 배차 취소를 누르면 수수료 500원이 나가요. 또 고객과 통화를 했는데 여기선 도저히 못 가겠다, 혹은 위치를 도통 모르겠다 해서 콜을 뺀다고 하면 상황실에서 완료를 누르라고 해요. 그래서 완료를 누르면 그 거리 금액 2만 원이 잡혀서 수수료 4000원이 나가는 거예요. 나는 배차도 못 받고 수수료만 떼이는 거죠. 지금 대리운전업체가 엄청 많이 남기는 것 중 하나가 이 배차 취소 수수료예요. 지금 수도권 내에만 대리기사가 5만 명이라고 들었어요. 그러니 한 사람에 500원씩만 떼도 엄청난 거죠."

그뿐만이 아니다. 요즘에는 대리운전업체가 우후죽순으로 생겨나고 손쉽게 진입할 수 있어 대리기사가 많아지다 보니 경쟁이 심해져 요금이 자꾸만 낮아지고 있다. 새로 생긴 업체가 경쟁에 뛰어들면서 낮은 가격을 내세우면 그 가격이 평균이 되어버리는 것이다. 그로 인해 대리기사의 수익은 줄어들 수밖에 없지만 수요는 계속 늘어나기 때문에 업체의 수익은 높아진다.

"수입이 너무 많이 낮아졌어요. 1만 원짜리 콜이 8000원까지 내려가고. 내가 알기로 예전에는, 처음 시작할 때는 10킬로미터 미만은 1만

1. '아가씨, 아줌마' 뒤에 숨은 이름, 노동자

5000원에서 2만 원이었는데 지금은 무조건 1만 원, 그 이상 되면 1킬로미터당 1만 원이라 생각했는데, 그것도 다 없어지고. 제가 법인기사로 옮긴 이유 중에 하나예요. 하지만 업체는 박리다매라고, 소비자를 많이 끌어들여서 많이 남기는 거죠. 그게 우선 목적이에요. 저희는 전혀 생각을 안 하는 거죠."

교육, 구간별 확정 금액, 보험이 뒷받침되어야

영선 씨는 하루에 그냥 순수익 10만 원 정도만 남기자는 생각으로 일을 한다. 그 정도를 벌기 위해선 하루에 약 200킬로를 뛰어야 한다. 처음에는 이렇게 운전하고 정말 토가 나올 뻔했다. 그래도 콜이 많고 늦게까지 콜이 있어서 이 정도만 하고 더 이상은 하지 말자는 생각으로 정한 기준이었는데, 요즘에는 여의치가 않다. 요금도 낮아지고 예전만큼 콜을 잡기도 쉽지 않기 때문이다. 그래도 그가 이 일을 계속하는 이유는 시간을 자유롭게 쓸 수 있고, 시간당 페이가 다른 일에 비해 그나마 낫기 때문이다.

"우선 제가 10만 원을 남기자 했는데, 이건 본인 하기에 따라 금액이 달라지잖아요. 어디 나가서 열두 시간씩 설거지하는 거보다 이거 서너 시간 하는 게 페이가 더 낫다고, 장난삼아 얘기하기도 해요. 그래서 대리업계에 남자든 여자든 들어오면 나가기가 힘들어요. 저도 얼마 전에 벼룩시장 같은 걸 한번 봤어요. 살다 보면 목돈 나갈 때가 있잖아요.

그런데 하루하루 버니까 돈이 모이지 않고, 좀 회의를 느낀 거예요. 계속 일하다 보면 그런 순간이 오잖아요. 그래서 봤는데, 그냥 접었어요. 내가 어디 가서, 만약 마트 같은 데 가서 캐셔를 하면 130만 원인 거예요. 하루에 열두 시간, 쉬는 날도 일주일에 한 번뿐이고. 그런데 머리로 계산을 해보니, 내가 하루에 7만 원씩 벌고 20일만 일해도 140만 원인 거예요. 근데 요즘엔 콜비가 너무 낮아져서 스트레스를 많이 받아요. 저는 금액을 알잖아요. 여기서 이 거리면 이만큼 받아야 되는데, 막 욕을 하면서 프로그램 보고 있는 거예요. 사무실 욕도 하고, 손님 욕도 하고 그러죠."

아마 대부분의 대리기사가 이런 조건 때문에 이 일을 하는 것이리라. 업체에 수수료 떼이고, 손님한테 인격적 모욕을 당하고, 사고라도 날까 전전긍긍하고, 추위와 더위와 싸우고, 밤낮이 뒤바뀐 생활을 하면서도. 거기다 운전만 할 수 있으면 얻을 수 있는 일자리니까. 갈수록 열악해지는 노동 여건도 일자리를 얻기 힘든 이들을 이 업종으로 몰아가는 원인일 터이다. 이 업종 또한 불안정하고 열악하기는 마찬가지임에도.

영선 씨는 이 일이 좀더 안정적인 직업이 되기 위해 무엇보다 필요한 것은 교육, 구간별 확정 요금, 그리고 보험이라고 말한다.

"우선 교육이죠, 초보자 교육. 그리고 구간별로 정해진 금액. 이 구간은 이만큼 받아야 된다, 아니면 1킬로당 얼마씩 받아야 된다고 정해놓아야 해요. 이게 없는 한 가격은 계속 내려가고 초보자들은 똥콜(구간에 비해 금액을 조금 주는 것)이 분명한데도 계속 잡을 거예요. 모르니까.

그러면 일하는 사람들도 벌이가 안 되죠. 그리고 보험. 한 달에 6만 원씩 내는데 안 되는 게 많아요. 보장 금액 한도가 너무 낮아요."

또 대리기사가 될 수 있는 자격 요건도 강화되어야 하고 손님에 대한 정보도 공유되어야 할 필요가 있다고 덧붙인다.

"지금 보면, 전자발찌를 차도 면허증만 있으면 대리운전을 할 수 있는데, 그것도 진짜 잘못됐어요. 하다못해 음주운전 경력이 있어도 할 수가 있다니까요. 그리고 손님들은 저희에 대한 정보를 몰라요. 우리 또한 손님에 대한 정보를 모르고. 만약 이 손님이 전에 한번 진상을 부렸던 손님이면 업체에서 락을 걸어야 해요. 대리기사 못 부르게. 근데 그게 안 돼요. 진상 부린다는 게 종류가 엄청 많잖아요. 요금을 안 낸다든가, 안 만졌는데 만졌다고 성추행 고소를 한다든가 등등. 그걸 업체에서 알고 콜을 받지 말아야 해요. 그래야 손님도 어느 정도 룰을 지키고, 우리도 그만큼 서비스를 제공하죠. 그냥 아무나 다 해주니까 힘든 건 대리기사고, 상황실이에요."

뿐만 아니라 야간에 이동해야 하는 대리기사들에겐 교통편도 큰 문제다. 대중교통이 끊긴 시간대에 개인이 승합차로 코스를 정해놓고 대리기사를 실어 나르는 셔틀을 주로 이용하는데, 이는 위험천만한 일이다.

"야간에 N버스(심야 운행 버스)가 많이 활성화되었으면 좋겠어요. 셔틀을 타면 정말 불안하거든요. 이 차가 언제 퍼질지, 운전도 막 지그재그로 하고 너무 빨리 달리니까. 셔틀은 불법이에요. 사고가 나서 죽어도 보상을 못 받아요. 그게 제일 큰 문제죠. 하지만 지금으로선 그거밖에 없으니까, 그거라도 없으면 정말 일하기 너무 힘들어질 거예요. 선택의 여지가 없는 거죠."

대리기사는 손님을 안전하게 데려다주는 사람

영선 씨는 지금 화물차 운전을 하는 남편과 함께 수도권보다 상대적으로 안정적인 천안에서 대리기사를 하는 게 바람이다. 자기보다 더 고생하는 남편이 안쓰럽기도 하고, 결혼 초부터 계속 떨어져 있기도 했기 때문이다. 또 같이 할 수 있는 일이 이거밖에 없다고, 그냥 우물 안 개구리처럼 아는 게 이거밖에 없다고 생각하기 때문이기도 하고.

"같이 이 일 하면서 쉬는 날은 운동도 다니고 영화도 보러 다니고 그러고 싶어요. 돈도 문제긴 한데, 저희 신랑은 화물차 말고는 일해본 적이 없어요. 화물차가 본업이라고 생각해요. 그런데 매번 이렇게 떨어져 있어야 하고, 그게 싫으니까, 같이 붙어서 할 수 있는 건 이거밖에 없다고 생각하거든요."

그와 함께 바라는 바가 있다면, 바로 대리기사를, 특히 여성 대리기사를 바라보는 시각이 바뀌었으면 하는 것이다.

"여자 대리기사라고 장난삼아 야한 얘기를 한다든가, 하룻밤 자자든가, 여자를 물로 보는 그런 시선들. 그런 거 있어요. 나는 너희들 집에 안전하게 데려다주는 대리기사라는 것 자체를 인지하지 않고 여자라는 것만 보는, 그런 것 좀 없었음 좋겠어요. 그리고 남자 대리기사

중에 왜 여잔데 이걸 하고 있느냐, 왜 자기네 밥그릇 뺏어 먹느냐, 이러는 사람들도 있어요. 뭐 자기네끼리 하는 얘기지만. 여자니까 팁 많이 받겠네, 손님이 좋아하겠네, 이런 소리 정말 많이 들었어요. 아, 여자가 대단하다 이런 건 없어요. 하지만 남자건 여자건 떠나서, 나는 그냥 대리기사가 당신들 안전하게 데려다주는 기사니까 잘 대해라, 이렇게 됐으면 좋겠어요. 여기저기 콜 불러놓고 낙동강 오리알 만드는 일도 없었으면 좋겠고."

지금 대리운전 시장은 하루 이용 건수가 60~70만 건에 달하고 수조 원에 달하는 연매출을 올리며 대리운전기사 수만 해도 20만여 명에 육박하는 수준이다. 하지만 대리기사는 업체와 계약을 직접 맺는 것이 아니기 때문에 노동자도 아니고, 등록을 하지 않기 때문에 개인사업자로 분류되지도 않는다. 그런데도 업체에서는 대리기사에게 '너희도 사장이다, 다 너희 하기 나름이다'라고 말한다. 완전히 노동의 사각지대에 놓여 있는 것이다. 그러나 이 업종에 대한 제도나 정책은 전무하다. 관련법 자체가 없을뿐더러 담당 기관도 없다. 그렇다 보니 업체의 횡포는 계속되고 대리기사의 처지는 갈수록 악화되는 것이다.

이러한 상황을 타개하기 위한 움직임이 최근 일어나고 있다. 전국 단위의 대리기사노조와 협동조합이 결성되어 로지사와 대리운전업체를 상대로 불공정 관행의 개선을 요구하고 있고, 소비자와 대리기사의 권익 보호를 위한 대리운전법 제정을 국회에 촉구하고 있다. 그러나 대리운전이 워낙에 개별적으로 이루어지는 노동인 데다 신규 대리기사가 계속해서 늘어나는 상황이라 힘을 한데 모아 대응하기가 버거운 실정이다. '음주운전을 방지하고 교통사고를 예방하며 시민의 안전한 이동과 귀가를 책임지는 역할'을 하는 직업으로서 대리운전을 음지의 직업이 아닌 공식적 직업으로 자리매김하기 위한 제도가 마련되어야 할 것이다.

'욕설은 기본',
톨게이트 여성노동자의 호소

요금소 부스 안에서 12년,
이윤주 씨

　무심히 지나쳤던 고속도로 톨게이트 요금소. 현재 우리나라 톨게이트 영업소는 수탁운영 24개, 직영운영 311개로 총 335개 영업소가 있다. (2014년 한국도로공사) 그곳에서 일하는 톨게이트 여성노동자는 7000여 명에 달한다. 작은 부스 안에서 통행료를 받고 영수증을 건네는 여성노동자들은 한국도로공사 소속 직원이 아니다. 2009년부터 톨게이트 영업소 전체를 용역으로 전환시키면서, 모두 비정규직 노동자가 되었다.

　겉으로 보면 간단해 보이는 그녀들의 노동은 생각보다 복잡했고, '고객서비스'라는 이름으로 다양한 폭력적인 상황에 노출되어 있었다. 고속도로를 이용한 대가로 통행료를 지불하면 되는 그 간단한 행위에서, 무수한 고객들은 어떤 서비스를 받으려는 것일까. '나'의 또 다른 이름인 '고객'이 톨게이트 노동자에게 요구하는 서비스는 과연 정당한 것인지 생각해보면서, 한정된 작은 공간 속 그녀들의 노동을 들여다보았다.

초 단위로 일하며 근무일지를 써야 하는 노동

톨게이트 요금소에서 12년째 일하고 있는 이윤주(가명, 58세) 씨는 이곳이 첫 직장이다. 남편과 가끔 고속도로를 지나칠 때 부스 안에서 돈을 주고받는 일이 편해 보였다. 그런 일이 뭐 그리 고달플까 생각했고, 일을 원했던 그녀는 그렇게 이 일을 시작했다. 돈 500만 원을 모아 딸과 함께 외국여행을 가겠다는 목표도 세웠다. 하지만 아직까지 외국여행은커녕 돈도 모으지 못했다. 그래도 월급 타는 재미와 사람들 만나는 재미, 직장에 다니는 것만으로 나이 먹는다는 것도 잊고 지금도 계속 다니고 있다.

그녀는 처음에 통행권 없이 요금만 받는 '개방식' 톨게이트에서 일을 하다가 지금은 '폐쇄식'으로 옮겨 일하고 있다. 폐쇄식은 차 출발지가 전국이다 보니 요금이 모두 다르다. 차가 들어오고 나가는 짧은 시간에, 근무일지에 고객과 일어나는 사소한 일부터 돈 100원이라도 모자라는 것, 50% 할인되는 경차가 소형차로 인식되어 요금이 잘못 지불되는 일, 통행권을 안 뽑아오는 경우 등을 시간대별로, 초별로 모두 기록한다.

1. '아가씨, 아줌마' 뒤에 숨은 이름, 노동자

고객이 통행권이 없는 경우에는 사무실에 인터폰으로 연락해서 이 차량이 어디서 왔는지 일일이 확인하는 절차를 거친다. 차가 들어오는 것은 모두 돈이기 때문에 기록을 해야 하고, 그 과정이 길어질 때는 뒤에 오는 차가 많이 밀리게 마련이다.

"우린 몇 초당 일하잖아요. 초로 일하다 보니까 '0' 하나 잘못 누르면 1000원짜리가 1만 원이 돼요. 지난번에는 2만 5000원을 20만 원인가 해서 17만 얼마를 더 준 거예요. 그분(고객)이 착해서 돌려받긴 했는데 그런 경우가 허다하고, 그럴 땐 (월급에서) 까지요(돈을 제함)."

100원 갖다 주려고 시화호까지 갔어요

"폐쇄식에서 처음 일할 때 100원을 더 받은 적이 있어요. 차종이 1종으로 떠서 1종 요금을 받았는데 2종이었던 거예요. 그럼 차종 변경을 해줘야 하는데, 내가 차종 확인을 못 한 거예요. 그런데 그 고객이 사무실에 전화해가지고 난리를 친 거예요. 100원 더 받았다고, 시화호까지 가져오라고…… 시화호가 어딘지도 몰랐는데. 배보다 배꼽이 더 커졌죠. 가서 전화를 했더니 손님이랑 밥 먹고 있다는 거예요. 그러니까 오기가 생겨서 더 가고 싶더라구요. 그래서 100원 갖다 드릴 테니 장소 말해달라고 그랬더니, 죄송하다고 고맙다고 그러면서……."

계좌이체를 해주겠다는 것도 거부하고 직접 방문해서 100원을 돌려달라고 한 고객이다. 돈 100원 때문에 그러는 게 아니라, 차 한 대당

100원이면 그게 모두 얼마냐고 따져 물으면서. 사람이 하는 일이다 보니 생기는 실수에 그 고객은 큰 의미를 부여했다. 100원은 적선하기도 민망한 돈이다. 집으로 돌아오는 길에 '이렇게까지 하면서 직장을 다녀야 하나' 하는 생각이 들어 울컥했다. 그 일은 그녀에게 평생 잊지 못할 기억이 되었다.

고객들은 자신이 더 낸 돈은 사무실에 항의 전화해서 돌려받으면서도 몇 천 원, 몇 만 원 더 받은 것은 잘 돌려주지 않았다.

예전에는 경차가 800cc였지만 지금은 1000cc 미만은 모두 경차에 속한다. 요즘 경차들은 900cc로 출고되어 톨게이트 진입로에서 제대로 감지되지 않는다. 그럴 경우 요금이 제대로 정산되지 않아 수동으로 전환해주어야 한다. 최근 짓는 톨게이트는 새로 나온 경차에 맞춰서 감지센서를 달고 있다. 감지센서를 교체하는 비용이 비싸다 보니 아직 바꾸지 못한 톨게이트가 많다. 감지센서만 교체되면 이런 수고로움은 덜 수 있어, 일하는 사람과 고객의 마찰은 한층 덜어질 수 있을 것이다.

욕설은 기본이고 반말은 덤이죠

"'고객님, 200원 더 주셔야 하는데요' 그랬더니 대뜸 하는 소리가 '좆까네' 그러는 거예요. 욕하는 게 보통 그래요. 그래서 나도 모르게 '내가 아저씨 좆을 왜 까요? 집에 가서 아줌마한테 까라고 그래요' 그랬어요. 그 옆에 (조수석) 앉은 사람은 비즈니스 하는 아저씨였나 봐요. 그러니까 아무 말도 못 하고 그냥 갔어요."

아줌마라서 함부로 욕하는 것 같아 그녀는 무척 화가 났다. 그대로 넘어가면 다른 여성들에게도 써먹을 것 같았다. 고객들은 조그마한 일인데도 사무실에 전화해서 직원들 이름을 대면서 항의한다. 그게 무서워서, 고객이 뭐라고 하면 그저 미안하다고 했던 것이 고객들을 그렇게 만들었을지도 모른다. 하지만 고객이 하는 욕을 다 들어줄 수는 없는 일이다. 그녀가 그렇게 맞대응을 하게 된 것은 오랫동안 일하면서 가능하게 된 일이다. 처음 일할 때 별일 아닌 것으로 정직 3개월 징계를 받은 경험이 있다.

"화장실 한 번 가려고 해도 (교대) 안 해주고, 난 막 운 적도 있어요. 에어컨이 고장 나면 완전 철판이잖아요. 찜질방이에요. 그때 내가 단발머리였는데, 돈 묶는 고무줄로 머리를 묶었는데 머리가 좀 짧다 보니까 머리카락이 조금 빠졌어요. 그걸 가지고 팀장이 직원들한테 욕을 하고 다녔어요. 그래서 제가 팀장한테 '내 흉보지 말라'고 몇 마디 했어요. 그렇게 몇 마디 오가다 팀장이 나를 (머리) 뜯은 거예요. 그때 정직 3개월을 당했어요."

정직 3개월 징계를 받고 톨게이트 요금소 대신 매일 사무실로 출근했다. 사장은 직원들에게 '이윤주 씨한테 아는 척도 하지 말라'고 지시했다. 밥 먹으러 식당 가는 것과 화장실 볼일 보러 가는 것 외에 다른 곳으로 이동하는 것도 금지시켰다.

"지금 생각해도 내가 얼마나 기특한지……, 내가 이렇게 말했어요.

'내가 아웅산 수치야? 내가 정치범이냐고? 화장실하고 식당만 가게…….' 그러니까 그게 다 신문에서 본 거잖아요. 그때 당시 내가 애 키우고 그랬는데 뭘 알아요. 그래도 신문은 꼭 봤어요. 그래서 막 따졌어요."

결국 사과를 받아내고 다시 일을 했다. 부당한 일을 그냥 넘기지 못하는 성격 때문이다. 지금도 젊은 사람들이 부당한 일을 겪어도 말 한마디 못하고 넋두리만 하고 있으면 본인이 나서서 처리하는 편이다.

고객이 내 얼굴에 침 뱉는 일도 당해봤어요

"저는요, 얼굴에 침 뱉는 것도 한 번 당했는데, 더럽고. 아이고, 냄새나고. 지금도 생각하면……, 그 고객이 (요금소를 지나칠 때마다) 욕을 하고 다닌 게 3년인가 4년인가 됐어요. 그날도 밤에 일하다가 욕을 먹었어요. 그래서 제가 그랬어요. 이제 (욕) 그만할 때도 되지 않았냐고. 그만하세요, 그랬더니 침을 딱 뱉는 거예요. '야, 너!' 이러면서……."

경찰에 신고했지만 증인이 있어야 된다고 했다. 밤에 혼자 일하는데 증인이 있을 리 없다. 경찰은 또다시 그런 일이 생기면 녹취해서 신고하라고 했다.

욕하는 건 남자들이 더 심하고 많은 편이지만, 남녀노소를 가리지 않고 행해지는 일이다.

"야간근무 때는 새벽 5시 정도 되면 너무 졸려요. 그런데 말이 나오겠어요? 졸릴 땐 목소리가 땅속으로 들어가려고 해요. 그런데 고객이 와서 하는 말이 '인사 안 해요?' 그래요. 집에서 인사 좀 받고 나오든지요."

새벽에 일하는 사람들이 무슨 힘으로 얼굴에 미소를 머금고 초 단위로 오는 고객에게 꼬박꼬박 인사를 할 수 있을까. 사람들은 고속도로를 이용할 때는 좋고, 요금을 낼 때는 공돈 내는 것처럼 아까운 생각이 드는 모양이다. 조그마한 일에도 '서비스'를 요구하고 보상을 받으려고 한다.

"자기가 흘린 돈은 자기가 주워야 되잖아요. 우리한테 주우라고 그래요. 우리가 돈 주고 받다가 흘리면 우리 책임인데, 이런 게 서비스는 아니잖아요. 개인 비서도 아니고, 하인도 아니고, 안 주워주면 또 (도로공사에) 전화하는 거예요. 이상한 사람 많아요. 물론 좋은 사람이 더 많아요. 그래도 몇 사람이 그러면 종일 그런 것 때문에 짜증나죠."

어이없이 욕먹고, 고객이 억지를 쓸 때는 추접스러워 때려치우고 싶은 마음이 굴뚝같다. 하지만 직장을 그만둔다는 것이 쉬운 일은 아니다.

톨게이트는 각양각색의 사람들이 모였다 흩어지는 곳이다. 물 달라는 사람, 쓰레기 주고 가는 사람, 더러운 돈만 주는 사람, 어디서 모았는지 10원짜리만 주는 사람 들로 넘쳐난다.

하이패스 도입 후 절반이나 밀려난 인력

아침 6시부터 오후 2시, 오후 2시부터 밤 10시, 밤 10시부터 다음 날 새벽 6시까지 3교대로 일한다. 17년 이상 일한 사람들이 대부분이고 20년 된 사람들도 있다.

하이패스가 생기기 전에는 하루 3800대의 차량을 한 사람이 처리했다. 하이패스가 생긴 뒤로 인원이 반이나 줄었다. 현재 하이패스로 통행하는 차가 전체 차량의 60%다. 도로공사는 하이패스 통과 대수를 80%로 늘리는 게 목표다. 그뿐 아니라 통행료 지불을 고객이 직접 할 수 있도록 무인시스템을 도입할 예정이다. 그렇게 되면 지금보다 더 많은 인원을 감축해야 한다.

노동자들은 인원 감축을 막기 위해 잡쉐어링(Job Sharing : 노동시간을 줄이고 일자리를 나눠서 해고를 막으려는 노력)을 통해 고통 분담을 하자고 제안했지만, 도로공사는 묵살했다.

3월부터는 경영평가를 위한 모니터링이 시작된다. 도로공사가 리서치 회사와 계약을 맺고, 암행을 해 점수를 매기는 방식이다. '안녕하십니까' 몇 점, '돈 얼마 받았습니다' 몇 점, '얼마 거슬러 드립니다' 몇 점, '안녕히 가십시오' 몇 점 하는 식으로 서비스 점수를 매긴다.

"3월 마지막 주부터 이 일을 해요. 그러면서 (톨게이트 직원이) 웃었네, 안 웃었네 그래요. 그리고 우린 물 안 먹어요? 사람 아니에요? 언젠가 누가, 들어온 차 돈 계산해서 보내고 앞에서 차가 들어오는 사이에 물을 마시고 있는데 고객이 와서 뭘 물어봤나 봐요. 급할 때는 물도 금방 삼키려면 잘 안 삼켜지잖아요. 그래서 대답을 잘 못 한 모양이에요. 그런데 그 사람이 모니터링이었나 봐요. 그 사람도 인간이잖아요. 그런데 뭐라고 했냐면 '입에 물이 들어 있다고' (감점이 된 거예요). 그래서 요금소에 물도 못 가지고 들어가게 한 적도 있어요. 너무 비인간적이잖아요."

도로공사는 하이패스에서 돈을 안 내고 도주하는 고객들 요금까지 여성노동자들에게 받아오라고 요구한다. 도로공사 직원들이 직접 고객을 만나서 서비스를 제공하는 일은 거의 없다. 하지만 이런 과정을 거쳐 경영 평가가 좋으면 성과급은 도로공사 직원들 몫이다. 책임지는 사람 따로, 성과급 가져가는 사람 따로인 것이다.

고속도로를 이용하면 당연히 내야 하는 게 통행료다. 서비스의 질에 따라 통행료가 책정되는 게 아니다. 무인시스템이 도입되면 서비스의 요구와 제공이 어떻게 변화할지 궁금해진다.

'서비스', 어디까지 원하시나요

고객이 진상을 부려도 웃을 수밖에 없다. 일이 늦어지는 경우는 대부분 고객이 통행권을 안 뽑아 온다든지, 지불할 돈이 없는 경우들이다. 그런 모든 것들이 돈과 연결되다 보니 한 치의 오차도 없어야 한다. 최저임금을 받으면서, 잘못하면 돈을 물어내야 하기 때문이다. 하지만 사람들은 고객이 잘못해서 일 처리가 늦어지는 과정에 대해 알려고 하지 않는다.

"그래서 우리는 기록을 다 해야 돼요. 우리가 일 못해서 늦는 건 아니거든요. 그런데 우리한테 와서는 일도 못하면서 앉아 있냐고 하고, 돈은 다 받아 처먹는다고 그렇게 얘기해요. '개방식'은 돈을 안 가져오면 차를 빼놓고 일을 해도 돼요. '폐쇄식'은 차를 못 빼요. 이걸 처리해야 뒤에서 와도 일 처리가 되거든요. 모니터 키보드 치면서 해야 되기 때문에 어디서 왔느냐부터……, 그런 애로사항이 있어요. 폐쇄식으로 다니시는 분들, 근무자들의 애로사항을 아시고 차가 조금 지체되더라도 고객님들로 인해서 그런 거니까……."

미세먼지주의보가 뜨면 바깥출입을 자제하라고 뉴스에서 알려주는 세상이다. 톨게이트 여성노동자들은 그런 날에도 서비스직이라는 이유로 마스크를 착용하지 못한다. 건강권을 주장하면 배부른 소리라는 핀잔만 돌아온다.

전방을 주시해야 하는 일인데도, 고객을 정면으로 마주하고 인사를 하라고 한다. 허리가 틀어지든 말든 중요하지 않다. 차가 많지 않은 시골 톨게이트는 간혹 오는 차가 반가워 가능할지도 모른다. 그러나 몇 초에 한 대씩 통과하는 수도권에서는 어려운 일이다. 오히려 일이 더디게 진행될 소지가 높아 고객의 불만으로 이어질 수 있다.

종일 매연을 마시고, 고객의 반말과 욕설을 들으며 일하는 여성노동자들에게 어떤 '서비스'를 더 받고 싶은 걸까. 1년을 일해도 10년을 일해도 그녀들의 임금은 경력에 따라 인상되지 않고, 최저임금 선에 머문다.

사람들은 판검사, 의사, 변호사들에게는 '웃지 않느냐'고 반말로 따져 묻지 않는다. 그렇듯 톨게이트에서 일하는 여성노동자들에게도 인사와 웃음을 강요할 수는 없다. 작은 부스 안에서 혼자 일하는 8시간 동안 수천 명의 사람들을 만난다. 인사를 요구하기보다 먼저 인사를

건네며 서로의 노동에 미소를 던져보는 건 어떨까. 세상에 귀하지 않은
노동은 없으니까.

2

새로운 일자리,
돌봄노동을 한다는 것

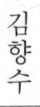

산모도우미 노동환경,
더 나아질 순 없나

다치면
유급휴가라도 받을 수 있길

김향수

나의 산모·신생아도우미였던 희선 씨를 인터뷰하다

산모·신생아도우미 서비스가 2006년 시범사업으로 시작되었지만, '산모·신생아도우미'라는 직업은 별로 알려지지 않았다. 하지만 보건복지부 자료에 따르면, 이 일을 하는 노동자는 2011년 기준 8735명[*]이며, 2014년 작년 한 해 서비스 이용자는 5만 7848명이다. 2015년 서비스 수혜자는 8만 8071명으로[**] 추정된다. 일의 특성상 서비스 이용자는 전부 여성이며, 노동자 역시 99% 이상이 여성이다.

---

[*] 보건복지부, 『2012년 산모·신생아 도우미 지원사업 안내』, 2012.
[**] 보건복지부, 『2015년 산모·신생아 건강관리 지원사업 안내』, 2015.

이른바 '여성 일자리' 중 산모·신생아도우미라는 직종은 여전히 낯설다. 나도 아이를 낳기 전까지, 정확히 말하자면 내가 산모·신생아 서비스를 이용할 수 있는 저소득 가구의 산모라는 것을 알기 전까지는 이 직업을 몰랐다. 희선 씨(가명, 47세)는 나의 산모·신생아 서비스 제공자였다. 이런 인연으로 나는 그녀의 산모도우미 노동 경험을 기록할 수 있었다.

희선 씨는 고등학교를 졸업하고 직물공장에서 여공으로, 뷔페식당에서 요리사로 일했다. 결혼 후 두 아이를 낳고 기르며 남편 사업을 돕기도 했고 보험 일도 했다. 2007년부터 아는 동생의 권유로 산모도우미 일을 시작했다. 아기 보는 것을 좋아하고, 또 그때가 황금돼지 해였고, 나라에서 정책으로 하는 직업이니 괜찮을 것이라는 기대에서 이 일을 시작했다.

끝도 없고 짬도 없는 '산모도우미'의 노동

애 키워본 여자니까, 산모도우미 일을 그냥 시작할 수 있을 거라 생각하면 오산이다. 희선 씨는 처음 2주간 매일 오전 9시부터 오후 6시까지 교육을 받았다. 신입교육은 사회복지제도와 서비스, 건강과 돌봄의 이해, 신생아도우미의 역할, 산모와 신생아의 인권, 산모 신생아 및 가족의 이해, 신생아 돌봄 및 실습, 의사소통, 안전관리, 응급처치, 가사 및 일상생활 지원, 영양관리와 위생관리, 쾌적한 신체와 주거환경

　　　　　　　　　　　　　　2. 새로운 일자리, 돌봄노동을 한다는 것

유지, 외출 돕기 등이다.

6개월에 한 번씩 재교육을 하고, 건강기록도 제출해야 한다. 업무에 필요한 보수교육이지만 업무 시간으로 인정되지 않으며, 분명 전문 지식을 요구하는 직업이지만 '전문직'이라는 사회적 인정은 없다.

"막상 일하러 가면 사람들이 나를 눈을 깔고 내려보더라구요. 뭐랄까, 도우미라고 사람을 우습게 아는 거였죠. 그래도 내가 산모한테 마음을 열고 잘하려고 했죠. 내가 아이를 키우면서 알게 된 지식도 있지만, 이 일을 하기 위해 필요하기도 하고요. 우리 회사는 한 달에 한 번 토요일에 교육했어요. 일하는 데 필요한 교육이지만, 이건 일하는 시간이 아니었어요. 그래도 회사에서 밥값은 내줘요."

희선 씨의 일, 즉 산모·신생아도우미의 서비스 항목은 산모 식사, 마사지, 산후 체조, 좌욕, 산모와 신생아 의복 세탁, 방 청소, 신생아 돌보기, 산모에 대한 정서적 지지, 산후조리 관련 산모의 요청 사항 등이다.

"산모도우미 일은 해도 해도 끝이 없어요. 출근하면 산모 아침밥 차려줘야지, 간식 준비해야지, 미역국 없으면 미역국 끓여야지, 반찬 서너 가지 해야지, 애 우유 먹여야지, 트림 시켜야지, 안고 잠 재워야지, 기저귀 갈아야지, 산모 마사지 해줘야지, 방 청소 해야지, 빨래 돌려야지. 뭐 애들 우유병 같은 것도 다 삶아야지. 애가 울면 애를 안아야 하고. 애를 다독거리며 안고 있으면 다른 일을 못 하고. 신생아들은 한 시간 반, 두 시간마다 먹여야. 시간이 금방 가죠. 끼니를 놓칠 때도 있죠. 그럴 땐 두유 하나 있으면 먹고, 바나나 있으면 하나 먹고 일하죠. 8시간이 긴 시간 같아도 일하다 보면 너무 짧아요. 한번은 사무실에 가서 그런 이야기를 했어요. '도대체 우리는 시녀도 아니고, 도우미가 맞기는 맞아요?' 다른 일은 한 시간마다 5분, 10분 쉬는 시간이 있잖아요. 근데 우리는 그런 게 없어요. 그러면 회사에서는 '요령껏 쉬어라'라고 하죠. 그게 말처럼 쉽나요?"

'맞춤형 서비스'의 실체, 산모 가족에게 달렸다?

일의 특성상 한 명의 산모와 계속 일할 수 없다. 산모가 보건소에 서비스 신청을 하면, 정부에 등록된 파견업체 중 한 곳에서 산모도우미를 산모 집에 보낸다. 산모·신생아도우미 바우처 서비스는 2주간 제공되며(쌍둥이는 3주), 바우처 서비스가 종료되면 다음 일이 들어올 때까지 기다려야 한다.

운이 좋은 경우도 있다. 산모가 서비스에 만족하고 여유가 있어, 자비로 산모 서비스를 연장하는 경우이다. 서비스를 연장하더라도 길어야 2~3주이기 때문에 서비스 종료와 개시를 반복하며 일터는 계속 바뀐다. 이로 인해 희선 씨의 노동 강도와 서비스 제공 품목과 기준은, 산모와 그 가족에 따라 달라진다.

"사람들마다 취향, 성격이 다르듯 산모들도 '뭐 해주세요, 이렇게 해주세요' 하는 게 사람들마다 다 달라요. 우리는 산모 위주로 밥 세 끼, 간식, 애기 목욕, 애기 빨래, 산모 빨래, 아니면 이제 남편 와이셔츠 한 장 다리기 정도로 가사를 해요. 근데 어떤 산모는 정해진 서비스 외에도 다 해달라고 해요. 김치 담가달라고 하는 사람도 있었어요. 회사에서는 '우리가 하는 일이 아니다'라고 말하라지만, 사람이 일 하다 보면 그게 쉽나요? 또 시부모님 모시는 집이면, 시부모님 상 따로 차려서 드리게 되죠. 원래 그러면 안 되지만, 사람이 사사건건 다 따지고 어떻게 해요. 어르신들이고, 원래 며느리가 하던 일이잖아요. 또 일하러 간 집에 큰애가 있으면 큰애도 봐야 하죠. 이 일 한 지 3년 지나니까, 큰애 보는 데 하루에 3000원인가 5000원인가 요금이 추가되었어요."

산모·신생아도우미 일은 분명 전문 지식과 숙련된 경험을 요구한다. 하지만 '남의 집 뒤치다꺼리'라는 편견, 여성은 당연히 아이 키우는 DNA가 태생적으로 있을 거라는 편견은 여전히 강하다. 산모와 신생아, 그 가족들이 거주하는 집은 산모도우미의 일터이며, 가족들의 관습과 가풍은 산모도우미의 노동을 통제한다. 서비스 대상자의 요구에 맞춘 '맞춤형 서비스'는 때로는 모멸스러운 상황을 만들기도 한다.

"억울한 일도 많았죠. 산모 대신 내가 장을 봐야 해요. 한번은 장보고 돌아왔는데 '아줌마, 영수증은?' '재래시장에서 영수증 주나요? 2000원 사고 영수증 줘요?' 그렇게 말했죠. 속으로 '내가 떼먹나?' 이런 생각도 들었어요. 근데 산모가 너무 심하게 말하셔서 '아니거든요. 저기요, 제가 10원이라도 보탰으면 보탰지요' 막 그런 소리까지 했어요. 어떤 집은 시어머니가 내 옆에 따라다니며, 이거 하고 있는데 '저거 하시오' 저거 하고 있는데 '요거 하시오' 막 그럴 때도 있었죠. 힘들죠. 저번에 간 집은 금줄을 쳤더라구요. 내리 딸만 둘이었는데, 어렵게 본 아들이라고. 처음에 그 집에 갔는데, 할머니가 나한테 막 소금도 뿌렸어요. 내가 화가 나서 '부정 안 타거든요? 깨끗하거든요?' 이랬죠. 그 집은 진짜 뭘 하나 사갖고 들어갈 수 없었어요. 할머니가 오늘은 돈을 쓰면 안 되는 요일이라고. 아니 반찬이 없는데, 산모 먹이려면 뭘 사야 할 거 아니에요. 그런 고지식한 어르신들도 있었죠."

사랑으로 보살펴야······ 육체노동 못지않은 감정노동

사람들은 어르신을 돌보는 요양보호사보다 신생아와 산모를 돌보는 산모도우미의 노동 강도가 덜할 거라 생각하지만 꼭 그렇지 않다. 산모가 젖을 먹이거나 화장실에 갈 때 일으켜주는 것도 산모도우미의 일이며, 신생아를 돌보는 것은 힘겨운 육체노동이면서 동시에 감정노동이기 때문이다. 희선 씨는 신생아를 '사랑으로' 보살피는 것이 중요하다고 강조한다.

"'막냇동생이다' 생각하고 산모를 대하고, '내가 낳은 자식이다' 생각하고 아이를 항상 대해요. 어떨 때는 꼬집고 싶을 때도 있죠. 아기가 너무 안아달라고 해서, 하루 종일 안고만 있을 때. 산모도 '이모, 아이 그냥 내려놓으세요'라고 말해요. 근데 어떻게 아기를 내려놓아요. 잠깐 내려놓으면 자지러지게 우는데. 그땐 팔목에 쥐가 나요, 정말로요. 안 해본 사람들은 이해를 못 해요. 하지만 막 태어나서 2주, 3주 된 아기니까 아껴줘야 해요. 내 몸은 힘들지만 애들은 무조건 사랑을 줘야 해요. 마음으로든, 말로든, 귓속말이든. 그럼 갓난쟁이도 다 알아들어요."

2. 새로운 일자리, 돌봄노동을 한다는 것

분명 출산은 질병이 아니다. 하지만 열 달 동안 생명을 기르고, 그 생명이 여성의 몸에서 나간 후 여성이 겪는 몸의 변화, 형언할 수 없는 감정, 갓 태어난 아기와 함께 보내는 시간은 항상 아름답지만은 않다. 산모가 훗배앓이라도 하면 진통은 계속되고 하혈은 멈추지 않는다. 신생아의 배꼽시계는 엄마의 심신과 상관없이 정확히 울린다.

모유 수유하는 산모일 때, 두 시간마다 분유를 타고 젖병을 소독하는 일은 없으니 일이 조금 수월하지 않느냐고 물었지만, 대답은 '아니다'였다. 산모를 다독이며 두 시간마다 젖 먹이는 것도 쉬운 일이 아니기 때문이다.

"어떤 엄마들은 막 우울증 오면 아이 꼴도 보기 싫다며 아이를 데리고 나가라고도 해요. 산후우울증이 무서운 거예요. 처녀 때 친정엄마가 '하지 마라, 하지 마라. 니 이 결혼하면 고생한다, 고생한다'고 했는데 그때는 모르죠. 나도 그랬으니까. 배불렀을 때는 모르죠. 처음 애 가지면 막 좋고 애한테 다 해주고 싶고. 아이 낳고 나야, 친정엄마 생각이 드는 거죠. 막상 잠 못 자고, 젖 먹이며, 기저귀 채워가며 지내고. 밥 한 숟가락 먹으려고 서서 미역국 한 그릇에 먹기도 하고, 물 말아서 김치에다 밥 먹기도 하고. 그때야 친정엄마 생각에 눈물이 저절로 나죠. 아, 우리 엄마가 나를 이렇게 키웠구나. 그러면서 우울증이 많이 와요. 남편한테 서운한 것도 있지만, 친정엄마 생각에.

근데 멍하니 하늘만 쳐다보면 뭐해요. 나는 음악도 들으라고 하고, 맑은 공기도 좀 쐬라고도 하고, 재미있는 이야기도 해주고, 신랑 흉도 같이 보기도 해요. '실컷 둘이 좋아가지고 애 만들어놓고, 애 낳아놓으니까 남편은 신경 안 써준다. 아유, 때려죽일 놈, 살릴 놈' 그런 식으로 이야기를 해요. 나쁜 기억을 갖고 있으면 몸이 처지니까 밖으로 보내야 해요. 좋은 기억만 있으면 엔도르핀이 살아나잖아요."

희선 씨는 산모가 이야기하는 것을 들어주고 맞장구쳐줄 뿐이라 하지만, 이로 인해 감정노동 강도는 점점 높아진다. 그녀의 일터가 산모의 집이기 때문에, 그녀의 업무가 산모의 정서적 지지이기 때문에, 시시콜콜한 집안 사정을 다 보고 듣게 되어 가슴 아파하는 것 역시 감정노동의 일부이다. 그녀는 가끔 '내가 왜 일을 하게 돼서, 보지 말아도 될 것을 볼까'란 생각을 한다.

그래도 우울증이 있던 산모들이 훗날 보낸 감사편지는 큰 보람이다.

"우울증 있던 산모들이 나중에 감사편지를 회사 홈페이지에 올려줘요. 근데 본사에서만 알고, 우리는 들어갈 수가 없어 몰라요. 회사에서 이야기해줘서 알았어요. 내가 갔던 집에서 '너무 고맙다'고 글을 올렸다고. 그런 글은 회사 홍보할 때 쓴대요. 근데 다른 직장에서는 이런 일이 있으면 보너스를 주거나 상을 주잖아요. 여기는 포상은 없어요. 산모한테 콜이 세 번 들어오면 잘리는 것만 있어요."

이용자의 불만족으로 인해 산모가 서비스 제공 인력을 변경해달라고 요청하면, 제공기관 즉 파견업체는 산모와 상담을 통해 5일 이내에 제공자를 변경해야 한다. 서비스 제공자 변경 요청은 주로 전화로 접수되기 때문에 흔히 '콜'이라고 한다. 콜이 세 번 들어오면 해고가 된다. 하지만 콜이 세 번 들어오기 전 대부분 산모도우미 일을 그만두기 때문에, 주변에 해고가 된 사람을 본 적은 없다.

그녀의 월급은 왜 100만 원이 안 되는 걸까?

  평일 오전 9시에서 오후 5시까지가 노동시간이지만, 그녀의 일은 5시에 끝나지 않는다.

  "하루 종일 쉬지 못하고 일해요. 산모 집에서는 겨우 밥 한 숟갈 먹고 일하고, 집에 와서 또 집안일 해야죠. 우리 애들 돌봐야 하고, 남편 뒷바라지해야 되고. 나는 아침에 5시 반, 6시 되면 일어나서 어지간한 일은 하고 오는 편이에요. 퇴근하고 피곤하면 30분 누워 있다가, 저녁 하고 애들 간식 챙겨주죠."

  하루 종일 일해도 그녀가 받는 월급은 92만 원이다. 이것도 운이 좋아 한 달 동안 4주간 일을 해야 받을 수 있다. 2012년 기준 산모·신생아도우미 서비스 가격은 하루 5만 3500원, 2주(12일)에 64만 2000원이다.*** 일당 5만 원이 넘지만, 왜 그녀의 월급은 100만 원이 안 되는 걸까?

  "회사에서 떼는 게 많아요. 회사는 복지부에서 돈을 받는데, 우리는 아니잖아요. 우리는 회사에서 돈을 받아요. 처음에 우리는 몰랐는데, 2주에 60 얼마를 받더라구요. 근데, 우리가 받는 돈은 4주 다 일해도

*** 이는 인터뷰 당시 2012년도 보건복지부 책정가이다. 2015년 현재 산모·신생아도우미 서비스는 산모·신생아 건강관리 지원사업이라 명칭이 변했고, 서비스 총 가격은 단태아 12일 기준 가격은 66만 원이며 가격 상한선은 80만 원이다. 보건복지부가 정한 상한선 범위 내에서 개별 제공기관이 자율적으로 서비스 가격을 책정하도록 바뀌었다. 보건복지부는 서비스 이용자의 소득에 따라 정부지원금을 차등 지원하며, 본인 부담금은 책정가에서 정부 지원금을 뺀 금액이다.

92만 원이에요. 회사에서 월급명세서 같은 건 한 번도 안 줬어요. 그것 때문에 많이 따졌는데, 회사에서는 '굳이 뭐 필요하냐'고. 분명 정책이 잘못된 거예요. 중간에서 가로채는 사람들도 많아요. 누구 말마따나 일은 우리가 하는데, 돈을 중간에서 갈취하는 거죠. 이 일을 한 지 2, 3년 지나서, 나라 정책으로 4대보험이 됐어요. 우리 일이 비정기적이라, 한 달 동안 일을 안 하면 월급도 없고 4대보험을 못 내요. 그러면 회사에서 지난달 4대보험료를 먼저 내고, 다음 달 월급에서 떼는 거죠. 전달 쉬고 2주 일하면 30 얼마 받는 거죠. 쌍둥이를 해도, 2주 동안 5만 원인가 10만 원 추가가 다예요. 노동 강도는 당연히 두 배인데, 돈은 안 그래요."

출산은 '애국'이라 불리는 시대지만, 출산한 여성과 신생아를 돌보는 일은 최저임금을 조금 웃도는 임금이 책정될 뿐이다. 정부는 육아와 돌봄은 전문적 지식을 갖춘 인력이 제공해야 한다며 '서비스의 질'을 강조하지만, 불안정한 일자리, 부정기적인 수입 등 '고용의 질'은 고려하지 않는다.

염증, 화상 등 직업병 잦지만 산재 처리 못 해

"일이 정기적이지 않으니까 이직하는 사람들이 많죠. 어린이집 청소하고 밥 해주는 일이나, 베이비시터 쪽으로 많이 가요. 어떤 사람들은 베이비시터가 산모도우미 일보다 더 낫다고 해요. 돈도 훨씬 많이 주고, 애 업고 잠깐잠깐 나갈 수도 있죠. 산모도우미 일은 죽으나 사나 산모 집에 매달려 있어야 하잖아요. 2주 동안 딱 얽매인 거잖아요. 솔직히 돈 생각하면 식당에서 알바하는 게 나아요. 산모도우미 일이나 베이비시터 일은 집안일이라는 게 표도 안 나잖아요. 애 본 공은 없다고, 해줘도 좋은 소리 못 듣잖아요."

동료들은 산모도우미 일을 하면서 알게 된 집으로, '베이비시터'라는 고용이 2, 3년 보장된 일자리로 옮기기도 한다. 희선 씨는 산모도우미로 5년을 일했다. 식당에서 일하는 것보다 월급도 적고 비정기적인 일이지만, 아이를 돌보는 것을 좋아하고 그래도 4대보험이 가입된 직장이기 때문이다.

어느 날 어깨가 아파 병원에 갔는데, 급성석회염 진단을 받았다. 의사는 희선 씨가 팔을 너무 많이 써서 염증이 생겼다고 이야기했다. 산모도우미 일에서 요구되는 신생아를 안아 달래고 재워야 하는 동작으로 어깨 손상이 일어났다.

"산모도우미 일을 그만뒀죠. 지금은 가사일을 하는데, 이 일도 몸이 축나더라구요. 손톱 무좀이 생기고 눈도 침침하고 피곤해요. 화장실 청소할 때, 락스나 옥시싹싹이 독한데, 마스크도 안 쓰고 속장갑도 안 끼고 일을 해서 그런가 봐요."

산모도우미 일로 생긴 급성석회염이라는 직업병으로 가사도우미로 이직했지만 또 다른 직업병을 얻었다. 일하다 아파도 치료비용과 치료 기간 동안의 생계비는 개인의 몫이 된다. 희선 씨는 아기 목욕시키다 허리 다치는 사람, 화장실에서 미끄러져 다치는 사람, 빨래 삶고 들통 옮기다 화상 입은 사람들을 보았다.

일하다 다쳐도 산재로 인정받기는 어렵다. 산재 처리를 하면 회사에 '타격'이 가고, 가사도우미의 경우 4대보험이 적용되지 않기 때문이다. 이 일로 희선 씨는 직업을 선택할 때 자신만의 기준이 생겼다.

"돈을 조금 받더라도, 사람이 일하다 다치면 산재라도 받을 수 있는 일을 해야지. 산모도우미든 베이비시터든 가사도우미든 뭐, 간병인이든 안 힘든 게 있겠어요? 그 일을 다 파고 보면, 힘든 일도 있고 보람 있는 일도 있죠. 남의 돈을 받는 게 쉽겠어요? 내가 노력해서 남 등쳐 먹지 않고 열심히 내 몸으로 벌어 먹고사는 일이죠. 다들 몸으로 때우는 거잖아요. 그러니까 힘들죠. 난 기회가 되면 다시 아이 보는 일을 하고 싶어요. 왜냐하면, 내가 좋아하고 보람 있는 일을 하고 싶어요. 돈은 적어도 되지만 그래도 월 100만 원은 되어야죠. 4대보험 되고, 정기적으로 일이 있고, 그런 일이면 돼요."

그녀는 다시 아기 돌보는 일을 하고 싶다고 이야기했다. 단, 4대보험이 되고, 일이 정기적으로 있고, 일하면서 아프지 않고, 일하다 아프면 유급 휴가를 받을 수 있는 일자리라면 말이다. 5년간 산모도우미로 일한 희선 씨의 '산모도우미 일을 다시 할 수 있는 조건'은 너무 소박하다. 이 소박한 바람은 산모·신생아 서비스가 도입된 지 몇 년이 지나도 왜 이루어지지 않을까? 희선 씨 말처럼 '다 정책을 잘못 만들어서' 그런 것일까?

　　　　　　　　　　2. 새로운 일자리, 돌봄노동을 한다는 것

김
은
선

초등 돌봄교실 선생님이
'나 홀로' 하는 일

무기계약직 돌봄교사
2인의 인터뷰

요즘 초등학교에는 온돌이 깔린 교실이 있다. '돌봄교실'이다. 온돌 바닥에 좌식 책걸상이 놓여 있는, 아늑하게 꾸며진 공간에서 돌봄교사가 방과후 돌봄이 필요한 아이들을 보육하는 곳이다.

돌봄교실은 2004년 초등 보육교실로 시작해서, 2011년 '엄마품 온종일 돌봄교실'로 명칭이 바뀌었고 등교 전 아침 돌봄과 오후 5시 이후 저녁 돌봄이 생겼다. 2013년까지는 주로 저소득, 맞벌이 가정의 1, 2학년을 대상으로 학교마다 한두 개 교실이 운영됐다. 2014년 봄에는 학교마다 3~5개로 늘었다. 교육부가 1월에 발표한 '초등돌봄 확대 연계 운영계획안'에 따라 희망하는 모든 1, 2학년생으로 그 대상이 확대됐기 때문이다.

D시에서 일하는 돌봄교사 김수연(가명), 유정희(가명) 두 분 선생님

을 만나 학교에서 아이들을 돌보는 일 이야기를 들어보았다.

35명 넘는 애들을 엄마처럼 돌볼 수 있을까요?

9년 차 돌봄교사인 김수연 선생님은 작년에도, 재작년에도 3, 4월에는 밀려드는 아이들로 "눈코 뜰 새가 없었다".

"그때는 돌봄교실이 두 반이었어요. 학교 측에서 신청자를 못 자르겠다, 추첨도 못 하겠다 하다가요. 학기 초에 아이들 29명, 30명을 받았어요. 2학년이 섞여 있으면 그나마 낫죠. 1학년만 29명이면 정신이 하나도 없어요. 두어 달 고생하니까 안정이 좀 됐는데 3, 4월은 진짜 눈코 뜰 새가 없이 돌아갔어요."

5년 차 돌봄교사 유정희 선생님도 2014년 봄에 40명 가까운 아이들이 들어오면서 '난리통'을 겪었다. 돌봄교실 한 반의 최대 정원은 25명. 2013년 정원은 20명이었다. 두 학급에 가까운 인원이라 분반이 시급했지만 '겸용교실'(일반교실이나 특수교실을 방과 후에 돌봄교실로 쓰는 교실)도, 일할 선생님도 준비되지 않은 상태였다. (D시의 경우 '겸용교실'은 현직 교사가 시간제로 돌봄을 담당하고, 봉사자의 지원을 받는다)

"35명 넘는 아이들 이름을 이틀 만에 다 외웠어요. 너무 긴장이 되니까 정신이 오히려 맑아지더라고요. 화가 나는 게요, 아이들이 40명이 다 돼가는데 학교 측에서 아무 얘기가 없었어요. 1주일 지나서 담당 선생님에게 '분반시켜주세요. 가방 놓을 데도 없어 뒤에 쌓이고 이런 도

떼기시장이 없습니다' 그랬더니요, '분반시켜드리긴 해야 되는데 대책이 없다'는 거예요. '상의해보겠다'면서 가시고 또 2주가 흘렀어요. 너무 화가 나더라고요."

김수연 선생님이 현장에서 바라보는 돌봄교실의 적정 인원은 '출석부 기준 15명'이다. 그래야 아이들이 '한눈에 쏙 들어와' 안전사고의 위험이 낮아지고, 개별 스케줄에 따라 지도를 할 수 있다.

"교실이 없다든가, 공사가 안 됐다든가, 인력이 없다든가, 학교 사정상 분반이 어려울 때가 있잖아요. 그럴 때는 최대 25명까지 하고, 인원이 넘어가면 분반에 준하는 운영 기준을 적용하면 좋겠어요. 25명이 넘어가면 분반해서 13명씩 두 반을 운영하는 거죠. 그러면 아이들도 여유가 생기고, 선생님도 여유가 생겨요. 그럴 때 '정말로 엄마가 돌보는 것처럼' 돌볼 수 있어요."

수업, 숙제, 방과후, 학원 보내기…… 스케줄 다 달라

김수연 선생님은 12시 30분에 출근해서 8시 30분에 퇴근한다. 선생님이 일하는 학교의 돌봄교실은 운영 시간이 오후 1시부터 8시까지다. 학교별, 지역 교육청별로 운영 시간이 다르다.

'출근해서 컴퓨터 켜고 물 한 잔 먹으면' 수업을 마친 아이들이 하나둘 내려온다. 아이들을 맞이하면서 간식(석식) 메뉴를 짜고 간식을 주문한다. 교육청에서 내려온 계획안을 볼 짬도 없이 오후 1시가 되면 숙제 지도를 시작한다. 아이들마다 알림장을 확인해주고 숙제를 돕는다. 그리고 방과후 학교(이하 '방과후')를 신청한 아이들마다 시간표에 맞춰 방과후 교실로 보낸다.

"아이들이 25명이면, 25명이 스케줄이 다 달라요. 방과후 시간 다르고 귀가 시간 다르고. 아이들 숙제를 다 봐주는 것도 어려운 실정이에요. 1시 방과후 들은 아이가 끝나고 2시에 돌봄교실로 오잖아요. 그 아이가 2시에 숙제를 시작하면, 2시부터 하는 돌봄교실 프로그램 시간이랑 겹쳐요. 만약에 제가 교육청 계획안대로 숙제 시간인 1시에서 2시 사이만 숙제를 봐주면요. 방과후 끝나고 오는 아이들 숙제는 반도 못 봐줘요. 방과후에서 오는 대로 숙제를 봐주면서 돌봄교실 수업은 수업대로 또 해야 돼요. 이게 가장 어려워요. 방과후만 돌다가 3, 4시에 가는 아이들은 숙제도 못 봐주고 보내고 있어요."

김수연 선생님은 교실 칠판에 방과후 시간표를 출력해서 붙여 놓았다.

"아이들보고 그래요. '만약에 선생님이 까먹어서 못 보내면 너희들이 시간표 보고 좀 가라' 하고요. 근데 1학년이 시계를 다 보나요? (웃음) 수시로 물어봐요. '선생님, 저 갈 시간 안 됐어요?' '선생님, 저 뭐 안 갖고 왔어요. 어디 갔다 올래요.' '선생님, 저 학원 가요. 안녕히 계세요.' 한 명, 한 명 응대하기만도 어려워요. 아이들이 좋아서 나오시는 선생님들이 많아요. 처음에 다섯 명까지는 커버하는데 열 명 넘기 시작하면 힘들죠."

간식 시간. 올해부터는 '완제품' 위주가 되면서 간식 조리를 하지 않는다. 교육부의 돌봄 운영 계획안에 따라 '안전한 간식을 제공하기 위해 자체 조리는 가급적 지양하고 완제품을 제공'하게 됐다. 김수연 선생님은 돌봄교실에서 큰 부분을 차지하는 '먹는 즐거움'이 사라진 것을 안타까워했다.

"예전에는 샐러드 해주고 김치전도 부쳐줬어요. 올해 우리 학교 돌봄교실이 4개 반 100명이에요. 완제품 간식이란 게 주로 빵하고 주스죠. 과일도 손 많이 가는 거는 힘들어요. 아무리 급식 보조 선생님이 있어도 사과 100개를 언제 다 깎겠어요?"

알람 안 맞추면, 학생들 보내지도 못해요

오후 3시에서 4시. 간식을 먹고 나서 귀가하는 아이들이 가장 많은 때다. 이즈음 김수연 선생님 핸드폰에선 알람이 시간대별로 울린다. 선생님 핸드폰 알람에는 아이들마다 제각각인 귀가 시간이 빼곡히 입력돼 있다.

"오죽하면 알람을 해놨겠어요? 알람 안 맞추면 애들 보내지를 못해요. 수업 하다 보면 잊어버리거든요. 사람이 컴퓨터가 아니잖아요. 아차 하면 방과후 시간 놓치구요. 아차 하면 학원 시간 놓쳐요. 거기에다 요일별로 아이들 스케줄이 또 달라요. 오늘은 치과를 간다, 오늘은 학습지 선생님이 오신다…… 한 아이가 맨날 5시에 귀가하는 게 아니라 특별한 사정이 있으면 일찍 가는 상황이 발생하죠. 어떤 주는 이틀

일찍 가고 어떤 주는 이틀 늦게 가고. 이게 주마다 또 달라지고요."

귀가 지도에 또 다른 어려움이 있다. 초등 돌봄교실에서는 어린이집, 유치원과 같은 기준의 '면대면 귀가'를 한다. 데리러 온 어른의 얼굴을 보고 사인을 받은 뒤 아이를 보낸다. 그러다 보니 어디까지 와서 아이를 데려가나 하는 문제로 학원차 운전기사와 실랑이를 벌이기가 다반사다.

"현재 시스템은 학원에 가도, 엄마가 데려가도, 얼굴 보고 인수인계하고 사인까지 받아요. 학원 기사님들이 보통 교문 밖에다 차를 세우고 기다리시잖아요. 들어와 달라고 실랑이를 하게 되는 거죠. 우리 학교는 학원에 협조 공문을 다 보냈어요. 엄마들한테도 안전사고 때문에 안 된다 얘기하고. 그래서 기사님들이 다 들어와서 교실 앞에서 사인하고 제 얼굴 보고 아이를 데려가요."

휴게시간, 서류업무 시간이 포함되지 않은 '8시간'

오후 5시. 오후 돌봄이 끝나고 저녁 돌봄이 시작된다.

"저녁 먹고 한 6시 반, 7시쯤 아이들이 어느 정도 가고 이제 두세 명 남으면요. 자기들끼리 놀라 하고 사실은 업무를 봐요. 그렇게 볼 수밖에 없어요."

학교는 서류 업무가 많다. 간식, 석식 영수증 처리에 업무일지, 안전일지를 쓰고, 아이들별 스케줄 변동 사항도 체크한다. 매달 아동관리

카드를 쓸 때는 개별 코멘트도 쓴다. 그나마 D시는 행정이 이원화돼 있어 담당 교사들이 '기안'을 하므로 일이 적은 편이다. 기안권이 있는 서울처럼 돌봄교사가 직접 기안을 하는 곳은 공문 처리 등 일이 훨씬 많다.

그런데 1, 2학년 돌봄교실에서 아이들이 교실에 있는 동안 아이들에게서 눈을 떼고 다른 일에 집중을 하기란 불가능에 가깝다. 무기계약직 김수연 선생님의 하루 노동시간 8시간에는 서류 업무 시간이 포함되어 있지 않다. 휴게시간도 포함돼 있지 않다. 공개수업 준비처럼 시간을 요하는 일은 근무시간 전후 무급 노동으로 이어질 때가 많다.

"'오전 11시에서 오후 7시'를 '표준' 근로시간으로 하면 좋겠어요. 11시에 출근하면 서류 업무를 어느 정도 볼 수 있거든요. 만약 오후 8, 9시까지 돌봄이 필요한 아이가 있다 하면요. 우리 근무시간을 8시, 9시까지 잡아놓는 게 아니라, '야간'으로 해서 7시부터는 초과근무 수당을 지급하는 게 예산상으로도 그렇고 훨씬 낫다고 봐요."

돌봄교실 예산이 어떻게 쓰이는지 몰라

학교 예산 마감 달인 2월, 돌봄교실에는 교사가 모르는 물품이 갑자기 배달될 때가 있다. 유정희 선생님은 그렇게 배달받은 교구가 아이들 발달 상태에도 맞지 않았고 돌봄교실에 필요한 교구와도 거리가 멀었다고 한다.

"돌봄교실에는 아이들 전부가 할 수 있는 100만 원짜리 교구보다 그

룸별로 놀 수 있는 5만 원, 10만 원짜리 여러 개가 필요해요. 서너 명씩 모여서 놀면 덜 소란하고 아이들 분위기도 한결 안정되지요. 그런데 어느 날 갑자기 7, 8세용 교구 2, 3백만 원짜리가 교실에 배달돼 옵니다. 우리를 사람 취급하고 정말 고생한다고 생각하시면, 불러서 '선생님, 돌봄교실에 지금 뭐가 필요합니까?' 그 한마디만 해주시면 좋겠어요."

학교 내 돌봄교실 운영 체계는 보통 '돌봄교사-담당 교사-담당 부장-교감-교장'으로 이루어져 있다. 두 선생님들은 이 운영 체계가 '수직적 관계'이며 돌봄교사는 맨 밑바닥에 있다고 토로했다. 담당 교사(초등교사 중 돌봄교실 행정 업무를 담당하는 교사)와도 소통이 원활하지 않을 때가 있다.

"D시는 돌봄이 이원화돼 있어요. 학생 지도는 돌봄교사가 하고, 행정 관리는 담당 교사들이 합니다. 제가 보기에 돌봄 학급이랑 일반 학급은 특성이 또 다른 세계예요. 안 해보시거나 특별히 관심 있는 선생님이 아니면 이해를 못 하시는 면이 있어요. 돌봄교사가 어떤 요구를 했을 때 담당 선생님이나 학교가 이해가 있어서 들어주시면 다행이고, 그렇지 않으면 우리가 필요한 게 안 들어오는 상황이에요."

서울, 충북, 광주, 울산 지역 외에는 돌봄교사에게 기안권이 주어진 데가 많지 않다고 한다. 그래서 돌봄교실에 예산이 어떻게 쓰이는지에 대해서도 알 수가 없다.

"돌봄을 일원화해서 우리한테 행정 권한을 달라고 교육청에 얘기하면요, 돌봄교사는 임용을 보지 않아서 기안권이 없대요. 그럼 영양사나 행정실무원은 임용을 받아서 기안권이 있나요? 서울 선생님들이 일은 많지만 그래도 자기 의지대로 수업을 꾸려가는 권한은 좀 있잖아요. 저희는 지금 돌봄교실 예산이 얼마 내려온다 하는 건 알아도, 어느 부분에 어떻게 쓰이는지 세세하게는 몰라요."

돌봄교사는 학교 내에서 '나 홀로'라고 느끼기 쉽다. 올해 늘어난 '겸용교실'에는 시간대별, 요일별로 시간제 돌봄교사와 현직 교사가 일하는 곳이 많다. 김수연 선생님은 같은 일을 하는데도 시간당 급여가 차이 나는 시간제 돌봄교사, 현직 교사, 자원봉사자로 '찢어놓지' 말고, 월화수목금 온전히 아이들을 맡을 돌봄 전담 인력의 신규 채용을 늘려주기를 희망했다.

권한도 안 주면서 책임도 지지 않는 교육 행정

돌봄교사는 학교장이 직접 채용한다. 유치원, 초·중등교사, 보육교사(1,2급) 자격증 소지자를 원칙으로 학교운영위원회 심의를 거친다. 그럼에도 교육청에서는 "교육과 돌봄을 분리한다"며 '돌봄전담사'는 아이들을 '그냥 데리고만 돌보라'고 한다. (교육부에서는 교육법상 교사라는 명칭은 임용을 본 사람만 쓸 수 있다며 '돌봄전담사'라는 명칭을 쓴다) 수업 (프로그램)은 현직 교사와 방과후 강사의 몫이라는 것이다. 그러나 교장은 "아이들을 재미있게 하라"며 수업을 권한다. 김수연 선생님은 며칠 뒤 공개 수업을 앞두고 있다.

"교육부에서는 프로그램은 외부 강사가 하라고 해요. 학교 현장에서는 현실적으로 돈도 없고 강사가 못 들어와요. 아이들이 재미가 없어 '그만둘래요' 하면은 학교에서는 '당신이 능력이 없으니까 그만두는 거 아니냐?'고 해요. 교장실로 민원이 들어가기도 하고요. '왜 다른 학교는 이런 프로그램 있는데 이 학교는 없나요?' 그럼 그것도 이제 돌봄 교사 능력 탓이 되죠. 결국은 우리한테 책임을 씌우는 것 같아요. 시스템으로 그렇게 만들어놔서 교육부나 학교 책임이 아니라 우리 책임이 돼버려요."

예전에 돌봄교실 일로 민원이 들어왔을 때, 학교는 책임지는 모습을 보이지 않았다.

"학교에서는 민원이 들어오면 백 프로 제 잘못이에요. '내가 안 시켰는데 당신 왜 했느냐'는 거예요. 그렇게 희생을 강요해놓고서요. 그래서 문서상으로 지시하는 내용 외에는 하면 안 된다고들 하는 거예요. 양심 있는 사람이라면 하지 않을 수 없게끔 환경을 만들어놓고, 그걸 이행했을 때 문제가 생기면 전혀 학교에서 커버를 안 해줘요. 나는 학교 직원이 아닌 거예요. 감싸 안는 게 아니라 내치더라니까요."

얼마 전 유정희 선생님은 담당 교사와 '토요 돌봄' 운영을 놓고 실랑이를 했다.

"토요 돌봄은 추가 근무수당으로 지급해요. 한 달에 네 번, 아이들이 세 명이다 하면 15만 원 정도 인건비가 더 들죠. 담당 선생님이 '토요 근무를 어떻게 했으면 좋겠어요. 토요 돌봄이나 저녁 돌봄이나 애들이 적으니까 문제'라고 자꾸 그러세요. 제가 그 얘기를 듣다가 듣다가 '그럼 문 닫죠, 뭐' 웃으면서 그랬어요. 그랬더니 한참 다른 얘기 하시다 '예산이 없어서 어떡해야 될지 모르겠어요. 시간을 또 조절해야 되나' 그러세요. 제 평일 근무시간 줄여서 그 인건비로 토요 돌봄 하자, 이 얘기예요. 그래서 제가 '그냥 문 닫고 말죠' 그랬어요. 그렇게 같은 얘길 계속 하세요. 우리가 일 안 하고 월급 받는 것도 아니고요. 그렇게 사람을 치사하고 비굴하게 만들더라니까요."

현재 교육부는 돌봄교실의 세부 운영을 지역 교육청과 각 학교에 맡겨 놓았다. 교육감과 학교장에 따라서 세부 운영이 천차만별인 상황이다. 운영 체계의 맨 밑바닥에 있는 돌봄교사가 '선택의 여지가 없어 보이는 선택'을 거듭해서 요구받지 않으려면, 자신의 일을 희생과 봉사로 느끼지 않고 치사하고 비굴하게 느끼지 않으려면, 책임 있는 운영으로 아래에서 일하는 사람에게 예의를 갖추어야 하지 않을까.

대체인력 '당신이 구해 오시오'

김수연 선생님은 올해 병가 내 보는 게 소원이다. 지역에 따라 방학 때 돌봄교실 운영을 하지 않는 곳도 있지만, D시에서는 공휴일을 빼고는 운영된다. 학교별로 대체할 인력을 마련해놓아야 하는 대체인력 제도가 있지만, 미비한 실정이다. 유정희 선생님의 경우 처음엔 대체인력 제도가 있는 줄 몰라서 못 쉬었다.

"아파도 병가를 내야 된다는 개념 자체가 없었어요. 왜냐면 대체교사가 있는 줄도 몰랐고. 그냥 내가 없으면 큰일 난다고 생각했죠."

김수연 선생님이 다니는 학교에서는 대체인력 제도에 대해 '잘 모르니까 선생님이 알아봐달라'고 했다. 선생님이 과연 올해 병가를 낼 수 있을지는 미지수다.

"우리가 대체교사를 못 세우면 그냥 못 쉬는 거예요. 아무나 대체교사 못 들어오거든요. 자격증 다 있고 범죄경력 조회서까지 다 통과한 사람만 돼요. 하루 일하는데 자격 요건이 다 되고, 서류 다 낼 사람을 나보고 구해 오래요."

아이들을 돌보는 교사의 심신 상태는 돌봄의 질로 바로 연결된다. 그럼에도 선생님들은 정작 자기 몸과 마음을 돌볼 시간이 거의 없다.

"하루 종일 아이들이 예뻐 보일 수 있나요. 처음엔 아이들한테 고함도 질렀죠. 이제는 잘 참아요. 아무리 365일 가동이래지만 우리도 힐링이 필요해요. 충전 시간만큼은 정말 보장해주면 좋겠어요. 얼마 전 속리산 법주사에서 명상 프로그램을 한 시간 했는데 참 좋았어요. 스님이 그러시더라고요. 정말 힘든 사람은 무표정으로 다닌대요. 근데 제가 무표정일 때가 많아요. 얼마나 찔리는지! 이 모습을 애들이 계속 봤을 거 아니에요. 1년에 한 번 교육청에서 연수하거든요. 그때 차라리 산에 데려다 명상 프로그램 한 시간 해주면 진짜진짜 고맙겠어요."

돌봄교실이 학교 안 섬처럼 고립되지 않기를

김수연 선생님은 스스로에 대해 '뭐 하나를 파면 다른 것 안 보고 그냥 파는 스타일'이라고 했다. 앞으로도 이 일을 쭉 해나가는 데 있어서 무엇이 바뀌면 좋겠느냐는 물음에 이렇게 답했다.

"저는 지금은 싸워나가고 버티는 상황이지, 진짜 희열을 느끼면서 일하고 보람 있진 않은 거 같아요. 그러려면 앞으로 기안권도 주어지고, 교육부 '초등 돌봄교실 운영 길라잡이' 방향대로 돌봄교실이 섬 같지 않고, 지역에서 네트워크도 하는 거죠. 오전에 출근해서 사회복지사랑 통화도 하고, 대학에 프로그램 문의도 하고, 프로그램 끌어와서 아이들한테 보탬이 되고 할 때 저는 희열을 느낄 것 같아요."

담당 교사와도 상하 관계가 아니라 파트너십을 발휘할 수 있으면 좋겠다고 한다.

"직장문화가 교육감, 교육부를 통틀어서 파트너십이 형성되면 보람을 느끼면서 일할 수 있을 것 같고요. 그렇게 만들기 위해서 지금 열심히 싸우고 있어요."

돌봄교실, 그 섬에 변화의 바람이 불면 좋겠다. 아이들을 품는 돌봄교사들의 따뜻한 가슴이 미비한 제도와 무례한 운영 속에서 싸늘하게 식어버리지 않도록.

에필로그

김수연, 유정희 선생님을 만나 기사를 작성한 때로부터 1년이 지난 2015년, 돌봄교실은 어떻게 변했을까?

올 3월도 선생님들은 밀려드는 아이들로 난리통을 겪었다. 학부모의 돌봄교실 신청 쇄도에 교육부는 '최대한 수용하라'는 공문을 시달했고, 학교는 최대한 신청을 받았고, 적정 인원 15명을 훌쩍 넘긴 25명, 그 이상의 아이들이 돌봄교실로 밀려들었으나 분반은 쉽게 이뤄지지 않았다. 선생님들은 '제 잘못입니다'라고 머리를 조아리는 일을 반복했다.

지난해 확대 설치된 돌봄교실의 운영 예산이 부족한 상태여서 올해 3, 4학년 대상 확대안은 이행되지 않았다. 교육부가 기획재정부에 요청한 예산 6600억 원이 반영되지 않은 것이다. 대신 교육부는 '꼭 필요한' 3, 4학년에 한해 방과후 교실 중간에 한두 시간 머물다 갈 교실을 두라며, '자원봉사자', '퇴직 교사' 등이 숙제, 독서 지도를 하도록 했다. 여름방학 때는 교육부 주관 하에 봉사활동 '대학생' 동아리를 모집해, 대학생들도 돌봄교실에 투입시켰다.

이렇게 교육부가 '돌봄' 직종의 전문성과 연속성을 도외시하고, 전문 인력의 안정적 확보라는 기본을 등한히 하는 와중에 올 초 경북 지역 돌봄교실 선생님들은 온몸을 던져 싸웠다. 초단시간 노동의 불안정성과 문제점을 알리고, 무기계약직 전환을 위해서였다. 그 결과, 실근로 시간이 주 15시간 이상이고, 2년 이상 근무한 선생님들이 무기계약 전환 대상에 포함됐다. 뒷짐 지고 물러나 있던 지역 교육청으로 하여금 돌봄교실의 관리감독 주체로서 각 학교를 지도하게끔 이끌어냈다.

충남 지역에서는 위탁업체 소속 돌봄전담사들이 다시 교육감 직접 고용을 요청했다. 도교육청이 이에 응답해, '교육 현장의 고용 안정 도

모와 돌봄의 질 제고를 위해' 직접고용이 결정됐다. 현재 서울, 부산 같은 대도시를 포함해 전국 대부분 지역에서 돌봄교사는 학교장 고용이 아니라 교육감 직접고용으로 바뀌었다.

각 교육청 구인 공고에서 돌봄 선생님을 지칭하는 말은 여전히 각양각색이다. '초등보육전담사', '초등돌봄전담사', '초등돌봄보육사'······ 지역별, 학교별로 돌봄교실 이용자와 돌봄 선생님들이 처한 환경과 조건도 여전히 천차만별이다. 이 다름이 불평등으로 이어지고, 이 불평등이 정부가 홍보하는 맞춤형 서비스의 그늘이 되지 않으려면, 정말로 정부가 표방하는 '엄마 품'으로 교실이 아이들을 품게 하려면, 돌봄 선생님들의 고용과 처우가 평등하고 안정되도록 우리 사회가 좀 더 관심과 지지를 보내야 할 것이다.

학생 머릿수보다
수업으로 평가받기를!

**8년 차 방과후 교사가
들려준 이야기**

결혼, 출산, 육아 등으로 경력이 단절된 여성들은 끊임없이 자기를 계발할 틈을 기다리며 재취업을 꿈꾼다. 바쁜 시간을 쪼개어 문화센터와 각 단체들에서 여는 다양한 자격증 강좌를 듣거나, 하다못해 인터넷 강의라도 들으며 자신의 가치를 증명하려 애를 쓴다. 몇 해 전부터 주부들에게 인기 있는 '초등학교 방과후 교사'가 되기 위해 분야별 방과후 자격증을 취득하는 여성들도 늘어났다.

방과후 교사가 되면 어떤 일을 하게 될까? 방과후 교사의 노동 환경은 어떠한지, 경기도 수원시에서 초등학교 방과후 과학교사로 일하고 있는 K씨를 만나 이야기를 들어보았다.

제 교실은 어디인가요?

"옆집 아는 분이 이사 가면서 못 하게 된 과학 강의를, 내가 이과 전공이란 걸 알고 소개해줘서 이어서 하게 되었어요. 방과후 교사를 하기 전에 문화센터나 도서관 등에서 과학 수업을 했던 터라 부담 없이 수업을 진행할 수 있었죠. 어느새 8년이 되었네요."

천문학을 전공한 K씨는 그렇게 40대 후반에 우연히 초등학교 방과후 과학교사를 시작하게 되었다. 요즘은 방과후 관련 자격증 기관에서 교육을 받고 자격증을 따는 교사들이 많아졌다. 방과후 학교에 재료를 납품하는 전문업체에서 재료를 구입하겠다고 약속하면 자격증을 발급해주기도 한다. 업체 소개로 수업을 할 경우에는 보통 7대 3으로, 30%를 교육비 명목으로 소개업체에 수수료를 내야 한다. 심한 경우는 50%를 받아가는 업체도 있다. 그러나 K씨는 직접 학교에 서류를 접수하고 면접을 보았기 때문에 수수료 부담이 없었다.

"방과후 교사는 주로 40대가 많아요. 자녀들을 초등학교 고학년 정도 될 때까지 키우고 방과후 교사를 하는 사람들이 대부분이에요. 방송댄스, 축구, 농구같이 몸을 많이 움직이는 스포츠 분야의 강의는 30대 교사가 많은 편이고요. 아이들 가르치는 일을 좋아하는 여성이라면 즐겁게 할 수 있는 일이죠. 오후에만 수업을 하면 되니 개인 일을 보거나 시간을 자유롭게 사용할 수 있는 것도 장점이에요."

방과후 학교 수업은 오후 1시부터 4시까지이다. 교사는 20~30분 전에 교실에 가서 미리 오는 아이들의 안전 관리를 해주어야 하고, 수업이 끝난 후 뒷정리에도 30분 정도 소요된다.

"저는 과학 수업만 뒷정리할 것이 많은 줄 알았는데 미술, 요리 수업을 보니 청소할 것이 정말 많아요. 요리 수업은 방과후 교실이 없어서 일반 교실을 줄 경우엔 냄새까지 없애놓고 가야 해요. 방과후 교사들은 방과후 지정 교실이 없을 경우 힘들어요."

지정 교실을 받은 방과후 교사의 경우 수업 시간 30분 전에 미리 교실에서 수업 준비를 하며 아이들을 맞이할 수 있다. 하지만 일반 교실을 배정받은 교사는 종례가 끝난 후 해당 반 아이들이 다 나온 후에야 교실에 들어갈 수 있어서 대기 시간이 길다.

"저학년의 경우 정규 수업이 끝났다고 끝난 게 아니에요. 나머지 공부하는 아이들, 점심 늦게 먹는 아이들도 있어요. 이런 걸 기다렸다 들어가면 수업 시간이 촉박할 때도 있고, 미리 온 아이들을 복도에서 제대로 봐주기가 힘들죠."

토요일에 방과후 수업을 할 경우는 수업이 없는 날이라 일반 교실을 사용해도 상관이 없지만 평일에 일반 교실을 배정받으면 부담이 된다. 과학 수업은 학교마다 과학실을 쓰게 해주는 곳이 많아 그나마 괜찮은 편이다.

아이들 머릿수 채우려고 선물 공세까지?

학생들에게 분기별로 수강 신청을 받아 한 학교당 저학년, 고학년으로 하루 2회 수업을 한다. 수강 정원은 20명. 정원이 넘으면 추첨을 하거나 보조 강사를 둔다. 학부모들도 학생 수가 많으면 학교에 항의하기 때문에 정원을 무리하게 많이 잡으면 안 된다. K씨는 강사 한 명이 체험 수업을 진행하기에는 20명 정도가 적당하다고 말한다. 보통 저학년이 방과후 학교를 많이 신청하고, 고학년은 방과후 수업보다는 학원을 많이 다녀서 신청자가 10명 이하인 경우도 종종 있다.

K씨는 수강생의 수에 따라 교사의 능력이 평가되는 학교 분위기에 대해 지적했다.

"'아이들 몇 명이에요?' 학교 측에서 방과후 교사들에게 자주 하는 질문이죠. 지금의 학교 분위기에서는 수강 학생들이 적으면 선생님이 위축돼요. 교사의 능력을 숫자로 평가하지 말고, 선생님이 최선을 다할 수 있는 분위기를 조성해주면 좋겠어요. 저도 초보 교사일 때는 그런 거에 기분과 수업이 많이 좌우되었는데, 지금은 다른 선생님을 위로해주는 편이에요. 학생 수가 적다고 자학하지 말고, 학생 수가 많다고 자만하지 않는 마음가짐이 필요하죠."

아이들이 적고 많은 건 수업의 재미뿐만 아니라 학부모들 사이의 유행, 선호도, 학원 수업 등 외부 환경과도 밀접한 관련이 있다. 그런데 학생 숫자가 학교의 수업 평가와 연결되고 교사의 수입에도 영향을 끼치다 보니, 아이들의 마음을 끌기 위해서 매 수업마다 작은 선물을 주거나 먹을 것을 사주는 교사들도 있다.

"'다른 수업 선생님은 맛있는 거 사주는데 선생님은 왜 안 사줘요?' 이러는 아이도 있어요. 아이의 문제가 아니라 교사의 문제죠. 수업의 질에 신경 쓰기보다 다른 흥밋거리로 아이들의 관심을 사려고 하는 교사들을 보면 안타까워요."

방과후 수업 시간은 80분이다. 저학년은 오후 1시, 고학년은 2시 30분에 수업을 시작한다. 분기별로 신청하는 방과후 학교의 특성상, 3개월마다 아이들이 바뀌기 때문에 교사는 항상 긴장을 하게 된다.

아이들은 백 명이면 백 명의 특성이 다 다르다. 특히 요즘 아이들은 협동하는 것보다 각자 혼자 만드는 걸 더 좋아한다. 과학 수업은 모여서 실험하는 것, 협동하면서 하는 것이 많아 아이들이 서로 협동할 수 있는 기회를 많이 만들려고 하는 편이다.

"수업 중에 학생이 학원에 가야 해서 일찍 간다고 할 때는 난감해요. 이럴 때는 요령껏 오늘 할 부분 중 그 학생 몫을 빨리 끝내서 가게 해줘야 해요. 융통성을 발휘해야 하죠."

가장 난감한 경우는, 학생들을 공평하게 대하는 교사의 태도를 못마땅해 하는 아이들과 마주할 때다.

"제일 힘든 아이들은 욕심이 많은 아이예요. 교사들마다 다르겠지만, 저는 몸 많이 쓰고 돌아다니는 애들보다 더 힘들던데요. 욕심이 많은 아이들은 수업에 열심히 참여하지만 재료를 더 달라거나 관심도 더 받고 싶어하고, 뭐든지 더 가지고 싶어하는데 똑같이 나눠 주면 삐쳐요. 다음 분기 수업을 안 듣겠다고 선생님을 협박하기도 해요. 친구들과 공평하게 갖는 걸 싫어하고 화를 내니 난감하죠."

가끔 수업이 재미없으면 학원 핑계를 대면서 일찍 가겠다고 하는 아이도 있는데, 반대로 수업이 재미있으면 아이들이 학원에 빠지는 것도 감수한다.

1년이면 '물갈이 되는' 방과후 교사

"영원한 친구가 없어요. 1년 계약직이니까. 교사들마다 강의 시간이 서로 다르고 학교가 매번 바뀌기 때문에, 방과후 교사들 간에 소통이 거의 없어요."

K씨는 교사들 간에 서로 교류할 수 있는 시간이 생겨야 한다고 말한다.

"지금 시스템은 자신이 담당한 수업에만 신경을 쓰게 되어 있어 전체 강사들의 역량 강화나 전체 방과후 학교 질을 향상시키는 게 힘든 구조예요. 학교와 계약 기간이 1년이 아니라 적어도 2년 정도로 바뀌어 안정적으로 수업을 할 수 있도록 개선되면 좋을 것 같아요."

방과후 교사는 해마다 이른바 '물갈이'가 된다. 방과후 교사는 공개 채용으로 해마다 형식적으로라도 면접을 보는데, 강의 평가가 좋게 나와도 안심하면 안 된다. 우수강사라도 채용이 안 될 수 있기 때문이다.

학교 우수강사, 교육청 우수강사면 다음 해 계약 시 우대를 해준다고 하지만, 학교 학부모위원회에서 특정 강사를 강하게 밀거나 하면 다른 사람이 들어올 수도 있다. 그만큼 고용이 불안정하다.

가정의 생계를 책임지고 있는 여성일 경우 보통 서너 개 학교에 방과후 수업을 나간다. 이렇게 다니려면 방과후 교사 모집 기간에 '묻지마

원서'처럼 우선 서류를 이곳저곳 많이 넣고 봐야 한다. 일반적으로 12월에 각 교육청 홈페이지에 다음 해 강사 모집 공고가 올라온다. 그 한 달간은 서류 넣는 일로 정신이 없다.

"전에는 방학 중인 1월에 강사 모집 공고가 났어요. 지금은 12월에 면접을 봐야 하는데 12월에는 강의 중이기 때문에 각 학교별 면접 시간을 맞추는 것이 힘들어요. 시간은 없고 마음은 급하고 차도 없으니, 매년 12월이면 면접 보러 다니는 콜택시비만 10만 원 정도 나와요. 이 일로 생계를 책임지고 있어서 채용이 절실하거든요. 서류를 넣고 나면 항상 몇 곳 더 넣을 걸 하는 생각이 들어요. 욕심이기도 한데, 2학기가 되면 학생들이 줄거든요."

방과후 수업의 강의비는 매달 받는데, 학생 한 명당 교육비 2만 원으로 몇 년째 똑같다. 서류 심사 시 원하는 교육비를 교사가 직접 적어내지만, 다른 사람보다 높은 액수를 쓰면 떨어질 수 있다는 생각 때문에 적절한 액수로 수강비를 올리기가 쉽지 않다. 어떤 경우에는 학교에서 다른 강의와 형평성을 맞춘다면서 깎아달라고 하는 경우도 있다.

"학교에서는 매달 강사가 받는 교육비에서 3%를 학교 운영비로 떼어가요. 전기와 에어컨 사용 명목이죠. 그 비율이 매년 조금씩 올라가는 추세예요. 방과후 학교는 공교육에서 방과후에도 아이들이 다양한 체험과 경험을 할 수 있게 마련한 제도인데, 왜 강사들이 운영비를 부담해야 하는지 모르겠어요."

끊임없이 공부하며 즐거운 교실을 위해 노력하다

K씨는 아이들이 더 재미있게 참여하는 수업을 만들기 위해 끊임없이 고민하고 있다.

"처음 방과후 교사를 할 때는 정말 열심히 공부했어요. 책도 많이 읽고. 지금은 노하우가 많이 쌓였죠."

과학 수업 이야기를 하는 K씨의 얼굴이 밝아진다.

"올해 영화 〈명량〉이 유행해서 방학 방과후 학교 수업 시간에 아이들과 거북선을 만들어봤어요. 지구온난화를 주제로 걸어가는 북극곰 모형도 만들고요. 클레이를 이용해서 만든 로봇은 인기가 많았어요. 여러 가지 주제와 재료를 응용해서 아이들에게 과학을 재미있게 알려주려고 해요. 융합과학 분야죠. 아이들은 특히 먹는 것, 색이 다양한 작품을 만드는 걸 좋아해요. 미술 선생님도 가끔 색 수업으로 피자를 만들어요."

학생들에게 특히 인기 있는 수업은 색소 실험이다. 식용 색소로 무지개 탑을 만들거나 설탕으로 밀도 차이를 줘서 층을 쌓는 실험이다. 알록달록 예쁘게 완성된 색소 탑을 보면서 아이들이 환호한다고 한다. 이런 실험을 하면 수업 후 청소만 1시간 정도 하기 때문에 일찍 퇴근하고 싶으면 엄두도 못 낼 실험이다.

K씨는 무엇보다 아이들이 좋아하는 과학 수업을 고민하고 추구하다보니 시간 외 수당이 적용될 리 없는 뒷정리 시간으로 퇴근 시간이 늦어지고, 실험 준비물로 항상 가방이 무겁다. 어느 날 가방이 가벼우면

'내가 뭐 준비를 안 했나?' 이런 생각이 든다고 한다.

음악이나 방송 댄스처럼 공연 분야인 수업은 각종 크고 작은 학교 행사에서 공연해주는 걸 요구할 때도 있다. 수업 외 시간까지 아이들을 연습시켜야 하고 행사 날짜에도 맞춰야 해서 방과후 교사에게 부담이 된다.

학부모들은 특히 경연대회에 민감해서 "왜 우리 아이는 안 보냈냐?"며 항의하는 경우가 종종 있다. 경연대회는 아이들에게 수업 참가 동기가 되기도 하지만, 동시에 학생들 간에 실력 격차를 드러내는 계기가 되기도 한다.

"지금 내가 50대 초반인데, 50대 후반에는 아무래도 방과후 교사 활동이 힘들지 않을까 싶어요. 학교에서 젊은 사람을 선호하니까요. 아이들이 집중하면서 즐거워할 때, 제가 기대하지 못한 부분에서 재미있어할 때, 이러한 장면을 발견할 수 있는 것이 방과후 교사로서 큰 즐거움이에요."

교사가 편하게 수업을 하면 아이들은 재미가 없고, 교사가 청소할 게 많고 힘들면 그만큼 아이들이 재미있어한단다. 일종의 과학 공식처럼, 아이들한테도 교사의 정성과 마음이 전달되는 것 같다.

"교과 연계 수업은 학원에서도 할 수 있으니까 아이들이 오히려 재미없어해요. 방과후 수업은 창의적인 수업들, 학원에서 할 수 없는 부분을 채워주는 역할을 해야 돼요."

부드럽게, 하지만 강하게 말하는 K씨의 말에서 아이들을 사랑하는 방과후 교사로서의 자부심이 묻어났다. 이제 12월이 오면 다시 방과후 교사들의 조용하지만 치열한 서류 전쟁이 시작된다.

보육교사가 말하는
보육 현실

보육 현장에서
구인도 구직도 힘든 이유

누리과정 예산을 두고 무상복지 논쟁이 다시 일어났다. 누리과정은 만 3세에서 5세 표준 보육·교육 통합과정이다. 정부는 지난 2013년부터 만 5세 이하 무상보육을 전면 시행해 왔다. 당시에도 국공립 보육시설이 턱없이 부족한 데다가 예산 확보 방안이 부실하여 논란이 되었다. 2014년 말에는 정부가 영유아보육법 시행령을 개정하여 누리과정 예산을 지방교육재정교부금으로 편성하게 했고, 2015년에는 교육청 예산에 누리과정 예산을 의무지출경비로 지정하려고 했다. 이에 대해 지방의회와 각 시·도 교육청은 지방 재정의 여건상 누리과정 예산을 지방정부가 부담하는 건 무리이며, 누리과정이 정부 시책인 만큼 국비로 편성하라고 반박했다. 시민사회단체들은 무상보육과 무상급식을 정부가 책임질 것과 대선 공약을 이행하라고 요구하고 있다.

공공보육 인프라 부족과 보육서비스 질에 대한 부모들의 문제 제기도 끊이지 않는다. 2015년 1월 인천의 한 어린이집에서 벌어진 아동학대 사건이 큰 이슈가 되면서 2015년 12월부터 모든 어린이집에 폐쇄회로 텔레비전(CCTV)을 설치할 것을 의무화했다. 전문가들은 CCTV는 증거 확보라는 사후 처리의 수단이지 아동학대의 근본적인 예방책이 될 수 없다고 우려했다. 여·야 국회의원도 인권침해 소지가 있다는 이유로 네트워크 CCTV 설치를 놓고 공방을 벌이기도 했지만, CCTV 설치 의무화에 찬성하는 여론이 강하게 일자 결국 영유아보육법 개정안이 통과되었다.

정부 정책의 큰 흐름이 변화되는 과정에는 보육 서비스 당사자인 부모, 어린이집, 유치원의 요구가 담겨 있다. 보육 재정이 바닥날지 모른다는 '보육대란'에 대한 부모들의 불안, 믿을 만한 보육 서비스가 부족하다는 불만, 공공보육 인프라 확충에 대한 민간 어린이집의 이해관계, 영유아 보육을 맡은 어린이집과 유아 교육기관인 유치원의 경쟁, 맞벌이 부모와 외벌이 부모 사이의 욕구 차이와 긴장 등. 이처럼 다층적인 목소리가 담겨 있는 가운데 정작 보육 교직원들의 목소리는 찾기 어렵다.

어린이집에서 일하는 보육 교직원들의 노동 환경은 어떠할까? 보육 교직원은 원장, 보육교사, 특수교사, 치료사, 영양사, 간호사, 사무원, 취사부 등을 포괄한다. 2015년 보건복지부 통계에 따르면, 전국의 보육 교직원은 31만 1817명이고 이중 보육교사는 21만 8589명(여성 21만 6621명, 99.1%)이다. 보육교사로 10년 이상 근무한 박미경(가명, 43세) 선생님과 이은성(가명, 44세) 선생님을 만나 이야기를 들어보았다.

오래 일하면 정체되고 퇴보하는 느낌을 받아요

그들은 보육교사로서 일에 보람을 느끼지만, 후배들이 열악한 조건에서 어렵게 일하는 것을 안타까워했다. 더 나은 환경에서 자신의 일을 발견하고 능력을 발휘하기를 기대하고 있었다.

"(후배 보육교사에게) 정말 즐겁게 할 수 있는 (다른) 일을 찾아서 하라고 얘기를 해요. 이곳에서 오랫동안 가만히 있으면서 퇴색된다는 느낌이 들었어요. 더 빛이 났으면 좋겠는데, 나이가 좀 더 젊었을 때 다른 일도 해보는 게 좋다고 생각해요. 나중에 돌아오더라도. 보육교사 일은 정체되어 있기가 정말 쉬워요. 일반 회사는 그래도 드나드는 사람들이 있잖아요."(박미경 선생님)

박미경 선생님이 처음 어린이집에서 근무를 시작한 때는 1994년이다. 20년이 지난 지금, 그때와 비교해 일터의 상황은 얼마만큼, 어떻게 달라졌을까?

"거의 똑같아요. 아홉 시간 근무죠. 보육교사 중에 여덟 시간 근무하는 사람은 없어요. 노동의 특성 상 점심시간을 휴식 시간으로 볼 수 없잖아요. 점심시간이 가장 힘든 시간이고, 그래서 아홉 시간 근무를 해야 할 수밖에 없는 거잖아요. 그리고 애들이 오후 7시까지 남아 있기도 하는데 (아이들을 두고) 퇴근할 수 없잖아요. 그래서 아홉 시간 근무를 하겠다, 대신 한 시간을 추가수당으로 달라고 요구했죠. 하지만 추가수당을 안 주는 데가 대부분이에요."(박미경 선생님)

영유아보육법에 따르면, 어린이집 표준 보육 시간은 주 6일 이상, 1일 열두 시간 이상이다. 주중엔 오전 7시 30분부터 저녁 7시 30분까지, 토요일은 오후 3시 30분까지다. 보육교사의 근무시간은 하루 여덟 시간을 원칙으로 하되, 어린이집 운영 시간을 고려해 출퇴근 시간을 탄력적으로 할 수 있다고 되어 있다. 1일 여덟 시간을 초과하면 교사에게 초과근무수당을 지급해야 한다. 그러나 박미경 선생님의 이야기대로, 현실은 이러한 규정이 지켜지기 힘든 구조이다. 1일 여덟 시간 노동을 규정한 근로기준법의 예외 대상인 셈이다.

10시간 이상의 노동, 휴식이 없는 일상

이은성 선생님은 두 아이를 양육하는 엄마이자 보육교사로, 하루 열두 시간 가까이 일해왔다. 자녀들을 다른 어린이집에 맡기고 직장에 나갔다. 아침 8시도 안 된 시각에 집에서 나왔고, 저녁 7시에 퇴근했다. 집에 오면 청소하고 아이들 씻기고 밥 먹이는 일을 남편 도움 없이 혼자 해냈다.

"오전 7시 40분에 애들 둘 데리고 일하러 나갔어요. 작은애가 세 살, 큰애가 여섯 살이었어요. 애들은 다른 어린이집에 맡기고 일했어요. 큰애 세 살 때, 내 아이와 어린이집 아이들을 같이 돌보는 것을 경험해봤어요. (큰애가 보기엔) 우리 엄마가 자꾸 다른 애들 안아주고 하니깐 계속 징징대면서 쫓아다니는 거예요. 그래서 큰애를 업고 애들을 봤는데, 그때 손목 인대가 늘어난 거예요. 압력솥도 못 들겠더라고요. 한의원에 한 달 정도 다녔어요."(이은성 선생님)

어린이집 교사들은 아프다고 해서 휴가를 내기 어렵다. 아이들을 나눠서 다른 선생님들이 잠시 돌봐줄 수 있기는 하지만, 통학 차량을 운행하는 경우 보육교사가 반드시 탑승해야 하기 때문에, 한 사람이 쉬면 전체 어린이집 운영에 영향을 미친다. 상여금도 없고, 휴가도 마음대로 쓸 수 없는 노동을 한다는 것은, 보육교사들에겐 익숙한 상황이다.

"아프다고 해서 쉴 수 있는 게 아니기 때문에 항상 긴장 상태였어요. 늘 경직되어 있고, 어깨랑 목이랑 굳어가지고 가끔 너무 아프면 침 맞으러 가고. 고단하게 살았죠. 선생님들 중에 생리 때마다 편두통이 심한 분이 있었는데, 옆에서 보기 안쓰러웠죠. 대직을 할 여력이 없어요. 갑자기 무슨 일이 생겨도 대체교사를 쓸 수가 없으니까. 새학기 준비하느라 겨울방학을 며칠 해요. 그럴 때 긴장이 막 풀리는 거예요. 앓아 눕죠."(이은성 선생님)

영유아보육법에 아동 연령에 따라 보육교사 배치 인원이 정해져 있지만, 민간 어린이집의 상당수가 원장이 담임을 겸하기 때문에 실제 보육교사가 돌봐야 하는 아동의 수는 더 많다.

"보육교사 두 명이 서너 살 아이들을 스물다섯 명까지 돌봤어요. 원장님이 (보육교사) 자격증이 있으니까, 원장님 반을 만들잖아요. 그 반까지 (보육교사들이 나누어) 맡으니까. 그러면서 80~90만 원 받았죠. 거기에 시간외 수당과 처우개선비가 구청에서 지급되어서 100만 원 정도 됐어요. 못해도 10시간 근무하고, 많으면 12시간까지 하는데."

최근 어린이집 아동학대의 근본적인 예방책 가운데 핵심적으로 꼽는 것이 보육교사의 노동환경 개선이다. 보육교사 대 아동의 비율을 낮추고 교대근무로 노동 강도를 줄여야 한다는 것이다.

유치원은 교육, 어린이집은 보육?

박미경 선생님은 정규 출근 시간보다 1시간 일찍 출근을 해왔다. 아이들을 돌보는 시간에는 다른 업무를 볼 수 없기 때문이다. 연 계획, 월 계획, 주간 계획과 평가서를 준비하고, 아동관찰일지를 쓰고, 부모 면담과 회의를 하는 등 보육교사의 고유 업무가 상당하다. 더욱이 최근에는 정부가 요구하는 보육시설 평가인증에 필요한 행정 서류를 구비하는 것도 보육교사의 몫이다.

"근무하는 시간 내내 애가 옆에서 떨어지는 법이 없기 때문에, 서류 업무나 그런 것을 할 수 없어요. 어린이집에 일찍 출근해서 한두 시간이라도 일을 하지 않으면 일이 진행이 안 되고 밀리니까. 아침에 일 할래? 저녁에 일 할래? 아님 집에 가서 할래? 셋 중에 하나예요."(박미경 선생님)

우리가 얼핏 생각한 것과 달리 보육교사들은 아이들을 보살피는 역할 이상을 한다. 영유아기에는 전인적인 발달이 필요한 시기인데, 실상 보육교사들에게 그런 '교육 활동'을 준비할 시간이 보장되지 않는다.

유치원은 유아교육법에 따라 만3세에서 취학 전 아동까지를 대상으로 하고, 어린이집은 영유아보육법에 따라 0세부터 만6세 미만 아동을 대상으로 한다. 행정체계도 유아교육은 교육부, 시·도 교육청, 유치원, 유아보육은 보건복지부, 시·군·구 지방자치단체, 어린이집으로 이원화되어 있다. 그런데 '누리과정'이 도입되어 모든 어린이집과 유치원에서 일원화된 서비스를 제공하고 있다. 즉, 보육교사들의 역할이 유치원교사와 다르지 않은 것이다. 그러나 보육교사들이 체감하는 현실은 다르다.

"유치원은 오후 2시면 정규 수업이 끝나잖아요. 그다음에 방과후 수업을 준비하는 시간이 있어요. 하지만 보육교사는 저녁 7시까지 애들을 다 데리고 있으면서 교육을 준비할 시간이 없죠. 그런 부분이 되게 아쉽지요. 부모들이나 보육교사 자신도, (교육자가 아닌) 아이들을 돌봐주는 사람 정도로 인식을 하는 거죠."(이은성 선생님)

그래서 보육교사 중에는 부모들이 자신을 선생님이 아니라 '대리모'처럼 여긴다고 말하는 이도 있다. 게다가 부모가 아이를 집에서 보살피다가 겪는 일상적인 일들에 대해서도, 어린이집에서 생긴 일이라고 하면 부모의 반응은 매우 민감하다.

"아이들이 놀다가 조금 상처가 날 수 있잖아요. 그럴 때 아이들을 제대로 돌보지 않았다고 부모들이 불만을 얘기하죠. 원장에게 전화를 하거나, 아이 흉터 남는다고 보상을 요구하는 엄마들도 있어요."(이은성 선생님)

부모가 아이들의 변화나 상처에 민감한 것은 보육교사 자신도 이해하는 부분이다. 그러나 때때로 보육서비스 제공자와 이용자 간의 수직적인 관계가 전제되어 이야기될 때, 불편함을 느낀다.

종일 웃는다는 것도 웃긴 일이죠

보육교사가 요구받는 것은 힘든 노동 강도와 열악한 급여 조건만은 아니다.

"아이들에게 웃어주는 게 좋다는 것은 아는데, 하루 종일 웃고 다니는 것도 웃긴 일이죠. 애가 (선생님의) 다양한 감정을 느끼는 것이 맞다고 생각해요. 저 사람 화가 났구나, 그런 걸 느낄 수도 있는 거죠. 아침에 등원을 했는데 교사가 밝지 않는 표정이었다고 부모들이 얘기할 때가 있죠."(박미경 선생님)

박미경 선생님은 보육교사 일을 하면서 '어떤 태도로 아이들을 대해야 하는지' 고민을 많이 했다. 아이들도 따뜻함을 원하고 부모도 '엄마 같은 교사'를 원한다. 그렇지만 자신이 그렇게 하는 것이 맞는지 질문하게 되었다. 현재 도달한 결론은 '나는 교사의 역할을 해야 한다'는 것이다. 자신의 역할을 부모의 역할과 구분했고, '엄마 같은 교사'에 자신을 가두지 않기로 했다.

그녀는 끊임없이 아이 안색을 살피고 부모의 안색을 살펴야 하는 감정노동에 지쳤다. 보육교사는 아이의 기쁨과 슬픔을 모두 받아주도록 요구받고, 부모는 부모대로 교사에게 자신의 감정을 쏟아낸다. 반면,

어린이집 교사가 부모에게 자신의 감정을 드러내면 교사로서의 태도를 지적받는다.

부모는, 사회는 보육노동의 가치를 인정하는가?

정부에서 인가받은 어린이집은 정부 지원금을 받는다. 국공립 어린이집은 보육교사 인건비의 일부를 직접 지원받고, 보육비 지원금에서 나머지 인건비와 운영비를 충당해야 한다. 그런데 민간 어린이집에 대해선 보육교사의 인건비를 직접 지원하지 않고 아동 수에 따라 지원금을 준다. 이런 예산지원체계 안에서는 인건비 비율이 높아지면 다른 운영 경비를 집행하기 어렵다. 상황이 이렇다 보니 민간 어린이집 시설장들은 경력이 적은 보육교사 채용을 선호하게 된다. 그 결과 보육교사의 직업 안정성이 위협받고 보육의 질도 낮아진다.

"보육교사는 경력이 많아지면 취업을 하는 것도 어려워요. 일반 (민간) 어린이집 들어갈 때는 경력을 깎고 들어갈 때도 있어요. 내가 15년 차 되는데 15년 차 월급, 호봉을 다 주기에 어린이집이 너무 부담스러운 거예요. 그럼 5호봉 정도 깎고 10호봉으로 들어갈까요? 이렇게 얘기를 해요. 경력 많은 선생님들이 많아지면 (어린이집) 운영에 차질을 많이 준다는 거죠. 인건비 비율이 너무 높아지는 거죠."(박미경 선생님)

박미경 선생님은 여러 유형의 어린이집에서 근무했다. 공동육아 어린이집은 특히 회의가 많다. 교사들 간에, 교사와 부모가 함께, 퇴근 후

나 주말에 깊이 있는 얘기를 나누었다. 회의가 많아 힘들어도, 탁 열어 놓고 이야기하는 시간이 필요하다고 생각했다. 부모들과 긴밀하게 관계 맺고, 평소에 고맙다는 얘기를 종종 들었다. 그러나 막상 임금협상을 하는 자리에서 부모들은 보육교사의 현실을 외면하곤 했다. 그런 모습을 보며 과연 '보육노동'의 가치를 귀하게 여기고 있는지 반문하게 되었다.

어린이집 운영 상황에 따라 보육교사의 임금이 온전히 보장되지 못하기도 한다. 법인이 있는 경우나 공동육아 어린이집은 그나마 상황이 나은 편이다. 임금협상이 어느 정도 가능하고, 어떤 것은 부당하다고 얘기할 수 있는 통로가 있다. 그러나 민간 어린이집은 원장의 재량권에 모든 것이 맡겨진다. 보육교사의 채용을 결정하는 어린이집 원장에게 문제 제기를 하기는 어렵다. 이른바 블랙리스트에 올라 재취업이 곤란해지기 때문이다.

전문가들은 이런 문제가 보육교사의 처우 개선만으로 해결되지 않을 것이라고 진단한다. 보육교사 신분을 보장하고 민간에 맡겨진 보육교사 임용을 공적 영역으로 해야 한다는 주장이다. 즉, 보육교사를 준공무원화하자는 것이다. 어린이집 원장과 보육교사의 수직적 관계를 개선할 때 보육 현장에서 벌어지는 비윤리적인 행태들도 보육교사의 신고로 막을 수 있기 때문이다.

무상보육이 '보육의 공공성'을 보장하진 않는다

정부의 보육 정책은 저출산 정책의 일환으로, 양육 부담을 줄이는 것에 초점이 맞춰져 있다. 보육서비스는 여성의 일과 생활 양립을 위한 필수재이자 공공재로 무상보육까지 실현되었다. 무상보육은 복지국가 논의를 이끌어냈다는 면에서 긍정적으로 평가받는 동시에 보육 현장과 여성들의 삶의 현실을 면밀히 반영하지 못했다는 비판을 받는다.

보육의 공공성은 얼마나 실현되고 있을까? 전체 어린이집 중 국공립 어린이집은 전체 어린이집 4만 3742개소 중 5.7%(2489개소)에 불과하다.(보건복지부, 2015) 공공보육을 확대하겠다는 목표가 무색하게 지난 10년간 국공립시설의 비율은 5%로 제자리걸음이다. 정부는 평가인증제 등으로 보육서비스의 질을 올리겠다고 하지만, 인천 아동학대 사건이 발생한 어린이집이 정부 평가인증에서 95점을 받았다는 점만 봐도 그 실효성에 의문이 든다.

의료진과 의료 서비스의 질이 많이 향상되었다고 하더라도, 정부에서 공공의료 시스템을 제대로 갖추지 못하고 올바로 작동시키지 않는다면 위기 상황에 대처하는 것은 어렵다. 그와 마찬가지로 보육교사의 자질이 훌륭해도 보육정책이나 시스템이 잘 정비되지 않으면 보육노동자들은 소진될 것이며, 보육서비스 당사자들을 불안하게 할 것이다.

"보육비 지원을 6시간을 기준으로 재설정하는 '기준보육시간제' 도입을 제안한다. 물론 여기에 표준보육비용의 재산정과 보육교사의 인력 확충이 반드시 동반되어야 '현실적으로 가능한' 제도가 될 수 있다."

2. 새로운 일자리, 돌봄노동을 한다는 것

(한국여성민우회, 『보육의 오늘을 말하다, 내일을 그리다』, 2013년 11월, 토론회 자료집)

보육교사의 노동 환경은 어떤 유형의 어린이집에서 일을 하든지 정부의 보육정책에 좌우된다. 보육교사가 안정된 일터에서 자긍심을 갖고 일할 수 있고, 아이들에게 더 좋은 보육 환경을 제공하려면 현행 보육제도가 개선되어야 한다.

돌봄의 영역은 왜 여성이 떠맡는가

보건복지부 통계에 따르면 돌봄의 많은 영역들과 마찬가지로 여성은 보육교사 중 절대 다수인 99.1%(21만 6621명)를 차지한다. 보육서비스 제공자는 왜 여성들인 걸까. 당사자인 여성 보육교사들은 '저임금'인 데다가, 영유아를 남자 교사가 돌보는 것에 대해 부모들이 터부시하기 때문이라고 이유를 설명한다. 예를 들어, 아이가 24개월이 안되어서 아직 기저귀를 차야 하는데 남자 교사가 남자아이 기저귀를 갈아주는 것은 불편해하지 않지만, 여자아이 기저귀를 갈아준다고 하면 불편해한다는 것이다. 그래서 남자 교사들은 영아반보다 유아반에 배치된다.

또 다른 이유는, 여성들의 직업 선택권이 제한적이라는 것이다. 이은성 선생님은 어릴 적 꿈이 유치원 교사였지만 가정형편 상 대학 진학을 포기하고 상업고등학교에 진학했다. ○○제화에서 6년을 근무하다 결혼을 하면서 일을 그만두었다. 1996년 당시만 해도 결혼을 하면 권고 사직을 당하는 것이 일반적이었기 때문이다. 그러나 남편과 갈등을 겪으며 결혼 생활이 순조롭지만은 않았다. 독립을 위해선 뭔가 일을 찾아야겠다고 생각했다.

"큰애 세 살 때 어린이집에서 보조교사로 일을 했어요. 다른 아이들 발달 과정이 궁금하더라고요. 나도 모르게 하고 싶은 적성 쪽으로 끌린 것 같기도 해요. 2001년에 둘째를 가지면서 보육교사 양성원에서 공부를 1년 하고, 보육교사로 정식으로 일하게 됐어요."

이은성 선생님은 자신의 어릴 때 꿈이 유치원 교사나 간호사였던 데에는 부모님의 영향력도 있었다고 말한다. 돌봄과 같이 여성에게 요구되는 덕목이 따로 있고, 그것이 결혼과 출산 과정을 거치며 더욱 강화된다. 또 경력 단절을 겪은 여성들에게 노동시장에서의 선택지는 매우 제한되어 있다. 더욱이 이은성 선생님은 아이 둘을 데리고 한부모 여성 가장으로 생활하려니 막막했다. 또 대학에 진학했던 터라 일과 가정, 그리고 학업을 병행하는 것이 큰 고민이었다. 지금 그는 시간연장보육 어린이집에서 야간에 일하고 있다.

"내가 이 지역에서 원장을 했잖아요. 근데 지금은 (보육교사로) 취직한 거잖아요. 처음엔 그것도 되게 힘들더라고요. 나 자신이 깨지지 않는 부분이 있었는데, 지금은 편안해요. 대리운전 같은 걸 할까, 24시간 영업하는 식당에서 가서 일을 할까? 하고 밤에 할 수 있는 일들을 찾아보기도 했죠."(이은성 선생님)

지역공동체의 돌봄 담론과 체계가 만들어지길

어린이집 CCTV 설치를 반대했던 목소리에는 보육교사와 부모 간의 신뢰를 깨뜨릴 수 있다는 우려가 담겨 있었다. 보육노동자들 역시 CCTV로 보육 현장을 감시할 게 아니라 어린이집에 부모들이 참여하도록 해야 한다고 주장한다. 그렇다면 부모들의 참여는 어떻게 이끌어 낼 수 있을까?

박미경 선생님은 그나마 공동육아나 부모협동 어린이집은 보육서비스 이용자에 머물렀던 부모들이 적극적인 참여자가 된다는 점에서, 부모와 보육교사가 협력해 아이들 문제를 상의해왔다는 점에서 긍정적으로 평가한다. 하지만 다른 어린이집에 비해 부모 품이 많이 들고 비용 부담도 큰 편이라, 저소득층이나 한부모 가정에서 이용하기엔 어려움이 있다. 따라서 협동조합 방식의 어린이집에 정부가 제도적으로 지원하여 문턱을 낮추게끔 해야 한다.

'아이 하나를 키우는 데 온 마을이 필요하다'는 이야기가 있듯이, 몇몇 가정이나 부모 개개인의 변화만으로 아이들이 잘 성장할 수 없다. 최근에 '사회적 경제(social economy)'에서 지역공동체에 기반을 둔 돌봄 체계를 논의하고 있다. 몇몇 소비자생활협동조합에서는 '돌봄'을 제2의 생활재로 선언했다. 사회적협동조합은 협동조합의 당사자성은 유지하되, 좀 더 포괄적인 형태로 운영하여 공익적 역할을 수행하는 실험 단계에 있다. 1인 가구가 급증하는 요즘 자녀 유무를 떠나 많은 사람들에게 돌봄은 당면 과제이다. 지역공동체의 돌봄 담론이 '육아'를 넘

어 '돌봄은 누구에게나 필요하다'는 것에 무게중심이 옮겨지고 공감대
가 확산될 때, 지역사회의 돌봄 문제를 주민들 스스로 해결하려는 노
력이 더 활발해질 것이다.

인터뷰 그 후

박미경 선생님은 어린이집 보육교사와 방과후교실 교사로 12년 남
짓 일해왔다. 고등학교를 졸업하고, "아이들이 좋아서" 어린이집에서
근무하게 되었다. 1년 뒤 보육교사 자격도 취득했다.

"아이들이 예쁘게 보이지 않는 순간이 오면, (보육교사) 일을 그만두
어야 한다고 판단했어요. 그게 대략 3년 간격이었어요. 일을 그만두고
평소에 관심을 가졌던 것, 취미를 직업으로 삼았죠."

보육교사로 일하면서 스스로 몰랐던 자신의 재주를 찾게 되었다고
했다. 요리하는 일, 바느질 가게, 옷가게 등 박미경 선생님은 보육교사
일과 다른 일들을 넘나들며 일해왔다. 다른 일을 하면서 몸과 마음을
회복한 다음, 다시 보육교사 일을 찾았다. 자신이 가장 잘하는 일이라
고 생각했기 때문이다. 현재 박미경 선생님은 보육교사 일을 그만두고
새로운 일을 시작했다. 40대 중반의 비혼 여성으로 자신의 노후에 대
해서도 고민하고 있다. 어떤 것도 정해진 것은 없다. 자신이 즐겁게 할
수 있는 일을 발견하면 다시 도전할 것이다.

이은성 선생님은 지금 보육교사로 일하면서 아동학을 전공하고 있

는 4학년 대학생이다. 부모교육 문제에 관심을 가지고 알아봤더니 대부분의 일자리가 4년제 졸업자를 전제로 했다. 그래서 어려운 여건이지만 진학을 결심했다. 기회를 잘 살리면 자녀들과 생활해나갈 기반도 안정될 거라고 기대하고 있다. 하지만 순간순간 불안하고 두려운 마음이 생기기도 한다. 멘토인 언니와 대화를 나누다가 문득 자신의 마음을 들여다보게 되었다.

"요즘에 내가 고쳐야 된다고 느끼는 게, 나에 대해서 아직도 가혹하다는 점이에요. 내가 이렇게 해왔는데도 내가 나를 못 믿고, 내가 나를 소중하게 여기지 않고, 내가 나를 격려해주지 않는다는 것을 알게 됐어요."

스물을 갓 넘긴 때부터 이은성 선생님에게 '일'은 곧 삶을 지탱하는 힘이었다. 보육교사는 힘들고 고된 일임에는 분명하지만 또 다른 일로 도약하는 발판이 되었다. 그가 일과 육아를 병행하며 자신의 꿈을 향해 한 걸음씩 나아갈 수 있었던 것은 자신과 같은 보육교사들이 존재했기 때문이다. '믿을 수 있는 보육이 중요하다'는 담론에서 소외되었던 보육교사의 노동을 재평가하고 깊이 살펴볼 때다.

참고자료

보건복지부, 『2014 보육통계』, 2015.
참여연대, 「무상복지 논쟁, 쟁점과 해법은 무엇인가?」, 『복지동향』 195호, 2015.
참여연대, 「행복한 보육은 어디에?」, 『복지동향』 196호, 2015.
한국여성민우회, 『보육의 오늘을 말하다, 내일을 그리다』, 2013.
「불신의 토대를 심는 어린이집 CCTV」, 여성주의저널 『일다』, 2015. 2. 7.

이
지
홍

'날개 없는 천사'라 부르지 마세요,
우리도 노동자입니다

장애인 활동보조인
김정남 씨 인터뷰

'장애인 자립생활'이라는 개념이 한국에 처음 소개된 것은 1990년대 중반이지만, 사회적 이슈로 주목받고 제도를 마련하기까지는 10년이라는 시간이 더 필요했다. 2000년 들어 장애인자립생활운동이 본격적으로 일어나면서, 2005년 시범 운영을 거쳐 2007년 장애인활동보조인제도가 만들어졌다. 이 제도로 1급 중증장애인들이 일정 시간 활동보조인서비스를 제공받게 되었고, 많은 이들이 시설을 벗어나서 지역사회 속으로 들어가 독립된 생활을 시작했다. 2012년 현재 장애인활동지원제도로 이름이 바뀐 활동보조서비스제도는, 많은 허점과 한계에도 불구하고 장애인이 독립적인 존재로 살아갈 수 있는 권리를 제도적으로 인정받았다는 점에서 의미가 크다. 더불어 한국 사회에서는 '장애인활동보조인'(이하 '활동보조인')이라는 새로운 직업이 탄생했다.

2. 새로운 일자리, 돌봄노동을 한다는 것

활동보조인이라는 낯선 직업의 탄생

김정남 씨(43세)는 2005년 시범운영 당시 동대문종합사회복지관에서 활동보조인 교육을 받고 3개월 동안 활동한, 활동보조인 역사의 원년 멤버이기도 하다.

"그때는 센터에서 서비스를 필요로 하는 이용자에게 파견하는 형태였어요. 지금처럼 1대 1로 서비스를 제공하는 게 아니라, (다양한 이용자들을 대상으로) 파트타임처럼 필요한 시간에만 가서 몇 시간씩 일을 봐주는 형태였죠. 하루 여덟 시간 일을 하는데, 일이 없는 시간에는 센터에서 대기하고. 시급 6000원에 식비랑 차비 빼면 정말 남는 게 별로 없었어요."

시범운영이라는 말이 품고 있듯, 당시 활동보조서비스는 제도 도입을 위한 실험무대였다. 활동보조서비스 인력 제공을 담당한 장애인자립지원센터나 그 서비스를 받는 장애인 그리고 업무 담당자인 활동보조인 모두 낯선 제도에 적응하는 것이 쉽지만은 않았다.

"3개월 하고 못 하겠더라고요. 뭐랄까, 경험도 없고 개념도 없고. 그때까지 단 한 번도 장애인과 살아본 적이 없었거든요. 본 적도 없었어요. (활동보조인) 교육을 받을 때 장애인의 생각(장애인의 선택권과 결정권)을 따르라고 했는데, 그게 힘들었어요. 분명 이렇게 가는 게 빠른 길인데, 이용자는 빙 둘러가겠다고 고집해요. 지금 와서 보면 틀린 것을 통해서 그분들도 배울 수도 있는 건데, 그때는 그게 쉽게 받아들여지지 않더라고요. 이해가 안 가도 '네, 네' 해야 되고. 내가 아닌 이용자에

의해서 움직여야 한다는 데서 스트레스가 컸어요. 게다가 직장이라고 하기엔 급여가 너무 적고. 그러다 보니 가족들도 제 직업을 자원봉사나 아르바이트 정도로밖에 보지 않더라고요."

광범위하고 모호한 업무 경계

활동보조인의 업무는 장애인의 일상생활을 보조하는 것이기 때문에, 신변 처리부터 가사, 이동, 직장에서의 업무 보조, 육아에 이르기까지 일상생활 자체가 업무에 속한다. 그야말로 이용자가 원한다면 도덕적으로 나쁜 일만 아니면 다 해야 하는 것이 활동보조인의 일이다. 이렇듯 업무 범위가 너무 넓다 보니, 무리한 요구가 들어와도 제대로 항변하기가 쉽지 않을 때가 많다.

"간혹 제가 이용자의 소유물이 된 것 같은 기분이 들 때도 있어요. 직장을 다니시던 분이었는데, 그분이 업무 볼 때 특별히 일이 없으면 제가 잠깐 쉴 수도 있잖아요. 하지만 그걸 용납하지 않더라고요. 할 일이 없어도 자기 옆에 꼼짝없이 붙어 있으라고 해요. 모두가 그런 건 아니지만, 이용자 입장에서 돈을 내고 이용하는 거니까 고마움보다는 최대한 부려먹어야 한다고 생각하는 분들이 계세요. 굳이 하지 않아도 되는 일을 일부러 시키는 경우도 있고요. 한 아가씨는 연극 단체에서 일했는데, 극장 청소를 하는 분들이 계신데도 굳이 저한테 그 일을 시키는 거예요. 몇 번 하다가 이건 아니다 싶어서 말한 적도 있어요."

업무의 모호한 경계는 활동보조서비스의 전문성(장애인의 자립생활 지원)을 훼손하고, 활동보조인을 막 부려먹어도 되는 싸구려 잡부로 전락시키는 한편, 모든 일을 잘해야만 하는 만능인으로서의 과도한 역할을 요구하기도 한다.

"모든 걸 잘할 수는 없잖아요. 하지만 저희한테는 모든 것을 잘하기를 기대하는 것 같아요. 장애인들의 생활을 한 단계 업그레이드해줄 수 있는, 설리번 선생님 같은 역할을요. 특히 어린아이들 활동보조인들의 경우, 특수교육을 공부한 사람마냥 서비스해주기를 바라죠. 그 정도로 기대치가 높아요. 하지만 그건 아니잖아요. 엄연히 업무 분야가 다른 건데."

업무의 성격상 그 시작과 끝이 명확하지 않고 항상 변수가 작용한다는 점 또한 활동보조인들이 겪는 어려움 중 하나다. 제공한 서비스 시간에 따라 시급으로 급여가 지급되는데, 초과된 일에 대해서 제대로 보장받지 못하는 경우도 허다하다.

"정해진 업무 시간이 있지만, 일을 하다 보면 제때 끝나지 않는 경우가 많아요. 게다가 갑자기 사고가 생기거나 병에 걸리게 되면, 그분들은 돌봐줄 사람이 없잖아요. 내 업무 끝났으면 끝이다, 그럴 수가 없어요. 갑자기 아프기라도 하면 퇴근했다가도 달려가는 경우도 있고. 주말이나 야간에 일하면 추가요금을 받는데, 그 추가요금이 이용자들의 서비스 이용시간에서 빠지는 거라, 주말에 일하고도 주중에 일한 것으로 처리하는 경우도 많아요. 어떤 분들은 그래요. 퇴근 시간 이후에는 방해받고 싶지 않다고. 사람이니까 당연하죠. 하지만 이용자들 입장에서는 급하니까 연락을 할 수밖에 없는 거고. 가끔 안 급한데도 연락하시는 분들도 있어요. 친구처럼 느껴서 더 그런 것 같기도 하고. 그런 점에서 힘들 때가 있죠."

감정노동, 가족보다 더 긴밀한 관계 형성

가족도 아니면서 가족보다 더 긴밀한 것이 이용자와 활동보조인의 관계다. 때문에 활동보조인이나 이용자 모두 서로한테 불만이 있어도 쉽게 바꿔달라는 말을 못 한다. 서로가 원하는 시간이 맞아 떨어지는 파트너를 구하는 것도 쉽지 않지만, 서로 배신했다는 심리적 부담감도 크다. 그런데도 김정남 씨가 이용자를 바꿔달라고 말할 수밖에 없었던 것은, 육체노동의 고통보다 감정노동의 버거움 때문이었다.

"24시간 누워 있는 분이었는데, 월요일부터 금요일까지 출근을 하면 하루 종일 저를 바라보고만 있어요. 제 행동 모든 것을 지켜보는데, 감시받는 것 같기도 하고. 사람이 늘 기분이 좋을 수는 없잖아요. 남편이랑 싸운다든지 기분이 안 좋을 때가 있으면, 나도 모르게 표시가 나요. 그러면 자꾸 물어봐요. 자기 때문에 기분이 안 좋은 줄 알고 눈치볼 때도 있고. 나밖에 못 만나니까 내가 세상의 전부일 수도 있다는 걸 이해하지만, 어느 순간 숨이 막혀오는 거예요. 그게 1년 정도 계속되다 보니까 힘들더라고요. '만약 내가 지금 교통사고라도 나면 어떡하지? 그러면 그 사람은 아무것도 할 수 없는데……' 그런 생각도 하게 되고, 심리적 중압감이 너무 컸어요."

활동보조서비스는 단순한 노동력 제공을 넘어 고도의 감정노동을 요구한다. 이용자의 결정권과 선택권을 보장하기 위해 활동보조인은 최대한 자기의 생각을 이용자에게 맞춰야 하기 때문이다.

"가령, 미용실을 가는 문제도 그래요. 처음엔 20만 원씩 하는 비싼 매직스트레이트를 꼭 해야 하나? 미용사들도 모두 당황하고, 몇 시간 동안 머리도 몇 번씩 감아야 하고, 몸도 불편한데 그 고생을 왜 하나 싶었어요. 그래도 말은 하지 않고 조용히 따라갔죠. 지금 생각해보면 잘한 일 같아요. 아가씨가 예쁘고 싶은 건 너무 당연한 건데, 사람의 욕구는 다 똑같잖아요."

모든 인간은 다르면서 같다. 장애인과 비장애인의 다름은 기능의 차이에서 오는 것일 뿐, 인간의 기본적인 욕구는 모두가 같다는 깨달음이 생기면서 이용인과의 관계도 훨씬 편안해졌다. 장애인이라고 과도하게 도움을 줄 필요도 없고, 무리한 요구는 거절할 수 있는 힘이 생긴 것이다.

"일을 하다 보면 이용자의 엉덩이 점까지도 다 아는 게 우리 일이에요. 사생활 깊숙한 부분까지 알게 되는데, 관계가 좋을 땐 괜찮지만 사람 관계가 늘 좋을 수만은 없잖아요. 그리고 관계가 오래되다 보면, 이용인이 활동보조인 위주로 움직이는 경우가 있어요. 대개 활동보조인이 나이도 많고 사회 경험도 많다 보니, 이용자를 가르치게 되는 경우도 많고요. 물론 몇몇 지적장애인의 경우는 교육이 필요한 경우도 있지만 대개는 그렇지 않아요."

김정남 씨는 6개월에 한 번은 활동보조인을 바꿔 이용인과 활동보조인 사이에 건강한 거리를 유지하는 것이 중요하다고 말한다.

"물론 새로운 사람을 만난다는 것이 쉬운 일은 아니지만, 평생 서비스를 받아야 한다면 그것에 익숙해져야 하는 게 아닌가 싶기도 하고요. 하지만 말처럼 쉽지가 않아요. 저도 지금 하고 있는 일을 6개월 하면 그만둬야지 했거든요. 하지만 벌써 2년이 다 돼가요. 서로가 원하는 시간대에 딱 맞는 사람을 만나기가 힘드니까요."

활동보조인을 향한 이중적 시선

활동보조인들이 자주 듣는 말이 '날개 없는 천사'다. 하지만 김정남 씨는 그 말이 정말 싫다. 그 말을 듣고 있으면 자신이 착해져야만 할 것 같아서다. 착한 성품이 직업 선택의 조건이 될 수 없듯이, 그들 역시 적성에 맞고 또 노동에 따른 정당한 대가를 받기 위해 이 직업을 선택했다. 하지만 사회의 시선은 그렇지 않다. 심지어 가족들조차 그들의 일을 정식 직업으로 인정하지 않고, 자원봉사나 아르바이트로 취급한다.

"'날개 없는 천사'라는 말 좀 안 했으면 좋겠어요. '착하다' 이런 말 들으면, 저희 권리를 주장할 수가 없잖아요. 돈 벌려고 하는 일이고 적성에 맞으니까 하는 거지, 착해서 하는 일이 아니에요. 아무리 착해도 적성에 맞지 않으면 할 수 없는 게 이 일이고요."

이러한 사회적 시선은 때론 큰 짐으로 다가와 그들을 옭아맨다. 가정에서 아픈 사람이 생기게 되면, 마땅히 착한 그들이 그 짐을 져야 하기 때문이다.

"시어머니가 아프셨는데, 가족들이 당연히 제가 어머니를 모셔야 한다고 얘기하더라고요. 밖에 나가서는 천사처럼 행동하면서 왜 집에서는 그러지 않느냐고. 할 수 없이 일 그만두고 어머니 병수발을 했어요. 저뿐만 아니라 활동보조인들 대부분이 집안에 일이 생길 때마다 그런 요구를 받게 돼요. 하지만 이 일도 남이니까 할 수 있는 거지, 가족이면 더 힘들더라고요. 서로 쌓인 관계가 있기 때문에 쉽지가 않아요."

활동보조인을 바라보는 또 다른 시선은 '오죽 할 일이 없으면 저런 일을 할까'다. 우리 사회에서 장애인의 지위는 매우 낮기 때문에 그들에게 고용된 활동보조인의 사회적 지위도 함께 낮게 평가되기도 한다.

"'날개 없는 천사'와 '장애인 밑에서 일하는 한심한 인간', 참 이중적이죠? 특히 장애인 가족들한테서 오는 스트레스가 커요. 장애인들이 가족의 서열에서 가장 낮잖아요. 그들 밑에서 일하니까 저희를 한심하게 보고, 함부로 취급해도 된다고 생각하는 가족들이 많아요. 장애인한테 하듯이, 우리를 쉬운 사람으로 본다고 할까!"

활동보조인 관리 조직으로서 장애인자립지원센터의 기능 강화

활동보조인은 지역의 장애인자립지원센터에 소속되어 활동하게 된다. 장애인자립지원센터는 활동보조인에게 이용인 알선에서 급여 지급, 보수교육 등의 서비스를 제공하고, 그 대가로 시급의 일부를 수수료로 받고 있다. 장애인자립지원센터가 활동보조서비스를 제공·관리하는 실질적인 조직이기에 양질의 서비스를 제공하기 위해서라도 활동보조인과의 관계는 매우 중요하다.

"센터와의 관계가 좀 애매해요. 센터 직원도 아니고, 아닌 것도 아니고. 인력소개소랑 크게 다른가? 그렇지 않은 것도 같고. 이 일 하면서 월급명세서를 한 번도 받아본 적이 없어요. 맞게 줬겠거니 하고 넘어갔죠. 그러다 보니 내 급여에서 국민연금이나 세금이 얼마가 빠져나가는지도 몰라요. 급여에서 일부를 퇴직금으로 적립해놨다고 하는데, 그것도 어떻게 되는 건지 잘 모르죠. 그냥 주겠거니 하고 믿는 수밖에요."

급여 내역에 대한 안내는 노동자로서의 가장 기본적인 알 권리에 해당한다. 5년 동안 제대로 된 월급명세서 한 장 못 받았다는 것은 현장에서 노동자로서의 기본적 권리가 소홀하게 취급당했음을 단적으로 보여주는 예이다.

"센터가 해주는 게 1년에 한 번 네 시간 보수교육이라고 하는데, 서비스 지침 변경사항이나 요가 등, 실질적인 도움이 되지는 않아요. 사실 저희가 감정노동이 크다 보니까 많은 어려움이 있어요. 그래서 상담 같은 게 많이 필요하거든요. 2년 전에 성동에서 일할 때는 코디네이터가 이용자와 활동보조인의 중재자 역할도 해주고, 상담도 해줘서 도움이 많이 됐죠. 하지만 센터마다 다르더라고요. 어떤 분은 산재신청 좀 하게 도와달라고 했다가, 직원한테 알아서 서류 준비하라는 얘기 듣고 포기했대요. 직업 특성상 근골격계질환이 많은데, 나이 드신 분들이 많다 보니 서류 준비하는 게 쉽지 않거든요. 그런 문제들이 있다 보니까, 괜히 센터 껴서 수수료 떼지 말고 보건복지부가 활동보조인들을 직접 고용하라는 주장도 나오는 거지요."

김정남 씨뿐 아니라 많은 활동보조인이 장애인자립지원센터의 어려움을 잘 알고 있다. 장애인의 자립생활을 지원하기 위해서 그들이 벌여왔던 힘겨운 싸움과 노력을 옆에서 지켜봤기에, 차마 말하지 못하고 속앓이만 할 때도 많았다. 활동보조서비스 제도가 도입된 지 7년이 된 지금, 양질의 활동보조서비스 제공을 위해서라도 활동보조인의 노동권에 대해서 진지하게 고민할 필요가 있다.

장애인과 활동보조인의 동행

"활동보조인이 최대한 나서지 않는 게 좋은 관계의 시작 같아요. 장애인과 활동보조인이 함께 있으면 비장애인에게 더 집중되는 경우가 많아요. 제가 센터 소장님의 활동보조로 일한 적이 있는데, 그분이 언어장애가 심하셨어요. 직책상 외부 활동이 많다 보니까 제가 통역을 자주 하게 됐는데, 구청 사람들과 회의할 때 보면 소장님의 말씀이 다 끝나지도 않았는데도 저를 자꾸 쳐다봐요. 가끔은 제 의견을 듣고 싶어 하기도 하고요. 그래도 전 소장님 말씀이 다 끝난 뒤에 말하지, 먼저 나서지 않아요. 그림자 같은 존재, 그림자처럼 함께 있는 거죠."

김정남 씨 인터뷰를 통해 활동보조서비스가 우리 사회에서 하나의 고유한 직업으로 인정받지 못하고 있음을 확인할 수 있었다. 활동보조인의 노동이 착한 사람들의 자원봉사나 단순 아르바이트처럼 취급되면서, 장애인 자립생활 지원이라는 업무의 전문성이 훼손되고 있다. 활동보조인의 노동자성이 인정되고 그들의 정당한 노동권이 실현될 때, 높은 직업적 자존감으로 양질의 서비스를 제공할 수 있을 것이다.

저 사람이 바로
내 삶이다

안
미
선

돌봄노동자 안상숙 씨

사람을 살려내는 노동, 보이지 않는

안상숙 씨는 올해 예순하나이다. 그이는 주름졌지만 단단한 손을
가지고 있다. 충북 진천에서 태어나 초등학교 4학년 때까지 그곳에서
살았다. 공부를 잘했지만 가정형편 때문에 학업을 계속하지 못하고 서
울로 이사를 오게 되었다. 열세 살에 가죽장갑 공장에 다니기 시작했
고 한 달 월급 3000원을 받아 집안의 살림에 오롯이 보탰다. 그때 그
돈은 쌀 한 가마니 값이었다. 공장을 다니며 '기억하기도 싫은 청년 시
절'을 다 보냈다. 스물다섯 살에 딸 하나를 낳고 나서 남편을 잃고 혼
자 되어 자신의 힘으로 아이를 키워냈다. 안상숙 씨의 손에서 일은 떠
나본 적이 없었다. 이후 30여 년을 옷을 만드는 일을 했는데 그 일을

그만둔 건 시력이 약해져서였다. 그때쯤엔 딸이 대학을 졸업하고 취직을 했다. 더 이상 봉제 일을 하기 어렵게 된 그이는 새 일을 찾았다. 건어물 장사를 한 적도 있었다. 여자 혼자 물건을 떼어오고 장사를 한다는 것이 쉽지 않았다고 했다. 노점 단속이 심했고 물건을 빼앗겨 구청에 벌금을 물고 다니면서 한뎃바람이 몸과 마음을 얼어붙게 했다. 간호사가 된 딸이 '간병 일' 직종에 대해 알려준 건 그이가 간병인 일을 시작한 계기가 되었다.

"2002년에 하던 일을 접고 간병 일을 시작했지요. 그때 적십자회에서 간병인 교육을 하는 게 있었어요.* 당시 일주일 교육을 받고 간병협회에 가서 등록을 했어요. 한 달에 5만 원씩 간병협회에 회비를 내고요, 하루 일당이 5만 원이었거든요.** 협회에 간병인으로 등록하면 병원에 연계해줬어요. 그렇게 5년 넘게 일한 거죠. 다닌 병원은 수도 없이 많지요. 큰 병원도 있고 작은 병원들도 있고. 가면 24시간을 일하는 거예요. 병원 일 끝나면 협회로 전화해 일이 있냐고 물어서 바로 다음 일을 받아 다른 병원으로 가고. 4대보험은 전혀 없었어요. 퇴직금도 없

---

* "간병 인력은 노인복지법, 국민기초생활보장법, 산재보험법, 대한적십자사법 등에 따라 양성되는 간병 인력과 간병노동자, 케어복지사 등 민간자격제도로 양성되는 인력으로 다원화되어 있다. 2006년 보건사회연구원의 조사에서 간병노동자 교육기관의 교육생 배출 인원은 전국적으로 약 24만 7236명이었다. 이런 간병인력은 대부분 2008년 7월부터 공식적으로 시작된 노인장기요양보험의 노인복지법 상의 '요양보호사'로 수렴되고 있다."(정진주 외, 『돌봄노동자는 누가 돌봐주나?』, 한울아카데미, 2012, 104~105쪽.)

** "간병료는 보통 1일 12시간 간병이 3만 5,000원, 24시간 간병이 5만 원, 중환자 간병이 6만 원 정도로 책정되어 있다. 이는 식대, 교통비가 모두 포함된 액수로 시급 2,080~2,917원에 해당하는 임금인데, 1일 8시간으로 환산하면 1만 6,666원 정도로 법정 최저임금에 못 미친다."(같은 책, 116쪽.)

　　　　　　　　　2. 새로운 일자리, 돌봄노동을 한다는 것

고. 일주일 내내 24시간 일하면 35만 원을 받지만 일요일 하루를 쉬면 일당이 깎이는 거죠. 주휴수당이 없어요. 내가 하루 이틀이라도 쉬겠다고 하면 쉴 수는 있지만 수입은 없는 거죠. 일당도 보호자하고 협의해서 받는 부분이 있어요. 협회는 우리가 회비를 갖다주면 끝이고 간병인을 위해서 특별히 해주는 건 없었어요. 간병인인 우리가 조금만 잘못한 거 있으면 병원에서 협회에 전화해 항의하지만 저희 입장에서 요구하는 것을 협회가 들어주지는 않지요. 저는 면역력이 약해서 호흡기 환자는 피해달라고 협회에 요구했지만 무조건 그런 곳에도 가라고 넣어줘요. 뭐든 다 해야 했어요."

병원에서 일하는 간병인***은 전염성질병 감염에 더 취약한데 그건 감염 위험에 드러나 있지만 대처가 미비하기 때문이다. 병원은 배설물이나 혈액을 받아내는 일 등은 의료시스템으로 해결하지 않고 간병인에게 맡긴다. 그래서 이들의 노동은 안전하지 않다. 안상숙 씨는 혈압이 좋지 않아 혈압약을 복용하고 있었는데 폐렴환자의 간병을 맡으면서 그 스트레스로 혈압이 상승되고 어지럼증이 생겼다. 그래도 참았다. 게다가 유료 소개소는 간병인들끼리 보이지 않는 경쟁을 시켰다. 안상숙 씨가 보기에도 큰 병원에 보낼 간병인들은 협회가 특별 관리하는 것

***"간병노동자의 고용 형태는 직접고용, 간접고용, 특수고용 형태로 구분된다. 병원에서 간병 인력을 직접 고용하여 간병서비스를 제공하는 곳은 극히 일부이며 대부분 고용 형태는 환자가 간병소개소를 통해 간병 인력을 공급받고 간병료를 직접 주는 형태다. 이 경우 간병노동자는 특수고용 노동자로 취급되어 근로기준법상 노동자로 인정받지 못한다. 최근 이러한 고용은 점차 파견업체를 통한 간접고용 형태로 바뀌어서 '불법 파견'의 문제를 안고 있다."(같은 책, 108쪽.)

같았다. 협회와 친분을 더 쌓거나 잘 보인 간병인들은 종합병원에 보내주고, 작은 병원에만 보내는 간병인들은 따로 있는 것 같다는 느낌을 그이는 받았다.

"제가 한번은 세브란스 병원에서 이틀짜리 간병 일하고 내려왔어요. 이틀밖에 안 되니 그것이 일이에요? 10만 원 벌고 또 집에 갔다 다른 데 찾아 일하러 가야 하면……, 아래층에 간병인 박스가 있는데 두 사람이 얘기하는 걸 들었어요. 저랑 같은 협회 사람이 일을 하기로 했다가 못 하게 된 일이 생겼대요. 제가 '그 일 저한테 주세요' 하고 그 자리에서 부탁했는데 안 된대요. '다른 사람 부를 거다'라고 하던데 그건 말이 안 되는 거거든요. 그래서 제가 이건 공평하지 않구나 생각한 거죠."

병원에 일하러 갈 때마다 그이의 짐은 한 보따리였다. 병원에서 24시간 일한다는 건 그곳에서 의식주 생활을 다 한다는 것이었다. 밥을 얼려가지고 다녔다. 잠은 환자 침대 곁 간이침대에서 잤다. 여름에 그곳으로 에어컨 바람이 불어서 내내 감기를 달고 살았다. 밤에도 종종 깨어 있는 환자들 곁에서 간병을 하다 보면 밤낮 없이 잠을 자지 못하는 경우가 많았다.

"간병인은 일단은 먹을 것 다 싸가지고 다녀야 하잖아요. 입을 것, 덮을 것 모두 가져가야 해요. 우린 처음부터 밥을 얼려서 가져가고, 밥이 떨어지면 햇반이라도 사서 먹어야 하죠. 어떨 땐 반찬이 없어, 환자가 남긴 반찬을 먹은 적도 있어요. 간병인끼리 소통해서 먹을 것 주고받기도 하지만 어쨌든 생활이 열악하죠. 하루 쉬려고 집에 다녀오려면 보통 환자들은 간병이 중단되니까 싫어하고, 나도 쉬면 돈이 안 되고.

지금은 일당을 7만 원 받는다고 들었어요. 7만 원을 받는다 해도 24시간 일하면 한 시간에 3000원 채 안 되잖아요. 간병 일이 특별히 보수가 좋은 일이 아니에요."

간병인의 건강도 위협을 받는다. 환자들의 몸무게를 온몸으로 떠받치고 간병하다 보면 근골격계질환에 시달리거나 다치는 경우도 있다. 안상숙 씨도 처음에 요령이 부족했을 때는 몸이 마비된 환자를 간병하다 허리를 다쳐 같은 병원에서 치료를 받아가며 간병 일을 한 경험이 있다.

"내가 불편한 것, 아픈 건 숨겨야 해요. 환자가 새벽에 때때로 오줌이 마렵다 하면 소변기 대야 하고 기저귀 갈아야 하고. 항상 깨어 있어야 하죠. 어쨌든 그분 주무실 때 쪽잠을 자더라도 환자에 따라야 해요. 환자는 밤에 많이 안 자거든요. 간병인은 밤낮으로 시달려요. 낮에 환자 잔다 해도 간병인이 못 자죠. 돌봐드려야 하고, 의사, 간호사도 돌아다니고. 정말 그게 어려워요. 제가 혈압약도 먹지만 제가 공장 그만둔 이유가 눈이 안 좋아져서인데, 병원에서 내 눈이 이렇게 부어 있어도 환자한테 보이면 좋을 리 없어 내색하지 않죠. 간병인은 가서 그 환자에 대한 건 다 해야 해요. 와상환자는 누워서 천장만 보는 환자인데, 욕창 있으면 관리해주고, 기저귀도 채우고, 대변 안 나오면 간병인이 마사지 크림을 발라 항문을 손으로 후벼서라도 변을 빼내요. 큰 병원에는 환자들 목욕 봉사하는 분들이 있기도 하지만, 작은 병원은 그런 분들이 없으니, 간병인이 침상에 비닐을 입히고 침대 위에서 환자 목욕을 시켜요. 머리도 감기고. 먹는 것도 환자가 밥을 못 먹으면 병원에서 나온 밥을 숟가락으로 갈아서 미음처럼 묽게 만들어 물하고 같이 드려요. 의식이 없으면 옆으로 뉘여서 먹여야 할 때도 있어요."

그렇게 도맡아 일을 해도 간병인은 노동자로서 권리를 보장받아야 하는 사람이 아니라 환자가 돈을 지불하고 산 서비스에 지나지 않는 다는 부박한 인식이 노동하는 그이에게 상처를 줄 때가 종종 있었다. 좋은 환자도 있었지만, 그렇지 않은 환자도 있었다.

"한 남자 환자가 교통사고가 나서 입원했어요. 그분을 목욕시켜 드리는데 그 사람이 목발을 짚고 서서 제가 타월로 씻겨드리고 있었어요. 그런데 그 사람이 제가 수치심을 느낄 말들을 목욕시켜드리는 동안 해대는 거예요. 씻길 때 보면 남자 성기가 서서 그럴 때는 어떻게 대처해야 할지 모르겠더라구요. 나도 여자인데, 여자에게 수치스러운 말을 해요. 그럴 땐, '아, 이 일을 해야 하나?' 그런 거 많이 느끼죠. 간병 오래 한 사람들이 그럴 땐 고무장갑을 끼고 몸을 문질러 씻기라고 알려줬어요. 그런데 장갑을 끼니 남자들이 그걸 싫어하더라구요. 장갑 끼지 말고 맨손으로 문지르라고 해요. 나도 여자잖아요. 그런 게 어려웠어요.

한 할머니도 목발 짚고 다녔는데 하도 간병인을 들볶으니 며칠에 한 번씩 간병인이 바뀌어요. 화장실에 혼자 다닐 수 있는 분인데, 침대 위에서 물 떠오라고 하더니 커튼을 치고 자신의 아랫도리를 씻기라고 그러는 거예요. 그건 자기가 할 수 있는 일인데 시키는 거예요. 그렇게 저는 그 할머니를 퇴원할 때까지 간병했어요. 다른 간병인이 저 보고 '야, 오래한다' 말하기도 했는데, 어떻게, 더 좋은 사람 만난다는 법 없잖아요? 저도 생활이, 제가 생활을 해결해야 했으니까 했죠."

그러나 안상숙 씨는 간병 일을 '마음 없으면 못하는 일'이라고 말했다. 병상에서 죽어가는 사람들의 모습을 지켜봐왔다. 건강을 잃고 독한 약을 먹으며 몸부림치는 모습이 얼마나 처참한지, 자신의 건강 앞에 사람들이 얼마나 냉정해지는지, 무너지는지 봐왔다. 간병 일이 그이에겐 돈을 받고 하는 것 이상의 의미가 있었다.

"저 사람들이 환자고 나는 간병인이야, 저 사람이 돈 주는 사람이 아니라 내가 보호자야 하는 생각으로 일했어요. 제가 5년을 일했는데 얼굴을 분명히 기억하는 분만 해도 제 품에서 열일곱 분이 돌아가셨어요. 돌아가시는 분을, 보호자도 오는 중이라 곁에 아무도 없는 사이, 저는 돌아가시는 그 순간에 꼭 안아드리고 있었어요. 운명하는 동안 보호자 역할을 하며 그분들보다 제가 더 따뜻하게 보내드려야겠다 그 생각밖에 없는 거죠.

한 분은요, 혼자 미용실 하며 자식들 기른 분인데 췌장암이었어요. 그분이 돌아가시면서 저한테 자기 생활한 얘기, 남편 없이 살면서 애 셋키운 이야기를 들려주더라구요. 그이가 혼수상태에 빠지고 나는 기저귀를 갈아 끼우고 의식 없는 그 곁을 지키고 있는데 보호자라고 자식들이 와서 그 옆에서 자기들끼리 과일을 깎아 먹으면서 맛이 안 달다는 소리를 하고 있어요. 엄마가 사경을 헤매는데. 사람이 돌아가시려 하면요, 가래 같은 것도 끓어요. 제가 썩션 해주고 돌보면서, 자식들한테서 정말 눈을 돌리고 싶더라구요. 레지던트 선생이 날 불러요, 나갔더니 나보고 '저 어머니 얼마 사실 거 같아요?' 되레 물어요. '2, 3일 넘기기 힘들겠어요.' 말씀드리니 고개를 갸우뚱해요. 정말 3일째 되는 날 돌아가셨어요. 저는요, 그 말이 나온 내 입을 막 두드려 패고 싶었어요. 내가 왜 그렇게 말을 했나, 싶더라구요. 돌아가시는 걸 보면서, 나도 딸 하나 낳고 혼자인데, 나도 저러겠지, 생각이 들더라구요.

한 할아버지도 제가 1년 가까이 돌봐드렸어요. 그분은 실향민인데, 생활력도 강하고 까다로운 편이었어요. 난 간병인이고, 그분이 내 아버지와 동갑이라는 생각도 들고 해서 잘 해드렸어요. 자식들이 다 부자래요. 그런데 돌아가실 때 주변에 아무도 없어 제가 안고 보내드렸어요. 할아버지가 돌아가시고 제가 돌아서려는데, 뒤에 온 딸들이 나한테까지 상복을 입혀줘요. 그때 정말 보람 있었어요. 돌아가시고 집에 왔는데 다음 일을 못 했어요. 가슴이 얼마나 아픈지 그때 한 달을 일을 쉬었어요."

간병 일은 돈을 주고 시키는 일이라고 사람들은 생각하기도 했지만, 안상숙 씨는 한 사람으로서 환자를 만나 그들이 한 사람으로서 이 세상을 떠날 수 있도록 그 자리를 지켰다. 간병인 일을 해서 번 돈보다, 상복을 함께 입고 자신의 진심을 인정받았던 그 순간을 그이는 가장 뿌듯하게 기억하고 있었다.

안상숙 씨는 지금 재가요양보호사로 일한다. 뒤늦게 공부를 시작하면서, 일과 공부를 병행하기 위해서였다. 검정고시에 통과해 내년에는 중학교에 입학할 수 있다. 부족한 생활비를 메우기 위해 조기연금도 신청했다.

"지금은 주 5일 세 시간씩 일해요. 그래서 수입은 40만 원이 안 돼요. 한 달에 20일 일하고 센터에서 얼마 또 떼어가고요. 일반 환자하고 수급자 환자가 또 시간이 달라요. 일반인 환자를 맡으면 20여 일 동안 네 시간씩 하면 60만 원 정도 요양보호사가 받지만, 수급자 환자는 세 시간씩 20일 할 수 있고, 또 센터마다 금액도 차이 나요. 제가 요양보호사로 봐드리는 할머니는 중국 사람이어서 한 달씩 중국에 가요. 한 달씩 공백이 생기니 저는 일을 할 수 없게 되고 퇴직금도 없지요. 그 사이에 다른 일을 찾을 수도 있겠지만 쉽진 않죠."

재가요양보호사는 환자만 간호하는 것이 아니라 그 환자의 집안 살림까지 할 것을 요구받는다. 빨래, 설거지, 음식 장만, 집안 청소를 다 하게 되는 것이다. 그들은 요양보호사이지만 가사도우미처럼 일해야 한다. 그 일 또한 만만치 않았다. 환자의 상태 또한 눈을 뗄 수 없다.

"한 할머니는 치매예요. 치매는 손을 꼭 잡고 다니지 않으면 자꾸 사라져버려요. 발은 성하니 돌아다니는데 치매가 돼서 남의 파지 모아놓은 것을 빼오기도 해요. 그런 것도 봐드려야 하고, 같이 얘기하다가도 갑자기 '너 누구니?' 하고 물어요. 사람을 몰라보거든요. 제가 요양보호사로 돌봐드릴 때는 할머니하고 어딜 가나 손을 꼭 잡고 가서 이웃 사람이 제가 딸인 줄 알았대요. 항상 손을 잡고, 아니면 옷꼬리라도 잡고 있었어요. 바지 속에 뭔가 돌돌 뭉쳐 화장지에 감추길래 어르신을 끌어안고 뒤로 화장지를 몰래 가지고 나와 보니 똥이 동글동글 콩같이 말려 있는 거예요. 그러면 속옷을 벗기고 씻겨드려야 하죠."

그이는 요양보호사 일을 하며 환자를 돌보는 일에만 더 집중하는 여건이 되었으면 하는 바람이 있다. 환자의 살림까지 도맡아 하면서 환자를 살뜰히 돌보는 건 어려운 일이다. 그래서 환자만 돌볼 수 있는 일을 달라고 센터에 말하고 기다리고 있다.

안상숙 씨는 진심을 다해 일했고 그 노동의 기억을 자부심과 긍지를 가지고 나에게 들려주었다. 자신에게 환자를 돌본다는 일은 의미가 있는 일이다. 그래서 그 의미를 존중받고 싶고 계속 해나갈 수 있기를 바란다.

"다른 분들도 그럴 거예요. 애잔한 마음 없이 남을 내 몸같이 못 보살펴요. 오래 누워 있어 환자 다리에 물집이 잡히면 그게 가라앉을 때까지 그쪽을 번번이 체위 변경해주고, 부채 붙잡고 가라앉을 때까지 계속 약 발라주고, 그게 내 살이면 얼마나 아플까 싶은 거지요. 그럼 또 환자가 빨리 낫고. 이 일이, 저 사람이 바로 내 삶이라고 여기고 일해야 할 수 있는 일이에요. 치매환자들이 똥을 가지고 다녀도요, 저는 그런 게 더럽다는 생각이 안 들어요. 우리도 늙으면 그렇게 될 수 있고 누군가의 보살핌을 받아야 하잖아요. 치매 어른들도 하나의 인격체로 대해야 하고 함부로 해서는 안 돼요. 사람들이 그렇게 생각하지 않는 경우가 많은 것 같아요."

안상숙 씨는 사람을 존중한다는 것을 책이나 말이 아니라, 힘들었던 자신의 인생을 통해, 돌보는 일을 통해 체득했다. 사람에게 사람이 얼마나 소중한지, 사람을 돌본다는 것이 어떻게 이어지며 마땅히 책임져야 하는 일인지 그이는 체득하고 있다. 그래서 두렵지 않다. 자신의 노동과 다른 사람의 노동의 힘을 믿기 때문이다. 그 노동들이 서로를 살리고 지켜낼 수 있다고 믿기 때문이다. '저 사람이 바로 내 삶이다'라고 생각하기 때문이다. 그것은 돈과 노동을 같은 것으로 취급하는 세상에서 낯선 깨달음일 것이다. 아침에 해가 뜨면 놓고 있는 손들이 아우성친다고 했다. '집에서 나가자, 나가자!' 손이 그런다고 했다. 자신을 살게 하고 혼자 아이를 길러내고 환자들을 간병하며 마지막까지 꽉 끌어안던 굳센 손이다. 그이에게 꿈을 물어보았다.

"이제 예순이 넘었는데…… 꿈이요? 제가 초등학교 4학년으로 돌아간다면 정말 꿈을 제대로 한번 꾸고 싶어요. 정말 날개를 달고 일단 공부를 많이 하는 게 꿈이지요. 앞으로 하고 싶은 일은 이 서울 생활을 정리하고 시골로 가서 어린 시절 그 고향 냇가에 요양보호센터를 세워 운영하고 싶어요. 이때까지 겪은 걸 토대로 환자들을 보살펴보고 싶어요. 제대로 해보고 싶어요. 제가 내려가서 할 수 있을까요? 그게 제 꿈이에요."

그리고 낮은 목소리로 덧붙였다.

"환자를 보는 게 내 운명이었나 싶어요. 돌보는 일은 나한테는 나 자신이었던 것 같아요. 내가 힘든 인생을 살았잖아요. 내가 겪어온 일의 어려움이, 돌보는 일을 해보니 힘든 인생이 거기에 다 있는 거 같았어요. 사람을 돌보는 일이 내 인생이 아니었나……."

혹독한 삶의 세월 속에서 안상숙 씨가 끝내 놓지 않고 지켜온 노동들, 인간다움을 지키는 것에 대한 믿음이 그이의 주름 속에 새겨져 있다.

고용노동부는 2014년 12월에 열린 국무회의 중장기 인력수급 전망에서 10년 후에는 생산 가능 인구의 절반이 50세 이상이라고 예측했다. 그중 간병인은 취업자가 많이 늘어날 직종이라고 했다. 이러한 내용은 '10년간 여성·중장년층 경제활동 급증한다'는 등의 제목으로 언론에 보도되었다. 일자리가 늘어나는 성공적인 사례로 일컬어질 뿐 그들의 일터 이야기는 제대로 보도되지 않는다.

간병인은 특수고용노동자로 분류되며 사용자와 근로계약을 맺는 것 대신 위탁·도급 등의 계약을 체결하고 일한다. 개인사업자로 등록되지만 노동자가 아니라고 여겨지므로 근로기준법과 단결권, 단체교섭권, 단체행동권, 사회보험 등의 적용을 받지 못한다. 최저임금에도 미치는 못하는 저임금을 받을 뿐 아니라 근로시간의 제한 규정이 없어 가혹한 장시간 노동을 한다. 간병인처럼 야간근무를 지속한 사람은 암 등의 병에 걸릴 확률이 다른 이들보다 두 배가 더 높다. 우울증, 공황장애 등도 이러한 야간근무의 결과로 보고되지만 이들의 안전한 노동은 아직 사회의 관심사가 아니다. 이렇게, 노동을 하지만 노동자가 아닌 이들의 일이 앞으로 10년간 급증해 '고령화시대 우리나라의 생산성을 높일' 일자리로 보고된다.

국제노동기구(ILO)가 '가사노동협약'을 체결했을 때, 우리나라의 가정관리사, 간병인, 요양보호사, 산후관리사도 가사노동자에 해당되었다. 이들은 30~60만 명으로 추정되었지만 정부는 가사노동자를 위한 법 개정을 승인하지 않았다.**** 그때 간병인은 하루 24시간을 일하고 6만 원을 받고 있었다. 이들을 노동자로 인정하고 근로기준법을 적용하며 고용지원시스템을 구축하라고, 또한 산재보험과 고용보험 우선

**** 「ILO '가사노동협약'이 우리에게 던지는 과제」, 『경향신문』, 2011. 6. 18. 사설.

2. 새로운 일자리, 돌봄노동을 한다는 것

적용을 하라고 요구하는 시민들의 목소리도 있었다. 그러나 이들의 일은 사적 공간에서 여자가 하는 일에 불과하다는 사회의 성차별적 인식 속에서, 마땅히 누려야 할 노동권을 아직 보장받지 못했다.

나는 부끄러웠다. 안상숙 씨가 가진 인간에 대한 믿음과 그녀가 견뎌야 했던 모멸의 현실 사이의 큰 간극이. 그 간극을 당연한 일상으로 받아들인 노동에 대한 우리의 무관심이. '저 사람의 자리는 나와 다르다'는 냉혹한 편견이. 바라건대 우리를 연결해주는 이 엄숙한 노동이 그에 합당한 인정을 받으며, 드러나는 노동, 안전한 노동으로 자리매김될 수 있기를, 우리 사회가 '한 사람의 삶이 바로 나의 삶'이라는 것을 느낄 수 있는 곳이 되기를.

3

텔레비전에 안 나오는
나의 노동 이야기

윤
춘
신

어느 하청공장
지하 창고에서의 3일

소규모 하청공장의
여성들

1년 전 새해 정초였다.

내 집에서 버스로 세 정거장 거리에 있는 공장에 취직을 했다. 첫 출근 날, 나는 버스를 타지 않았다. 걸어도 30분이면 도착할 거리에 교통비를 쓰고 싶지 않았다. 잔뜩 웅크린 채 도시락을 옆구리에 끼고 종종 걸음을 쳤다. 한겨울 바람이 내복 입은 무릎을 시리게 했다. 쉰하나 나이니 그럴 만했다. 내 몸이 내 나이를 따라온다는 사실에 쓸쓸해졌다.

첫 출근을 한 나를 공장 과장이 반갑게 맞아주었다. 동네 골목 점포로 쓰였음직한 사무실 문을 밀고 나서는 과장 뒤를 따라나섰다. 작업장은 사무실 뒤 지하실이었다. 어둑시근한 지하 계단 한 층을 꺾어 다시 내려가는 계단에서 우뚝 멈춰 섰다. 열린 구멍마다 파고드는 냄새. 화공약품 냄새와 본드 냄새가 뒤섞인 계단에서 걸음을 떼기 두려웠다.

시급 4000원. 단순조립이라는 일터에서 내가 할 일의 정체를 단박에 알아챘다.

노동은 신성한 것이라는 허위를 나는 내게 말할 수 없었다. 도시락 가방을 팽개쳐버리고 도망가고 싶었다. 따뜻한 밥 먹기를 포기하고 밥값으로 받게 될 4000원과, 9시까지 야간작업, 주말근무까지. 과장이 설명해주는 140만 원 정도를 벌게 될 시간표 앞에서 지질한 내 인생에 구역질이 났다.

형광등이 환하게 밝혀진 작업장 내부에 정물화처럼 두 여자가 앉아 있었다. 벽면을 따라 붙박아 놓은 나무판 작업대 앞에서 머리를 숙이고 작업하는 두 여자 가운데 앉았다. 나는 한눈에 그녀들이 이주여성 노동자라는 사실을 알아보았다. 내 나이 절반쯤 돼 보이는 그녀들은 힐끗거리는 눈길조차 주지 않았다.

자동차 의자 내부에 들어간다는 스티로폼 압축판에 같은 모양의 접착 시트지를 벗겨 붙이는 일이었다. 작업은 쉽고 간단했다. 한 시간이면 숙달될 거라며 작업 순서를 알려주는 과장한테 물어보았다.

"환기는 어떻게…… 공기 정화기는 없나요?"

"문 열어놨잖아요."

과장은 퉁명스런 한마디를 내뱉고 작업장을 빠져나갔다.

제기랄. 나는 튀어나오는 욕을 꾹 삼켰다. 화장실은커녕 창문 하나 없는 지하 창고 작업장. 근로환경 따위를 가릴 처지가 되긴 한 건지 피식 헛웃음이 나왔다.

해가 바뀔 때마다 임금협상을 하는 저들과, 파업이 우리나라 경제에

3. 텔레비전에 안 나오는 나의 노동 이야기

미치는 손실을 말하는 저들과, 문을 열어놨다는 과장과, 비정규직의 처우를 묻는 저들과, 밥값조차 아껴야 하는 나는, 서로 종이 다른 인간이었다.

찌이익…… 톡톡톡. 접착 시트지 벗겨내는 소리와 끈적이는 접착 부분을 압축판에 눌러 붙이는 소리를 사람 발자국 소리가 밀어냈다.

과장 뒤를 따라 들어오는 내 나이 또래 여자. 나보다 한 시간 늦게 도착한 여자가 내 등 뒤에 앉아 나처럼 작업 순서를 배웠다. 서로에 대한 인사랄 것도 없이 일만 가르쳐주곤 나가버리는 과장을 싸가지 없다고 생각했다.

점심시간이니 사무실로 밥 먹으러 가자는 말을 여자는 들은 체하지 않았다. 자신의 어깨를 흔들어줄 때야 비로소 일어나는 여자는 청각장애인이었다. 청각장애인인 그녀와, 서로 다른 나라에서 온 두 명의 여자가 알아듣는 '언니, 밥, 돈, 빨리'라는 말과 눈빛만으로는 우리는 이야기를 나눌 수 없었다. 네 명 여자 모두 6시에 퇴근하지 않았다. 작업장 가득 채워진 화학물질 냄새와 적막감에 질식할 것 같았다.

이튿날, 나는 단단히 중무장을 했다. 마스크를 쓰고 한 대뿐인 선풍기 모양 온열기를 자꾸만 끌어당기기 미안해서 두툼한 점퍼도 입었다. 자신의 발을 불쑥 내밀며 꽃 덧버선을 보여주던 베트남 여자처럼 양말 한 켤레를 더 신었다.

관자놀이가 지끈거릴 때 미리 준비한 두통약도 먹었지만 자꾸 무거워지는 머리와 쓰벅거리는 두 눈의 피로를 털어낼 수 없었다. 6시 퇴근 시간에 자리를 털고 일어나며 눈인사를 한 번, 그다음 날 한 번 더한

게 끝이었다. 나는 3일 만에 그 일을 포기하고 말았다.

과장은 그간 일한 돈은 3개월 후에 입금될 거라 말했다. 3개월 후면 봄이다. 봄은 점점 깊어지는데 돈은 입금되지 않았다. 전화기 너머에서 들려오는 과장 목소리는 씨근덕거리느라 숨소리조차 거칠었다. 일하다 중간에 그만두면 돈을 줄 수 없다는 말을 안 한 게 자신의 불찰이라고 했다. 사장님이 알아서 할 거라며 떠넘기는 과장 말을 듣자마자 내 몸이 용수철처럼 튕겨 올랐다.

나는 미친 듯이 공장을 향해 내달렸다.

열려진 사무실 문으로 과장 모습이 보였다. 접착 작업을 끝낸 완제품에 박스 작업을 하고 있었다. 과장은 나를 쳐다보지 않았다. 사람 서넛이면 꽉 들어찰 비좁은 공간에 시퍼렇게 날 선 눈빛으로 과장을 쏘아보았다. 나는 사업자등록번호를 물었다. 과장 얼굴이 일그러졌다.

"왜요? 고소라도 하시게? 고소하면 누가 준답디까? 아줌마, 그 나이에 이런 데 다니면 쪽팔린 줄 아셔야지. 며칠이나 일했다고 돈을 받으러 와?"

과장은 내 삶의 불리한 조건들을 약점 삼았다. 안전한 환경에서 일하고 싶은 내 욕구와 최소한의 돈을 지켜야 하는 내 욕구가 벼랑 끝에 섰다. 뒤로 물러설 데가 없었다.

나는 과장이 한 말을 꼭꼭 씹어서 내뱉었다. "네 말 맞아. 못 배워서, 늙어서, 이 꼬라지로 살아서, 그 돈이 필요한 거야. 그 돈 꼭 받아야겠어. 지금 입금하지 않으면 내가 붙인 거 싹 다 뜯어버릴 거라"며 악다구니했다.

공장 입구 사거리 현금인출기 앞에서 시간을 재고 있었다. ○○전자 입금액 9만 6000원. 그 돈엔 야간작업수당과 내 밥값이 빠져 있었다. 이나마 받게 된 게 다행이라며 스스로 위로하는 내 모습이 생소했다.

밥은 나눠 먹을 수 있어도 빼앗아 먹는 게 아니다. 밥이 상대에 따라 줄 수도, 못 받을 수도 있다는 사실이 서글펐다. 그날, 나는 배가 고팠다.

에필로그

나는 결혼 전에도 결혼 후에도 내 이름으로 된 통장이 없었다. 서른 초반에 처음으로 통장을 개설했다. 그 후 24년째다. 강산이 변한다는 10년 세월이 두 번 지난 셈이다. 강산이 변하고 사람이 변한다는 세월도 어쩌지 못한 하나뿐인 내 통장으로 그늘을 만든다. 한여름 땡볕을 손바닥만 한 통장이 손바닥만 한 그늘을 만들어 내 얼굴의 절반을 가린다. 검은 마그네틱 띠가 벗겨진 통장 어디쯤에는 지하 하청공장에서 3일간 일한 임금 입금 내역도 기재돼 있다. 스스로의 힘으로 벌어서 먹고 입고 자고, 나를 엄마라고 부르는 두 자식을 먹이고 입히고 재우고 가르치는 일은 '녹록치 않다'는 단어 하나로 설명할 수 없는 일이었다. 해 뜨면 일하고 해 지면 돌아오는 직업은 많았다. 다만, 내가 선택할 수 없었을 뿐이다.

내가 경험한 노동의 현장들에서 몸이 허락하는 일을 하고, 몸이 쉴 수 있게 하고, 몸이 살 수 있게 밥과 반찬을 사고, 그 몸이 기쁘게 제철 과일을 사 먹을 수 있는 돈을 받는 일은 없었다. 내가 경험한 다양한 노동에서 의도했건 의도하지 않았건 하루, 이틀, 사흘, 일주일 또는 한 달간 일한 노동의 대가를 받지 못한 게 부지기수다. 단 한 번도 당당히 요구한 적이 없다. 과도한 노동을 이겨내지 못하는 체력을 사과하고 너그럽게 이해를 바라는 눈빛을 보내고 구차한 변명에 한없이 자존감은 낮아졌다. 그야말로 받으면 감사하고 못 받으면 잘나지 못한 내 탓이었다.

나는 다양한 일을 했으며 지금도 하고 있다. 한 명의 남자 사장님을 모시는 작은 회사에서 커피를 타다가, 3만 8000원이라는 일당을 받기 위해 저녁 8시에 공장차를 타고 들어가 밤새 컨베이어벨트에 나란히 실려 나오는 빵을 지키다가, 백화점에서 자동차 용품 가판대를 종일 지키다가, 코끝이 아리는 도금 공장에서 종일 퐁당퐁당거리며 도금하거나, 곰탕집에서 설거지를 하고 서빙을 하다가, 시골의 식당에 취직을 하여 일하면서 내가 쓰는 서울 말투가 한적함을 달래는 데 최고라는 손님의 추임새를 받고…… 나는 알게 되었다. 이번 생에 나는 한적하게 살 수 없다는 것을.

내가 스스로 기록한 지하 하청공장에서의 경험은 생존에 대한 위기의 이야기다. 그 3일의 임금을 받지 못한다면 나는 다시 운명의 수레바퀴에서 빠져나오지 못할 것 같았다. 그날, 그 3일의 임금을 받기 위해 거리를 미친 듯이 걸었다. 아니, 뛰듯이 걸었을 것이다. 버스를 탈 궁리를 하지 못한 걸 보면 분노 때문이었다. 그날의 분노는 뜨거운 기름 같왔다. 내가 가진 단 하나의 통장이라도 지키고 싶다. 그러기 위해 우리는 서로를 보살펴야 하는 것이다.

문
세
경

내일부터
나오지 마세요

요양보호사,
허울 좋은 이름

2011년 여름, 요양보호사로 일하고 있을 때의 일이다. 출근을 서두르고 있는데 돌보고 있는 할머니에게서 집으로 오지 말고 10시까지 병원으로 와달라는 전화가 왔다. 알았다고 하고 서둘러 집을 나서 병원에 도착한 시간은 10시 5분, 할머니는 보이지 않았다. 간호사에게 물어보니 할머니는 벌써 집으로 가셨다고 한다. 병원에서 할머니네 집은 300미터 남짓 된다.

할머니는 병원에 다녀와서 침대에 누워 계신다. 나를 보자마자 밤새 아파서 죽을 뻔했다면서 한숨 돌릴 틈도 주지 않고 단호박을 사 와서 죽을 쑤라신다. 알았다고 하면서 단호박을 사러 나갔다. 내친 김에 할머니의 병원에 다시 들러 의사를 만나, 할머니가 왜 기운이 없고 음식을 못 드시는지에 대해서 물었다.

"할머니께서 원하는 대로 매일 죽만 먹어도 되나요?"

의사는, "할머니는 수술을 하신 지 얼마 안 되었기 때문에 음식을 부드럽게 해서 드셔야 해요. 특히 영양소를 골고루 갖춘 음식을 부드럽게 해서 드셔야 합니다" 하고 덧붙여 설명해주었다.

병원에 들렀다 왔다고 할머니께 얘기했더니 뭐 하러 병원에 가서 의사를 만나고 왔냐고 타박하신다. "의사 선생님께서는 영양소가 골고루 갖춰진 죽을 먹어야 한대요. 그냥 죽만 먹는 게 아니구요." 딱딱한 단호박 껍질을 벗기면서 할머니에게 대꾸했다.

죽을 다 만들어 할머니께 드리고 매일매일 하는 청소와 설거지를 해놓고 퇴근을 하려는데 할머니는 또 잔소리다. "전에 왔던 아주머니는 반찬도 만들어서 갖다 주더라. 너처럼 말대꾸도 안 하고 오라는 대로 온다"면서 자꾸 비교해가며 얘기를 하시길래, 내가 말했다. "저는 여기 와서 매일매일 반찬 만들어 드리잖아요. 그런데 집에서까지 반찬을 만들어서 갖다 드려야 하나요?" 할머니는 대답을 하지 않았다. 서비스 시간이 다 되었다. 누워 있는 할머니를 생각하니 발걸음이 무거웠지만 집을 나왔다.

전철에서 내려 자전거를 타고 오는데 문자 메시지 알림음이 울렸다. 자전거를 세우고 문자를 확인하니 센터장에게서 온 것이다. "할머니가 요양사를 바꿔달라네요. 무슨 일 있었어요? 내일부터 그 할머니네 집에 가지 마세요." 나는 어이가 없었지만 알았다고 하며, "그럼 언제까지 출근하지 않고 기다려야 하나요?" 하고 물었다. 센터장은 다른 자리가 나올 때까지 기다리라고만 했다.

난 "그런 경우는 없다, 엄연히 계약서를 쓴 고용인이고 당신 맘대로 내 근로를 중단할 이유가 없다"고 하면서 명확한 근거를 문서로 보내달라고 했다. 그 이후로 며칠 동안 센터장은 아무런 말이 없었다. 나는 또 문자를 보냈다. "지난번에 말한 근거 서류와 해고 통보서를 보내주세요." "해고는 아닙니다. 근로 중단 상태이고 다른 일자리를 알아보고 있는 중이니까 대기하고 계세요."

한 주가 지나고 두 주가 지나도 센터장은 해고통보서를 주지 않았다. 난 더 참고 있을 수가 없어서 지방노동위원회에 소송을 걸겠다고 최후통첩을 했다. 소송에 도움을 받으려고 요양보호사협회를 방문하여 노무사와 상담도 했다.

소송을 하려면 센터 나름대로의 규정이 있다고 한다. 그 규정을 복사해 와서 어떤 것에 위반이 되었는지 살펴보아야 소송을 할 수 있단다. 그래서 다시 센터장에게 문자를 보냈다. '근로계약서와 센터 규약을 보내주세요.'

요양보호사협회 노무사는 지금 요양보호사가 처한 현실이 명확하게 노동자로 인정받지 못하고 근로기준법을 지키는 센터도 없기 때문에 이와 같은 사례로 지방노동위원회에 소송을 하기는 어렵다는 말을 한다. 허탈했다. 하지만 난 포기하지 않고 센터장을 만날 기회를 기다리며 근거 자료를 보내줄 것을 요청했다. 그때마다 센터장은 "해고가 아니라니까요!"라는 말만 되풀이했다.

대부분의 요양보호사들은 나와 같은 경우를 많이 겪는다. 하지만 이용자에게 말대꾸하지 않고 요구사항을 잘 들어주면서 일한다. 그 일마저 잘릴까봐 두렵고, 대부분 나이가 많고 마땅히 의지할 사람이 없는 분들이기 때문이다.

요양보호사의 일은 거동이 불편한 어르신들을 돌보기 때문에 육체적으로 힘든 것은 말할 것도 없고 심리적으로도 끊임없이 감정 조절을 해야만 하는 일이다. 즉, 기술이 아닌 마음으로 하는 '돌봄노동'이다. 누군가를 돌본다는 것은 그 사람의 욕구가 무엇인가를 파악해야 하므로 매우 섬세해야 하는 일이다. 이용자의 욕구가 무엇인지를 알기 위해서는 그 사람이 살아온 삶에 대한 이해와 성찰이 필요하며 지속적인 대화를 해야 한다. 기본적인 수발뿐 아니라 끊임없이 대화하면서 이용자의 심리적인 문제까지 읽어내기란 쉬운 일이 아니다.

할머니를 돌보기 전에 내가 만난 분은 가족과 함께 살고 있는 분이었다. 그 아주머니는 나이가 쉰 살이 넘었는데 뇌출혈이 와서 왼쪽 신체를 못 썼다. 처음에는 친하게 지내면서 필요한 일을 도와주었다. 그런데 매일 아침에 출근하면 전날 저녁에 먹은 그릇이 그대로 싱크대에 놓여 있었다. 몇 주 동안은 오자마자 설거지부터 하고 청소를 한 다음 점심 식사를 준비했다. 점심 식사를 마친 후에 설거지를 한 후 퇴근했다.

그날도 아침에 출근하니 전날 저녁에 먹은 그릇이 그대로 싱크대에 놓여 있었다. 화가 났지만 최대한 감정을 드러내지 않고 말했다. "설거지가 그대로 있네요. 저녁 드신 설거지는 아저씨가 좀 해놓으면 안 되나요? 아저씨는 몸이 불편하지도 않잖아요"라고 말이다. 아주머니는 인상을 찌푸렸다. 나는 몸이 불편한 이용자를 위해 식사 준비와 집안일을 돕고 때때로 시장에도 같이 간다. '요양보호사'라는 그럴듯한 타

이틀이 일반 사람들이 하찮게 여기는 '가사도우미'로 전락하는 건 순식
간이라는 생각이 들었다.

다음 날 출근하려고 하니 센터장에게서 문자가 왔다. 다짜고짜 "내
일부터 이태원 그 집에 가지 마세요"라고 했다. 그렇게 나는 요양보호
사로 일하다가 첫 해고를 당했다. *

불분명한 업무 경계 때문에 스트레스를 받는 경우가 꽤 있다. 심지
어 성희롱을 당하는 요양보호사도 있다. 영화 〈시〉에서도 나왔지만
몸이 불편한 남자 어르신들은 목욕하는 시간에 성적 욕구를 드러내기
도 한다. 그러한 일을 당하면서 제대로 보호받지 못하고 하소연으로
끝내고 마는 이유는 서비스를 이용하는 분들이 사회적 약자, 소수자이
기 때문이다. 서비스를 제공하는 요양보호사들은 자신의 감정을 관리
하고 억지 미소를 지어가며 일하는 경우가 대부분이다.

이용자에게 말대꾸를 했다고 두 번이나 해고를 당했다. 여전히 인정
하기 힘든 것은, 이 해고가 정당한가이며, 나는 누구로부터 해고당한
것인가이다. 불안정한 일을 하면서 정당한 요구를 하기 힘든 사각지대
의 여성노동자들, 이들의 절대다수는 사회경제적으로 취약한 여성이

---

* 『한겨레』, 2015. 7. 10. 기사 참조. 경기도의 한 사회복지법인에서 일하던 요양보호사 신 씨는 출근
석 달 때 직무평가에서 '미흡' 평가를 받아 해고됐다. 신 씨는 부당해고라며 중앙노동위원회에 구제
신청을 했다. 복지법인은 중앙노동위원회를 상대로 "요양보호사 신 씨의 해고가 합법임을 인정해
달라"고 소송을 냈지만 서울행정법원은 원고 패소 판결을 내렸다. "신 씨에게 계약해지 통보 전 의
견 진술 기회를 주지 않은 것은 절차상 하자"라는 이유에서였다. 요양보호사의 노동권에 대해서는
앞으로 더 많은 제도적 보완과 사회적 합의가 이루어져야 한다.

3. 텔레비전에 안 나오는 나의 노동 이야기

다. 법으로 정해진 근로기준법조차 이들의 노동자성을 인정해주지 않고 보호해주지 않기 때문에 합법적인 노조도 만들 수 없다.

며칠 후, 길에서 만난 센터장은 여전히 해고 통보서를 주지 않았다. '나는 센터장이나 이용자의 말 한마디에 죽고 사는 파리 목숨일까?'라는 생각마저 들어 참으로 씁쓸했다.

나는 예술가인가,
글 쓰는 노동자인가?

**한 희곡작가의
셀프 인터뷰**

예술가는 돈으로 일하면 안 된다?

인터뷰이가 된다는 건, 나와 어울리지 않는 일이었다. 내가 누군지 전혀 알지도 못하는, 익명의 그들에게 나의 생활, 감정의 일부를 노출시킨다는 건 평소라면 상상조차 할 수 없는 일! 그럼에도 난 선택했다. 사실 그때 난 많이 욱해 있었다. 어떻게든 정리가 필요했다. 뭘 정리해야 하는지는 모르겠지만, 우선 빗자루라도 들어야 마음이 안정될 것 같았다.

─자, 인터뷰를 시작해볼까? 음…… 무슨 일이 있었던 건지 이야기해 줄래?

"애 낳고, 취직하고. 연극 작업에서 손 뗀 지 5년 됐어. 더 이상 이렇게 살면 안 될 것 같았어. 그런데 마침 공연 대본을 써달라는 제안이 들어오자 욕심이 난 거야. 게다가 어린이극이니까 쉬울 줄 알고 덤빈 거지. 그런데 웬걸? 너~무 너무 힘들었어. 회사 끝나고 도서관 가서 11시까지 줄창 글 쓰고, 주말에도 애는 남편한테 맡기고 일하고. 정말 피가 말랐어.

그렇게 3개월이 지나고 대본 작업 막바지에 계약을 하자고 계약서를 내미는데, 처음 얘기랑 전혀 다른 거야. 처음 작업을 의뢰받았을 때는 계약금이 적은 대신 재공연 시 작품료를 주겠다고 들었는데, 제작사 쪽은 그런 전례가 없었다는 거야. 전혀 모르는 사실이라며…… 그런 내용에 대해 문제 제기했다가 '돈으로 일하면 안 된다'는 소리까지 듣게 되니 정말 미치겠더라고."

2008년 〈다홍치마〉가 마지막 공연이었다. 대학로에서 세 편의 연극을 올리고 본격적인 활동을 시작할 무렵 딸아이가 태어났고, 다음 해 취직을 했다. 스물셋 대학 졸업 후 서른넷 그날까지 여러 알바를 전전하면서 12년 동안 단 한 번도 연극계 언저리에서 벗어나본 적이 없었는데, 2009년부터 2012년 8월 지금까지 나는 철저히 직장인으로 살았다.

그러다 공연 기회가 찾아왔고, 난 기다렸다는 듯이 덥석 물고 말았다. 단순히 돈 때문만은 아니었다. 썩은 동아줄이라도 탈출구가 필요했다. 귀향을 준비하라는 운명의 신호처럼 느껴졌다. 절대적인 작업 시간 부족 속에서, 많은 이들의 도움으로 조금씩 앞으로 나아갈 수 있었고, 작업은 막바지에 다다랐다. 하지만 문제는 뜻하지 않은 곳에서 발생했다.

―계약상 무슨 문제가 있었는지 좀 더 자세히 설명해야 되지 않을까? 감정보다는 객관적 사실들을 말이야. 지금 너무 흥분해 있는 것 같아.

"좋아. 흠! 예술감독이 이번 공연을 기획했어. 난 예술감독이 선택한 연출의 추천으로 작업에 합류하게 됐고. 작품 의뢰를 받았을 때 예술감독을 만나 계약에 대한 대강의 얘기를 들었고, 구체적인 얘기는 그쪽 기관 담당자가 연락을 준다고 했어. 하지만 3개월이 지나도록 말이 없다가 외부 스태프들 모아놓고 계약서를 쭈욱 나눠 주는 거야. 별다른 설명 없이 사인을 하라는 식이었지.

계약서를 보니까 애초에 얘기 들었던 거랑은 전혀 달랐어. 예술감독이 처음 그곳에 취임하면서 그쪽 시스템을 잘 몰랐기 때문에 오해가 생긴 것도 있지만, 제작사 쪽에서는 예술감독이 한 일이니까 책임이 없다는 식이었지. 예술감독을 통해서 그쪽이랑 인연을 맺었더라도, 계약 주체로서 제작사가 계약 내용에 대해서는 작가와 협의를 했어야 하는 거잖아. 뒤늦게 문제가 발생하자 넌 예술감독 사람이니까 예술감독이 알아서 할 문제다, 이런 식인 거야."

문제를 제기하고 몇 차례 예술감독과 제작사와 통화를 하는 과정에서 나는 '돈 밝히는 작가'가 되어갔다. 심지어 담당자는 자기네가 작가를 섭외했다면 이런 일은 절대 일어나지 않았을 것이며, 좀 더 인지도 있는 작가를 섭외했을 거라는 말을 너무나도 예의 바르고 나긋한 목소리로 전했다. 한마디로, 인지도 없는 작가가 까불고 있는 셈이었다.

그들은 언제나 갑이었다. 제작사가 대본에 대한 영구적 권리를 갖는다는 조항은 예술감독의 중재로 3년으로 바뀌었다. 하지만 재공연비에 대한 논의는 하면 할수록 서로가 치졸해지는 꼴이 되어 서둘러 마음을 접었다.

—하지만 넌 이미 알고 있었던 거 아냐? 이른바 관, 단체라고 하는 곳의 시스템이 말도 안 될 정도로 견고해서, 문제를 제기해봤자 너만 바보 될 수도 있다는 사실 말이야. 그런데도 굳이 이야기를 꺼낸 이유는 뭐야?

"납득을 위한 합의의 과정이 필요했던 것 같아. 정확히는 작가로서 존중받지 못한다는 모욕감 같은 걸 느꼈어. 오해가 있었다면 오해를 푸는 과정이 필요한 거잖아. 그게 예의 아니니? 하지만 모든 것이 일방적이었어. 나서서 문제를 해결하기보다 어쩔 수 없다며 한 발 뒤로 물러서는 그런 태도가 정말 화가 났어."

—태도에 초점을 맞추는 건 옳지 않은 것 같아. 내가 보기에는 돈이 문제의 핵심인 것 같은데. 물론 넌 돈 때문만이 아니라고 하겠지만.

"돈 때문에 문제가 불거진 건 사실이야. 하지만 이 문제를 단순히 돈 문제로만 바라보는 건 아니라고 생각해. 가장 큰 문제는 계약 주체인 작가가 그 모든 과정에서 소외되고 있다는 거야."

일반적으로 희곡 등 공연 창작물에 대한 작가 계약은 사용 권한에 대한 계약으로, 저작권은 원칙적으로 작가에게 주어진다. 창작 의뢰를 받은 작가는 창작물에 대한 사용 권리를 일정 기간 의뢰한 자에게 양도하게 되고, 그 기간이 지나면 저작권은 다시 작가에게 귀속된다.

간혹 저작권 자체를 넘기는 양도 계약이 이루어지기도 한다. 하지만

'공연계'라는 곳이 워낙 파이 자체가 작기 때문에 계약 없이 작업이 이루어지는 경우도 허다하다. 내 경우만 해도 광주에 있는 극단이 작품 사용료로 어떨 땐 20만 원을 주기도 하고 또 어떨 땐 30만 원을 주기도 한다. 물론 계약은 없었다.

경우에 따라 뜻만 맞는다면 페이 없이도 작업이 가능한 곳이 바로 연극계이기도 하다. 꽤 인지도 높은 소수의 작가만이 작품 의뢰에 따른 계약을 하고, 금전적 보상을 받게 된다.

—사실 계약이란 서로 합의에 따른 것이지, 정해진 정답이 있는 건 아니잖아. 게다가 돈을 받고 일을 할 수 있다는 건 어떤 면에서 축복일 수 있을 정도로 연극예술인들의 경제적 삶은 팍팍해. 이런 상황에서 너의 문제 제기라는 게 좀 속물적이라는 생각이 들지 않니? 네가 느낀 모욕감이라는 것도 사실 어떻게 보면 너의 자격지심, 열등감, 피해의식, 뭐 그런 것들에서 비롯된 것 같고.

"무슨 소리야? 속물근성이라니? 말이 너무 심하다!"

—음…… 난 자꾸 보여. 네가 연기하는 모습 말이야. 좋아, 쉽게 얘기할게. 처음 일을 제안받았을 때 넌 그 자체로 행복했어. 작품 의뢰가 들어왔다는 것, 그것도 '국립'이라는 글자가 붙은 곳에서 말이야. 어린이극이긴 해도 작가로서 너의 가치를 한 단계 업그레이드할 수 있는 좋은 기회일 거라고 생각했지. 안 그래?

"계속해봐. 난 지금 '듣는 사람 1'을 연기하고 있는 중이거든."

—직장을 다녀 작업 시간이 절대적으로 부족한 데다가 처음 해보는 뮤지컬 작업, 게다가 각색도 아니고 역사적 인물에 대한 창작극이라니!

3. 텔레비전에 안 나오는 나의 노동 이야기

그때 작곡가 선생님의 제안으로 작사가가 투입됐고, 넌 안도하면서도 또 한편으로는 작가로서 작업을 제대로 못 한 것이 아닌가 자격지심이 들었지.

"작사 영역도 전문적인 영역이야. 외국에서는 대본과 작사를 분리하는 경우도 많다고."

—물론이지. 하지만 네 마음 한구석에는 그런 불안이 자리 잡고 있었잖아.

"인정!"

—막상 계약 문제에서 이상이 생기자 넌 변했지. 너무나도 현실적이 되었어. 이번 경우의 특수성을 이해한다고는 했지만, 결코 이해할 수 없었지. 아니, 인정할 수 없었지. 작업의 가치보다도 '합당한 대우'를 받지 못하는 것에 과도하게 예민해졌고, 심지어 작업을 엎을까라는 극단적인 생각도 했어. 철저히 거래였던 거야. 다시 말해 넌 작가라기보다는 '작가'라는 직업을 가진 직장인에 불과해. 그런 너 자신이 스스로 너무 초라해 보이고 비열해 보였는지 자꾸 명분을 끌어들이고 있는 거 아니야? 일명, 자기 합리화! 경제적 관점을 최우선으로 작업의 가치를 평가하는 자신의 속물근성을 은폐하고 싶은 거겠지.

역시나 작가로서의 순수성이 문제였다. 사람들은 돈과 명예에 휘둘리지 않는 순수한, 한마디로 '뼛속까지 예술가'를 원한다. 돈보다는 예술이고, 경제적 생활보다는 예술이 우선이어야 한다. 하지만 예술가들이 겪게 되는 경제적 어려움은 매우 크다. 돈이 안 되는 직업을 가졌기에 언제나 투잡, 쓰리잡을 할 수밖에 없다. 누구는 누드모델을 하고,

또 누구는 의학실험의 대상자가 되기도 한다. 무대를 지키기 위해, 그들은 '알바인'이라는 배역을 묵묵히 수행한다.

15년 경력의 배우가 1년 내내 바쁘게 무대 위에 선다고 해도, 고작 월 50만 원에 만족해야 한다. 무엇보다 일을 열심히 하고 있음에도, 경제력이 뒷받침해주지 못한다는 이유로 주변 사람들한테 무직자 취급을 당할 때는 정말 억울하다. 하지만 현실은 신성한 예술 작업에서 돈에 대해 언급하는 것을 예술가의 고매함을 스스로 저급한 장사치로 만드는 행위로 간주한다.

그리고 이러한 검열은 밖에서만 이루어지는 것이 아니다. '순수예술가로서의 자질이 부족하군.' 나를 향한 스스로의 비아냥과 조소! 끊임없는 내 안의 울림이 나를 우울이라고 하는 깊은 우물 속으로 밀어 넣는다.

"네 말이 맞아. 나 역시 돈을 좋아해. 돈의 맛이 얼마나 매력적인지 알고 있고, 많은 돈을 벌고 싶은 것도 사실이야. 게다가 직장생활을 해보니 돈에 대한 현실 감각이 생기더라. 그런데 정말 그러면 안 되는 거야? 난 최소한의 경제적 보상을 받으면서 희곡작가로서 집중해서 작업하고 싶어. 내가 직장에 들어간 이유가 뭔데? 경제적 이유로 계속 알바를 하다 보니까, 시간은 시간대로 쓰는데 돈도 안 모여. 돈을 버는 것도 아니고, 그렇다고 창작에 집중할 수 있는 것도 아니고. 그럴 바에야 직장을 다녀서 경제적인 문제부터 해결하는 게 좋겠다는 생각이 들었어. 어쩌면…… 그래, 네 말대로 난 글 쓰는 노동자에 불과할지 몰라. 노동자로서 노동에 대한 정당한 대가를 요구하는 게 무슨 문제가 되는 거지?"

생활전선에 본격적으로 뛰어들면서 많은 시간을 직업인 작가로 살아왔다. 그러면서도 늘 마음 한구석에 순수예술가여야 한다는 명분에 시달려왔다. 그래서 현재 하고 있는 직장 일의 가치를 폄하했고, 그 일을 할 수밖에 없는 나의 현실이 혐오스러웠다. 명분과 욕망의 불일치!

―이제야 인터뷰할 맛이 나는데……. 정말 자신을 글 쓰는 노동자라고 생각해? 네가 원하는 게 정말 그거였어? 앞으로 한 달 뒤면 2년여의 직장 생활을 끝내는 상황에서, 그 어느 때보다 더 진지하고 치열하게 작가로서 살아가야 할 네가 직업인 작가로 만족하겠다고?

내 무의식에 깊이 뿌리내린 작가라고 하는 환상을 벗어 던지고 싶다. 진즉에 그랬어야 했다. 그동안 '위대한 작가'를 흉내 내느라 스스로를 짓눌러왔다. 그래서 항상 글 쓰는 게 부담스럽고 고통스러웠다. 이제는 가볍게, 그리고 즐겁게 글을 쓰고 싶다.

"비록 이번 사건이 표면적으로는 소득 없는 소동에 불과했을지 몰라도 문제 제기를 한 것 자체는 옳았다고 생각해. 한 가지 아쉬운 점은 네가 말한 작가로서의 명분 때문에 나 자신을 부끄럽게 여겼고, 그래서 좀 더 당당하고 떳떳하지 못했다는 점. 내가 직업인으로서 작가인 나를, 글 쓰는 노동자인 나를 있는 그대로 인정하지 못하고 포장하고 위장했다는 점. 나의 노동에 대해 권리를 주장하는 것에 대해 수치심을 갖기보다 자신감으로 여유 있게 대응했어야 했어. 정말 쿨하게 말야."

난 철저히 생활인이고 싶다. 아니, 생활인이다. 작가는 나의 직업이고, 내 전문 분야는 희곡이다. 간혹 생계를 목적으로 글을 쓰기도 할 거다. 무엇보다 난 내 노동의 정당한 대가로 내 삶을 지탱해 나가고 싶다. 그리고 아주 운이 좋아 내 작업이 인정받을 수 있다면, 그래서 예술의 경지까지 오를 수 있다면…… 더없이 좋겠지만.

—너도 늙었구나. 꿈이 너무 소박해졌다.

"어쩌면 나는…… 예술가는 아닌 것 같아. 흐흠! 내 그릇이 이것밖에 안 된다는 사실을 인정하고 나니 마음이 편한 걸."

정말 기분이 좋아졌다. 스팀청소기가 지나간 자리처럼 매끈해지는 느낌이다.

—그래, 네 생각이 정 그렇다면! 하지만 이 문제에 대해서는 조만간 더 많은 이야기를 나눠야 하지 않을까? 단순히 노동자라고만 치부하기엔 나 자신이 쉽게 용납되지 않거든. 필요할 때 언제든지 불러줘. 난 언제나 네 안에 있으니까.

인터뷰는 이렇게 끝이 났다.

3. 텔레비전에 안 나오는 나의 노동 이야기

'생산성' 묻는 사회,
장애 여성의 노동은?

**장애 여성의
노동할 권리**

자립한 장애 여성, 어떻게 먹고살 것인가

나는 노동이라 불릴 수 없는 노동을 희망한다. 난 중증장애를 가지
고 있으며 자립생활을 15년 정도 하고 있는 30대 후반의 여성이다. 초
등 교육조차 받지 못한 중증의 장애 여성이 자립생활을 하기란 그 누
가 얼핏 생각해도 녹록하진 않다고 여길 것이다.

내가 20대 후반에 집을 나와 맨 처음으로 고민했던 것은 어떻게 먹
고살 것인가였다. 우선 아주 작은 정보력과 주위 사람들의 도움으로
여기저기 쫓아다니며 기초생활수급권을 얻어냈다.

처음 몇 달은 평소 가깝게 지내던, 나보다 먼저 자립생활을 하고 있
는 언니네 집에 얹혀 지내며 검정고시 공부를 시작했다. 앞으로 어떤

일을 하게 될지는 몰라도 무엇을 하더라도 최소한의 기본적 지식이나 학력이 필수라고 생각해서다. 특히 나는 장애라는 불리한 조건에 있으니…….

자립 후 3년 만에 애초에 계획하고 목표한 대로 서른을 넘기기 전에 검정고시로 고등학교 졸업과 기본 학력을 이수하고 대학에 입학했다. 당시 내 학식은 형편없었지만 대부분의 대학에서 시행하는 장애인특별전형의 혜택을 받는다면 내 생활권인 인천이나 경기도 권에 있는 대학에 입학하기는 그리 힘들진 않았다. 하지만 등록금이 제일 큰 문제였다.

몇 날 며칠을 고민하고 또 고민해보아도 해답을 찾을 수 없었다. 고심 끝에 나는 우리나라에서 제일 등록금이 저렴하다는 방송통신대학을 선택했다. 전공을 선택할 땐 더 많은 고심을 해야 했다. 경제력이 없는 형편에 힘들게 다녀야 하는 대학이었고, 졸업 후 조금이라도 돈을 벌 수 있어야 했고, 또 나의 장애가 걸림돌이 되지 않는 길을 찾아야 했다.

이런 많은 상황과 현실을 고려해 난 영문학과에 입학했다. 영문과를 선택한 이유는 그야말로 단순하고 유치(?)했다. 당시 내가 알기로는 영어를 잘하는 장애인은 참 드물었다. 게다가 중증장애인은 더더욱 그러했다. 만약 내가 영어를 열심히 공부해서 졸업을 한다면 고학력의 여성 장애인일 것이고 게다가 영어까지 잘한다면 취업의 문이 한결 넓어지지 않을까? 정 취업이 힘들면 번역이라도 할 순 있겠지?

그때의 난 이렇게 순진하지만 절박한 동기와 희망을 품고 방송통신대학과 대학원(학점은행제로 운영되는 인천시민대학원으로 이곳에서 초등 영어지도사 자격증을 땄다)을 졸업했다. 졸업과 동시에 누구나 경험하듯 나 또한 사회에 첫발을 내디뎌야 하는 시점이 왔다.

이렇게 심한 중증이 올 줄은 몰랐다

난 대학 졸업과 함께 내 생에 있어 유일하고 자랑스러운 자격증을 취득한 후 취업에 도전했다. 비장애인들에 비하면 말할 거리도 안 되는 숫자에 불과하지만 난 최선을 다해 열 번 남짓의 서류 심사와 면접을 경험했다. 그런데 그동안 나름 힘들게 이루어온 나의 꿈과 현실의 괴리는 내가 감당하기엔 참으로 냉혹했다.

인터넷이나 구인광고에 버젓이 장애인 채용공고를 낸 회사들의 반응은 중증장애인으로서 이 사회에서 당당히 살아가려는 내게 깊은 절망감을 안겨주었다. 나에게는 이력서를 제출했던 회사가 요구하는 심사 조건에 누락될 만한 단점이 없었는데도, 서류 심사에 통과해 면접을 보러 가면 면접관들은 대놓고 내 면전에 이런 말들을 했다.

"이렇게 심한 중증이 올 줄은 몰랐다."

"어느 정도 생산성이 뒷받침되어야 하지 않느냐?"

"우리 회사에서 일하다 장애 때문에 수반되는 결과는 개인에게 책임을 묻겠다."

"부모님은 이런 중증장애의 딸에게 재산도 물려주지 않고 뭘 했느냐? 이런 중증장애인, 그것도 여성이 꼭 취업전선에 뛰어들어야 하느냐? 부모 복을 잘못 타고 났으니 남편이라도 잘 만날 수 있도록 사람들이나 많이 사귀어봐라! 이 험난한 취업난에 뛰어들지 말고."

"우리는 국가시책 때문에 어쩔 수 없이 장애인을 고용하는 것이라 중증장애인은 생각해보지도 않았다."

"정 원한다면 일은 하게 해줄 수 있지만 장애인이 사용할 만한 화장실이 없다. 알아서 해결하든지 자신 없으면 자진해서 입사를 포기해라!"

내가 자립생활을 어렵게 꾸려나가며 공부할 때는 막연하지만 꿈과 희망이 있었다. 그러나 대학 졸업 후 그 꿈을 조금 더 발전시켜보려고 나름대로 꿈틀거렸을 때 나는 중증장애 여성으로서 겪을 수 있는 사회의 냉혹함과 차별의 쓴맛을 제대로 맛보았다.

시민단체의 '무급노동'이 준 쓰디쓴 경험

내 나이는 벌써 30대 중반을 훌쩍 넘어서고 있었다. 하지만 난 여전히 '놀고먹는' 기초생활수급권자에 불과했다. 그때 무기력한 나 자신을 발견하며 슬럼프라는 것을 혹독하게 겪었다. 한동안 지속되었던 슬럼프에서 벗어나기로 결심하고 평소 가깝게 지내던 지인을 통해 시민단체에서 무급으로 일을 하게 되었다.

그때 나는 '중증장애인치고는 고학력이고 사회성이 좋다'라는 나만의 자존심과 자만심 때문에 작은 시민단체에서 적은 임금이나 무급으로 일을 한다는 것은 아예 배제해왔다. 그러나 그런 단체들은 이 사회

3. 텔레비전에 안 나오는 나의 노동 이야기

에 반드시 필요하고, 나 또한 소외된 계층이었으므로 더 이상 잘난 척만 하면서 나 자신과 현실을 원망하며 지낼 수만은 없었다. 게다가 그 누구도 경험할 수 없는 나만의 경험들이 시민단체에서 일한다면 보탬이 될 거란 생각이 강하게 날 자극했다.

그렇게 난 2, 3년 정도 장애인을 위한 시민단체에서 100% 무급으로 일을 하며 사회생활을 배웠다. 하지만 그곳에서도 중증장애를 가진 내가 그 속에서 협력하기엔 수많은 유리벽들이 가로막았다.

"무급으로 함께 일하기엔 너무 좋고 고마운 존재지만, 막상 임금을 지불하기엔 뭔지 모르게 찝찝하고 아깝다"라는 동료의 속마음을 들어야 했다. 1년을 근무한 단체에서는 임금을 지불할 여유가 도저히 없다며 나의 활동보조시간 일부를 동료에게 명의를 돌려서 가사보조를 얼마만큼 포기하게 하는 대신 내 임금으로 주기도 했다. 몸과 마음이 점점 지쳐가고, 급기야 몸담고 있던 단체의 안 좋은 실상들을 깨닫게 될 때쯤 난 동료들과 자주 부딪치기 시작했다. 얼마 지나지 않아 나는 그 일터를 떠났다.

와상장애인의 개인과외를 맡다

나는 곧바로 새로운 일자리를 알아보기 시작했고, 지인의 소개로 한 와상장애인의 개인과외를 하게 되었다. 오랜 세월을 방에만 누워 오로지 입으로 컴퓨터와 텔레비전을 통해 세상과 소통해오던 그분은 생전 처음으로 교육을 받게 된 것이다.

하지만 과외수업에는 정말 넘기 힘든 산들이 곳곳에 도사리고 있었다. 처음으로 부딪쳤던 난관은 내 학생이 세상을 너무 모른다는 것이었다. 어느 정도는 예상을 했고, 많은 준비를 했지만 부딪쳐야 했던 문제들은 만만치 않았다. 수업에 필요한 기본적 학습을 위한 내용보다는 국어나 영어 단어 하나를 이해시키는 데 시간을 너무 많이 빼앗겼다. 처음 약속대로 기본적인 국어와 영어를 수업했지만 학습자는 공부에 별 의지가 없었고, 이해력도 무척 떨어졌다. 내가 생각했던 것과는 무척 달랐다.

이런 시간이 두세 달 흘렀을 때 또 다른 난관에 봉착했다. 바로 학습자 부모의 태도였다. 학생이 와상장애인이니 만큼 옆에는 항상 노모가 지키고 있었다. 노모는 수업 시간 중 종종 참견을 했고, 나는 수업의 책임과 권한을 침해당한 듯해서 감정이 언짢았다. 그런데 몇 달 후에 날 따로 부르더니, 내 장애를 이유로 대며 "죄송하다"는 한마디로 나와의 인연을 정리했다.

난 20만 원을 받으며 일주일에 두세 번씩 서너 시간 과외수업을 했다. 물론 돈이 중했지만 전부는 아니었다. 먼저 공부를 시작한 장애인이라는 동료애도 있었다. 그동안 내가 제일 오래 해오며 사람들로부터 인정을 받아본 것도 야학자원교사 활동이 유일했다. 그래서 나는 이 일에 많은 노력과 애정을 쏟았다. 하지만 그분은 마치 "교사를 잘못 만나 학생의 실력이 늘지도 않고 돈만 허비한다"는 듯한 말을 했다. 그러고는 "만약 과외교사가 비장애인이라면 아무래도 성미 씨보다 훨씬 월등하지 않겠느냐"며 날 해고했다.

그 뒤 나는 '두 번 다시는 경제활동을 할 수 없을 것이고, 또 안 하겠다'고 다짐하며 3, 4년을 흘려보냈다. 이렇게 나는 노동할 수 없는 현실에 또 한 번 부딪쳐야 했다.

'일할 권리' 가로막는 기초생활수급권

자립생활을 시작한 지 15년이 훌쩍 넘어가는 세월 동안 난 단 한 번도 떳떳한 경제활동을 한 적이 없다. 두세 번 시민단체에서 무급으로 출퇴근하고 이러저러한 알바들은 어느 정도 해보았다. 하지만 내가 처해 있는 기초생활수급권이라는 제도 앞에서 난 떳떳한 경제활동을 할 수 없었다.

만약 내가 월급이나 시급을 받게 된다면 당장 내가 박탈당하는 게 너무 많기 때문이다. 수급권자의 자격으로 입주한 영구임대아파트에서 당장 나가야 하고 기초의료보호도 포기해야 한다. 내가 노동을 하는 순간 몸을 눕힐 수 있는 거처와 건강을 포기해야 한다.

매번 경험한 것이지만 중증장애인, 그중에서도 여성이 경제적 활동을 도모하기엔 이 사회에는 장벽이 너무 두껍고 높기만 한다. 난 분명 오늘을 살고 있는 이 사회의 한 구성원이다. 하지만 중증장애 여성이라는 이유로 이 사회에 끼어들지 못하고 겉돌고만 있다. 이러한 현실은 나 개인적인 문제일까? 그것들에 대한 결과물과 고민거리와 책임은 나

혼자만 껴안으며 책임지고 감수해야 하는 것인가? 난 이러한 해답 없
는 질문들을 수없이 자문자답하며 오늘도 나의 노동을 꿈꾼다.

4

우리에게
일할 권리를

안산 땟골
'고려인' 여성노동자의 하루

3D 업종을 채우는
이주여성들

'편한 일 줄게' 성희롱이 일상인 곳

오늘도 나타샤(가명)를 바라보는 직업소개소장의 눈빛이 예사롭지 않다. 직업소개소장은 일주일 전부터 자기랑 연애하자며 나타샤에게 치근덕대고 툭하면 소개소 안쪽 방으로 나타샤를 불러댔다.

나타샤는 처음에 당황스러워 어찌할 바를 몰랐다. 직업소개소장이 나타샤에게 좋아하거나 사랑 따위의 감정을 갖고 있지 않다는 것을 알고 있기에 이런 일이 반복될수록 모멸감과 수치심을 느꼈다. "싫어요", "남편 있어요"라고 거절하고 있지만 직업소개소장이 자신을 나쁜 근무지로 보내면 어쩌나 걱정이 된다.

공장장, 팀장, 심지어 직업소개소에서 파견 공장으로 데려다주는 차량 운전기사까지 한국 남자들에게 우즈베키스탄에서 온 나타샤는 성희롱의 표적이 되었다. "편한 일 줄게"라며 손을 쓰다듬는 직업소개소장의 얼굴에 나타샤는 시원하게 주먹을 날리고 싶다. 같이 일하는 고려인 언니들은 "나도 겪었어. 어쩔 수 없잖아" 하고 대부분 넘어가는 편이다. 지난 달, 운전기사는 나타샤의 거절에 보란 듯이 '복수'를 했다. 나타샤가 차에 타기 전에 먼저 출발을 하거나 내려줄 곳에 안 내려주기 같은 복수였다. 운전기사의 행동이 치사하고 옹졸했지만 나타샤는 참을 수밖에 없었다.

미등록 고려인까지 포함하여 안산에 체류하고 있는 고려인 동포들은 대략 6000여 명으로 추산된다. 안산 땟골은 월세가 비싼 원곡동을 떠나 안산에서 제일 월세가 싼 곳인 땟골로 흘러 들어온 고려인들이 모여 사는 고려인 최대 밀집 거주지역으로 고려인 약 2000여 명 이상이 집단촌을 형성하고 있다.

땟골은 서안산 선부2동 지역으로 선부고등학교에서 원일초등학교 사이에 위치한 곳이다. 안산이 공단화되던 시기에 외지 노동인력을 수용하기 위해 다가구주택들이 들어선, 재개발을 추진 중인 낙후지역이다. 다가구주택 한 호당 11개에서 15개까지 작게 방을 쪼개어 월세 세입자들을 받고 있다. 1인용 침대 하나 놓으면 두 명이 겨우 앉을 수 있는 3평의 쪽방은 평균 보증금 50~100만 원에 월세가 20~30만 원이다. 집이라기보다는 일하고 와서 잠만 자는 곳이다. 건물주를 제외한 대부분의 세입자가 고려인인 땟골 쪽방촌에는 직업소개소가 많아 한국어를 못하는 고려인들이 일 찾기가 편하다.

나타샤는 이주노동자이다. 하지만 코리안이다. 우즈베키스탄 고려인이다. 스물일곱 살 나타샤는 먼저 한국에서 일을 하고 있던 친척의 소개로 2011년에 한국에 왔다. 많은 사람들이 조선족이나 재일교포라는 말은 익히 들어 알지만 '고려인'이라는 말에는 고개를 갸우뚱한다. 그만큼 한국인과 고려인 사이에 교류가 없었다는 말일 것이다.[*]

국내에 체류하는 고려인 동포의 수가 얼마나 되는지 정확한 통계는 없다. 정부에서 출입국 외국인 정책 통계를 낼 때 중국 동포와 러시아 동포들은 중국인, 러시아인과 구분하여 출입국 현황을 파악하지만 우

---

[*] 고려인의 역사는 한과 슬픔의 이민사이다. 1860년대, 배고픔을 못 이겨 연해주로 이주한 조선 농민들로부터 시작해 고려인의 역사는 2015년 고려인 이주 151년이 된다. 일제강점기에 연해주는 우리나라 독립운동의 근거지이자 피난처 역할을 했다. 그러다 1937~1939년 사이 스탈린에 의해 연해주 거주 조선인들은 불모지였던 중앙아시아로 강제이주 당한다. 강제이주는 한인 지식인의 사전 처형에서부터 시작되었다. 1936년부터 2500여 명의 한인 지식인들이 이유도 모른 채 체포되어 일제의 스파이라는 누명을 쓰고 처형당했다. 고려인 사회의 공포가 정점에 달했을 때 강제이주가 이루어졌다. 한 칸이 3층으로 나누어져 허리도 제대로 펼 수 없는 화물기차로 고려인들은 수송당했다. 사람들은 어디로 가는지도 알지 못한 채 시베리아를 횡단했다. 식량 배급과 화장실은 없었고 수송 중 번진 홍역으로 어린아이들의 60%가 생명을 잃었다. 고려인을 실은 비극의 수송 열차는 구소련의 동쪽 끝부터 서쪽 끝까지 한 달을 달려 겨울의 중앙아시아에 고려인들을 팽개쳤다. 가까스로 살아남은 자들은 땅굴을 파고 살면서 땅을 갈고 챙겨 온 볍씨를 뿌렸다. 중앙아시아에서 살아남은 고려인 사회는 구소련이 와해되면서 다시 위기에 처한다. 15개국으로 나누어진 각각의 국가들이 정체성을 확립해가는 과정에서 고려인들은 소련 시민에서 독립 국가의 소수민족이 되었다. 공용어였던 러시아어가 폐기되고 자민족어가 공식어가 되면서 러시아어밖에 모르는 중앙아시아 고려인들은 안정적이던 일자리에서 쫓겨나고 사회경제적으로 많은 차별을 받게 된다. '강제이주 되면서 고려말(함경도식 방언)도 잃어버려 반러시아인 다 됐는데 이제 자식들 우즈베키스탄 말까지 배워놓으면 뭔 종자 되겠소.' 150년 동안 정체성을 지켜온 고려인들은 언어, 문화의 적응 문제와 자녀들의 불안한 미래 때문에 다시 중앙아시아를 떠나 유라시아 곳곳을 떠돌고 있다. 중앙아시아 대부분 국가들이 평균 임금 150달러 수준에 불과한 농업국가여서 경제적 문제가 크다. '또 어디로 가서 살아야 할지 모르겠다.' 고려인들은 끝나지 않는 이주의 삶을 살고 있다.

즈베키스탄, 카자흐스탄 등 중앙아시아 고려인 동포들은 중앙아시아 민족과 구분하지 않고 있기 때문이다.

나타샤의 비자는 동포 취업 비자인 H2비자**다. 이 비자는 조선족 과 고려인 동포들을 위해 정부가 만든 동포 비자다. 이 비자를 받으면 한국에서 3년까지 체류한 후 출국했다 결격 사유가 없으면 다시 들어 와 1년 10개월을 연장해 체류할 수 있다. 취업처가 정해지지 않아도 입 국할 수 있다.

유해물질에 노출된 노동환경, 최저임금에서 '소개비'도 떼여

나타샤는 고려인들이 흔히 그러듯 한국에 올 때 2000불을 가져왔 다. 1000불은 비자와 비행기 값으로 쓰고, 나머지 1000불은 직장을 구할 때까지 쓸 생활비와 보증금이다. 이 돈이 떨어지기 전인 한두 달 안에 직장을 구해야 하는데 다행히 땟골은 일할 곳이 많아 대개 쉽게 일자리를 구할 수 있었다.

** 국내 고려인들의 체류와 노동문제를 이해하기 위해서는 중앙아시아의 정치·경제적 상황과 방문취 업(H2)과 재외동포(F4) 비자를 정확히 알아야 한다. 고려인 동포들이 한국에 체류하기 위해 받을 수 있는 비자는 단기방문(C3), 유학(D2), 고용허가제(E9), 재외동포(F4), 방문취업(H2), 결혼이 민(F5)비자 6가지 정도이다. 이중 고려인, 조선족 동포에게만 발급하는 비자가 재외동포(F4), 방 문취업(H2)이고 중앙아시아 고려인 대부분이 이 비자로 한국에 입국하고 있다. 이 두 비자의 입국 수로 고려인 체류 규모를 짐작해보면 대략 3만여 명이다. 중앙아시아, 러시아의 전체 고려인 수를 50만 명 규모로 볼 때 국내에 거주하는 3만 명은 약 6% 수준이다.

4. 우리에게 일할 권리를

나타샤가 땟골에 들어와서 제일 먼저 소개받은 공장은 도금업체였다. 황산, 니켈, 염산 등의 화학약품이 담긴 통에 도금할 물건을 넣었다 빼는 일이었다. 나타샤는 처음 보는 화학약품들이 무서웠다. 일도 손에 익지 않아 힘들었다. 그러나 바로 일을 구할 수 있다는 것만으로 감사했다. 공장장은 생각만큼 위험한 일이 아니라며 약품이 몸에 튀어도 일주일이 지나면 괜찮다고 했다. 하지만 약품이 얼굴이나 목에 튀면 빨갛게 부어올랐다.

땟골에서 고려인들이 구할 수 있는 일은 한국인들이 피하는 3D 업종이다. 대부분 안산 지역의 도금업체와 염색업체로, 직업소개소 소속 파견인력으로 근무한다. 인력난에 허덕이는 대표적 3D 업종인 안산 도금업체들의 빈자리를 고려인 이주노동자들이 채우고 있지만 어느 곳에서도 근로자로 대우받지 못한다.

안산 땟골에는 주로 핸드폰의 내·외장용 부품을 도금하는 전자제품 도금업체와 자동차부품 도금업체, 액세서리 도금업체들이 있다. 이러한 업체 대부분이 직원 수 5~10명 규모의 작은 영세업체로 일의 특성상 늘 유해물질에 노출되어 있어 작업장 환경이 좋지 않다. 재해 위험이 크지만 언어 장벽으로 인해 기계 사용법이나 사용 물질에 대한 교육이 제대로 시행되지 않고 관리자의 시연을 보고 작업을 배우는 실정이다.

나타샤는 지금 염색업체에 다니고 있다. 아침 7시부터 일이 시작하기에 한 시간 전인 6시까지는 직업소개소에 나가야 한다. 다른 고려인들과 모여 있으면 소장이 작업을 배치한다. 고려인들은 최저임금 시급으로 일당을 받는다. 일당제라 조금이라도 더 일하려 하다 보니 보통

밤 9시에 퇴근을 하고 10시에 땟골로 돌아온다.

아침 7시에서 저녁 9시까지 꼬박 14시간을 일하고 오면 일당의 최저 10%에서 20%까지는 소개비로 소장이 떼어간다. '소개비'라는 이름은 쓰지 않고 근무지까지 데려다주는 교통비, 장비대여비 명목 등으로 떼어간다. 결국 14시간 일하고 손에 쥐는 것은 5만 원 남짓이다. 그래도 나타샤는 도금, 염색 공장 일은 계속 있어 다행이라고 생각한다.

땟골에는 수많은 '나타샤'가 산다

나타샤는 다섯 살 아들을 고향의 친정 부모님게 맡기고 한국에 왔다. 어린 아들은 짧게는 3년, 길게는 5년 동안 엄마 나타샤와 떨어져 지내야 한다. 땟골에는 고향에 아이를 두고 온 비슷한 처지의 고려인 언니들이 많다. 한 번이라도 아이를 한국에 데려와 며칠이라도 같이 있고 싶은 것이 이들의 소망이지만 비행기 값이 비싸 꿈도 꿀 수 없는 일이다.

러시아에서 온 따냐는 나타샤와 달리 F4비자로 아홉 살 딸과 함께 땟골에 살고 있다. F4비자는 단순노무를 할 수 없는 비자라 야간에 몰래 불법으로 일을 할 수밖에 없다. 땟골에서 고려인 여러 명이 단속에 잡혀가던 어느 금요일 밤, 따냐도 단속반에 걸려 수감자복을 입고 구치소에 갇혔다. 휴대폰도 빼앗겨 집에 혼자 남아 있는 딸아이에게 연락을 할 수도 없었다. 벌금을 내겠다고 했지만 단속반은 금요일 밤이

라 안 된다고 했다. 벌금은 계좌이체로는 받지 않고 오직 현금만 받는
다고 했다. 속이 새까맣게 타들어갔지만 따냐는 월요일까지 구치소에
갇혀 있을 수밖에 없었다. 거의 두 달 월급인 200만 원을 벌금으로 내
고 3일 만에 풀려난 따냐는 딸아이를 부둥켜안고 서러운 현실에 목놓
아 울었다.

고려인들이 한국에 오는 이유는 돈을 벌어 조금이라도 안정적인 생
활을 하기 위해서지만 주 러시아 한국공관은 고려인 동포에게 취업비
자인 H2를 잘 주지 않는다. 4년제 대학을 졸업했을 경우에는 대부분
F4비자를 받게 되는데 단순노무 일을 할 수 없는 비자라 불법 노동을
하게 만든다. 땟골 고려인들의 소원은 한국의 법에 맞게 살면서 정당하
게 일하고 급여를 제때에 받는 것이다.

우즈베키스탄 고려인인 나타샤는 한국에서의 일이 끝나면 어디로
가야 할지 막막하다. 중앙아시아의 불확실한 미래와 불안정한 삶을
피해 다른 고려인들처럼 조상들이 처음 뿌리를 내렸던 또 하나의 고향
러시아 연해주로 이주를 해야 하는 것일까. 모국에서 합법적으로 일하
며 안정적으로 살 수는 없는 것일까.

오늘도 묵묵히 나타샤는 염색공장으로 일을 하러 간다.

1980년대 노동 현장이 그대로 멈춰 있는, 그래서 성희롱이 일상이 된
안산 땟골에 오늘도 수많은 나타샤가 산다.

최
성
미

시각장애 1급 여성이
일을 한다는 것

시각장애 안마사 여성의
노동과 삶

30대 중반, 뒤늦게 시력을 잃다

혜정(가명) 언니는 1급 시각장애를 가진 중년 여성이다. 언니와 난 지난해 봄 즈음에 보건복지부가 제공하는 방문안마서비스 제도를 통해서 만났다. 기초생활수급권이 있는 1~2급의 중증장애인과 65세 이상의 노인을 대상으로 시행되는 서비스인데, 혜정 언니는 1급 시각장애 여성 안마사이다.

다양한 사회 정보를 접하기 힘든 중증장애인과 노령의 사람들은 이러한 제도가 있다는 사실을 아는 것도, 그래서 서비스를 받고 그러한 노동자를 만나는 일도 사실 쉽지 않다. 혜정 언니와 나는 일주일에 한번, 한 시간씩 6개월을 만나면서 장애 여성이라는 공통점으로 인해 서로에게 큰 거부반응 없이 가까워졌고 사소한 삶의 이야기들을 나누며 친해졌다.

혜정 언니는 30대 중반까지는 비장애인으로 평범한 일상을 살아왔다고 했다. 평범하게 학창 시절과 청년 시절을 보냈고, 결혼생활도 행복했고 직장생활도 즐겁게 했다.

그런 언니에게 갑자기 문제가 생겼다. 시력에 적신호가 왔다. 녹내장과 포도막염이라는 진단을 받았다. 그 뒤 청천벽력 같은 시각장애를 맞으며 언니는 긴 시간 동안 자기 자신과 힘겹고 처절하게 싸워야만 했다. 혜정 언니는 그 힘든 시간을 고스란히 맨몸으로 맞섰다. 그 힘든 시간을 거치며 이혼을 선택했고, 아들과 헤어지는 시련을 감수해야 했다. 그리고 중도장애라는 끔찍하고 무서운 장벽을 홀로 넘어서야 했다.

중도장애인으로 시각장애인 안마사가 되어보니

언젠가 언니에게 이런 질문을 던진 적이 있다.

"언니는 자신의 장애를 처음 받아들일 때 어땠어요? 물론 말도 못하게 힘드셨겠지만, 저처럼 비장애였던 기억이나 좀처럼 자신의 뜻대로 내 몸과 의사표현을 마음껏 해본 경험이 없는 중증장애인은 언니와 같은 중도장애인을 이해하기가 다른 비장애인들보다 오히려 더 힘들었어요. 그래도 중도장애인은 맘껏 움직여봤고 보고 싶은 것도 많이 봤을 테고, 뭐 그런 막연한 타인에 대한 부러움 같은 거 있잖아요? 저는 언니를 이해하고 언니에게 좀 더 가까이 다가가고 알고 싶지만 저 역시 언니를 다른 사람보다 더 잘 이해한다는 건 조금은 어불성설이라는 느낌이 들어요. 언니는 어떠셨어요?"

"물론 성미 씨의 말에 충분히 공감해요. 나 역시 중증장애인인데 가끔은 다른 유형의 중증장애인에게 까닭 모를 시샘과 역차별 같은 느낌을 받아본 경험이 적지 않아요. 그 사람이나 나나 같은 중증장애인인데 내가 장애인에게 쉽지 않은 경제활동을 한다는 이유로 조금은 불편한 태도로 나를 대하죠. 하지만 그 사람들은 시각장애 1급의 여성이 일을 한다는 건 목숨과 맞바꾸는 위험을 직면할 수도 있다는 사실을 전혀 알지 못하는 것 같아요. 같은 장애인이면서 내가 아닌 다른 장애인의 입장을 보듬으려 하지 않는 거죠. 하지만 난 그건 별로 중요하지 않다고 생각해요. 내가 처음으로 시각장애인으로서 일을 하기 시작했을 때는 스스로 내 일에 대한 자긍심도 없었고 부끄럽고 힘든 일이 싫어서 벗어나고자 하는 마음이 컸어요. 참, 뭐가 뭔지도 모르고 철도 없었던 것 같아요. 무작정 예고 없이 내게 다가온 장애가 두렵고 싫었어요. 그래서 평소 전혀 생각지도 않았던 이혼이라는 선택도 했던 것 같고요. 하지만 후회는 안 해요. 그때는 그런 선택이 내가 할 수 있는 최선의 길이었다고 믿어요."

내 질문에 담담하게 답변을 해주는 언니를 마주하며 새삼 나와 다른 유형의 장애 여성의 삶과 감정을 공유하는 것이 기쁘고 감사했다.

혜정 언니는 자신에게 닥친 시각장애라는 엄청난 변화와 더불어 이혼과 함께 맞닥뜨린 생활고라는 현실을 감당해야 했다. 그래서 2년간 직업학교를 다니며 안마사 자격증을 취득했고, 현재 우리 사회에서 시각장애인이 할 수 있는 경제활동으로는 유일하다시피 한 안마사로 일하게 되었다. 여성이면서 나이도 많은 언니는 기술을 배우는 과정이 다른 남성이나 젊은 동료들에 비해 힘들고 어려웠다고 한다.

어느 집단이나 그러하듯 기득권 위치에 있는 시각장애인들은 중도장애인인 혜정 언니를 달가워하지 않았다. 대부분의 시각장애인들은 중·고등학교 때부터 침술이나 안마를 배워서 학교를 졸업하면 안마사 자격증을 취득하게 된다. 안마사 자격증을 취득하고 다시 사회에 나온 혜정 언니는, 어릴 적부터 장애를 갖고 맹아학교를 졸업한 사람들한테서 보이지 않는 배척을 당하기도 했다. 그네들에게는 어려서부터 줄곧 함께해온 학교 동창이거나 같은 단체에서 맺는 인연이 있었다. 언니는 그들의 은근한 따돌림을 견뎌야 했다.

혜정 언니는 그때 이야기를 들려주며 이런 얘기를 했다.

"성미 씨, 난 멀쩡히 내 눈으로 보고 내 다리로 걸어 다닐 때도 잘 넘어졌어. 돌부리에 걸려 넘어지고 잘 다니던 길에서 턱을 못 보고 걸려 넘어지고. 그랬던 내가 완전한 시각장애인이 된 다음에 기술을 배우러 다니고 일을 하러 다니며 얼마나 무서웠는지 알아? 한 발짝 바로 앞이 살얼음판이었고, 천 길 낭떠러지 같았어요."

고단한 육체보다 힘든 건 '안마업' 천시하는 사회적 편견

이렇게 힘들고 긴 터널 같은 어두운 시간을 통해 얻어낸 자격증을 토대로 혜정 언니는 일을 시작하게 되었다. 그러나 언니가 시작한 중증장애 여성으로서 제2의 인생은 참으로 수난의 길이었다. 하루 종일 가냘픈 손목과 허약한 몸으로 여러 사람의 몸을 마사지하고 나면 밤엔 그야말로 녹초가 되어버리기 일쑤였지만, 이튿날 아침이면 부어오른 팔과 다리를 무시하고 다시 일터로 향해야 했다.

하지만 언니를 정말 힘들게 하는 것은 육체적 고단함이 아니었다. 우리 사회에 뿌리 깊게 자리 잡은 편견이 더욱 혜정 언니를 힘들게 했다. 안마나 마사지를 생업으로 하는 시각장애 여성들을 향해 당연하게 행해지는 무시, 안마업을 퇴폐적으로만 보고 안마업 자체를 천시하는 사회적 편견 등이 언니를 더욱 힘들게 했다. 혜정 언니는 정당한 사업 허가를 낸 안마원에서 일을 하지만 사회에서 그녀를 바라보는 시선은 '퇴폐업소에서 일하는 시각장애를 가진 장애 여성'에 불과했고, 가끔은 언니에게 성매매 행위를 요구하기도 한다. 또 수많은 동정의 시선도 견뎌내기가 힘겹다.

혜정 언니가 일하는 노동 현장에서도 차별과 편견은 만연해 있다. 엄연한 서비스직에서 정당한 노동의 대가로 받는 임금은 비장애인들과 차별되어 있고, 안마나 침술을 받으러 내원한 손님들의 태도는 가끔 언니를 기막히게 하는 경우도 많았다.

"너무 피곤해서 몸을 풀러 왔는데 장애인이 내 몸을 여기저기 만지는 것이 불쾌하다. 다른 멀쩡한 서비스원을 배치해달라!"며 억지를 부리는 손님이 있는가 하면, 언니가 정말 시각장애인이 맞는지 확인하고 싶은 호기심에 얼굴 바로 앞에서 손을 흔들어보거나 폭력적 손짓을 취하는 사람도 있다.

안마실에 들어오면서 완전한 알몸으로 가운 한 장만 걸치고 들어와 언니를 당혹하게 하고, 시술 과정에서 사용하는 재료를 언니의 손이 닿지 않는 곳에 살짝 치워버려 언니가 당황하며 허둥대는 모습을 보며 즐기는 나쁜 손님도 있다.

또 100kg에 육박하는 운동선수와 같은 근육질의 손님을 손목이 시큰거릴 만큼 최선을 다해 안마서비스를 하고 나왔는데 자신의 신체 조건은 전혀 생각지 않고 서비스에 불만을 품고 항의해 언니의 몸과 감정을 처참하게 만드는 손님도 있다고 한다.

이렇게 힘들게 일하지만 언니가 받을 수 있는 임금은 결코 넉넉하지 않다. 그래서 혜정 언니는 아르바이트 삼아 보건복지부에서 시행하는 방문안마서비스 일을 겸하고 있다. 하지만 이 일을 하는 데에도 여러 가지 시련들이 있다.

방문 서비스인 만큼 시간을 조율하는 문제부터 이동의 제약과 두려움, 서비스를 받는 빈곤층 약자들과의 소통(이 서비스를 받으려면 당사자가 얼마의 서비스 이용료를 내야 하는데 서비스 이용자들은 안마사는 왠지 자신들보다 형편은 좀 나을 것 아니냐며 은근히 비용을 부담하는 것을 불편해한다) 등등. 게다가 언니가 이동할 때마다 100% 이용해야만 하는 택시비도 무시할 수 없는 고충이다.

더구나 이용자 모집까지 혜정 언니 스스로 해야 한다. 정부나 시·구 차원에서 널리 홍보하고 이용자를 모집하면 시각장애인들의 일자리 창출 면에서도 이롭고 소외된 노령의 어르신이나 중증장애인들의 건강에도 많은 도움이 되는 충분히 좋은 제도인데도, 서비스 홍보와 이용자 모집을 시각장애인 노동자 개인에게 떠맡긴다는 현실이 놀랍고 한편으로는 분노가 인다.

일은 나를 '나'이게 하는 원동력이에요

혜정 언니는 몇 년 동안 힘들게 노동한 것을 기반으로 얼마 뒤면 새 집으로 이사하고 그동안 떨어져 지내온 아들과 친정어머니도 모셔와 함께 살 계획이다. 언니는 바쁘게 일하는 틈틈이 시각장애인협회에서 동료들을 상대로 상담 일을 맡아 하는 등 자신의 발전을 위해 끊임없이 노력하고 있다.

혜정 언니와 인터뷰를 마칠 즈음에 언니가 문득 이런 말을 건넸다.

"성미 씨, 난 나를 바라보는 다른 사람들의 시선은 의식하고 싶지 않아요. 난 일을 하면서 힘겹고 아픈 시간을 이겨낼 수 있었어요. 난 장애를 갖게 되면서 일상의 고마움을 깨닫게 되었고, 이혼을 통해서 내가 내 아들을 얼마나 사랑하는지 알게 되었어요. 내게 있어서 이 일은 나를 나이게 하고, 엄마이게 하고, 또 사람이게 하는 원동력이에요. 난 내가 일할 수 있다는 것이 참 행복해요. 성미 씨가 장애인들의 인권과 장애인들의 현실을 세상에 좀 더 알리기 위해 펜을 들었듯이, 난 몸과 마음이 아픈 사람들을 위해 일할게요. 우리 지금처럼 밝고 씩씩한 모습으로 서로의 삶에서 열심히 지내요!"

자신이 처한 현실과 노동 강도는 누구 못지않게 힘겹고 팍팍하지만 항상 긍정적이고 상대를 먼저 배려할 줄 아는 언니의 모습과 마음이 나는 참 좋다. 혜정 언니와 만난 것처럼, 나와 다른 유형의 장애 여성의 삶과 생각을 공유할 수 있는 기회를 앞으로도 많이 만들고 싶다.

안
미
선

비혼모에게
일할 권리가 있습니까?

싱글맘
수진과 혜진을 만나다

　수진(34세)과 혜진(33세)을 만났다. 둘은 공통점이 많았다. 또래인 네댓 살 아이를 둔 점이 그랬고, 나이가 엇비슷했고, 무엇보다 미혼모*로서 일하며 겪은 경험들이 그랬다. 싱글맘으로서 일을 하려 했을 때 맞닥뜨린 문제점이 무엇인지, 그리고 어떤 점을 바라는지 그들은 솔직히 들려주었다.

---

* "통계청 인구조사 자료를 보면, 2000년 11만 7000여 명이었던 미혼모는 2010년 16만 6000여 명으로 5만 명 가까이 늘었다. 한국여성정책연구원이 2009년 전국 48개 기관 430명의 미혼모를 대상으로 벌인 실태조사 결과를 보면, 미혼모 10명 중 9명(89%)은 '우리 사회의 미혼모에 대한 편견과 차별이 심각하다'고 답했다. 또한 아이를 입양한 가정은 조건 없이 월 13만 원의 양육비를 지원받지만 미혼모 가정은 월 7만 원에 불과하다."—「"왜 미혼모 됐나" 질문이 싫어요」, 『한겨레』, 2013. 4. 11.

수진의 이야기

편의점 사장에게 울며 매달렸는데

임신 5개월이 되었을 때 수진은 처음 임신 사실을 알았다. 돈이 없어 병원에 갈 수 없었다. 처음에 죽을까 싶었다. '아이를 지울 수 없었고 혼자 살 수도 없었고 낳는다 해도 키울 자신은 더더군다나 없었기' 때문이었다. 아이를 낳을 결심을 했을 때, 편의점 아르바이트를 시작했다.

"불러오는 배를 복대로 감싸고 편의점 아르바이트를 시작했어요. 밤낮으로 대타까지 뛰어주며 열심히 일했어요. 겨우 아기 낳을 때 쓸 병원비 정도 마련했을 즈음 같이 일하던 아주머니가 제 배를 만져보고 임신을 알아차리고 사장님께 말씀드린 거예요. 울며불며 사정을 얘기하고 매달렸지만 그날 바로 퇴사 처리되었어요. 일한 알바비도 다음 달 겨우 받았고요."

억울하지 않았냐고 묻자 그녀는 고개를 저었다.

"그때 당시는 그게 억울한 건지도 몰랐어요. 미혼모에 대한 편견이 저도 되게 컸으니까요. 사장한테 어떻게든 일하게 해달라고 울면서 빌었는데 그날 바로 잘려버렸거든요. 그다음부터는 취업의 문을 두드릴 의지가 안 생겼어요. 그런 의지가 완전히 꺾였고……."

임신과 출산으로 인한 차별은 우리나라에서 법적으로 금지되어 있다. '남녀고용평등과 일·가정 양립 지원에 관한 법률'은 혼인 여부에 관계없이 임신한 여성이면 누구나 임신과 출산, 육아에 여성노동자로서 권리가 있다고 되어 있다.** 그러나 임신했다는 이유만으로 그녀는 해고당했다.

입양되기 하루 전, 돈 주고 다시 찾아온 아기

처음으로 간 병원에서 수진은 "소리 한 번 지르지 않고 조용히 울면서" 아이를 낳았다. 방법이 없어 보여 입양***을 결정했다. 초유라도 먹이고 싶어 아이를 데리고 월세방에서 열흘을 보냈다. 남은 돈이 다 떨어지자 입양기관에 아이를 맡기고 돌아섰다. 아이는 바로 입양이 결정이 되었다. 죽고 싶었다.

"애기를 기관에 보내고 열흘 동안 죽 한 숟가락도 떠넘기기 힘들었어요. 물 한 모금도 넘기기 힘들더라고요."

아이가 입양되기 하루 전, 수진은 기관에 전화해 아이를 다시 찾아오겠다고 했다. 돌봐준 것에 대해 돈을 지불해야 아이를 찾아올 수 있다 해서, 지인에게 사정해 돈을 빌렸다. 20만 원을 주고 아이를 찾아올 수 있었다.

** 남녀고용평등과 일·가정 양립 지원에 관한 법률 제2조(정의) 1. "차별"이란 사업주가 근로자에게 성별, 혼인, 가족 안에서의 지위, 임신 또는 출산 등의 사유로 합리적인 이유 없이 채용 또는 근로의 조건을 다르게 하거나 그 밖의 불리한 조치를 하는 경우를 말한다.

*** "2012년 복지부의 입양 통계는 입양 아동 10명 중 9명이 '미혼모' 가정 출신임을 밝혔다. 한국은 세계 4위의 해외 입양국이다. 공식적으로 2010년까지 16만 4894명의 아동이 해외로 입양되었다. 국내 입양과 해외 입양에서 미혼모가 낳은 아이들이 80%를 웃돌며 2002년과 2004년에 해외 입양아의 100%가 미혼모가 낳은 아이들이었다."―『제3회 싱글맘의 날 국제 컨퍼런스 자료집』

동사무소에 찾아갔다. 도와달라고 했지만 동사무소에서는 어떻게 도와줘야 할지 알지 못했다. 아기와 찜질방에서 지내기도 했다. 동네 언니가 시청에 건의를 해줘서 시청에서 조사를 나왔다. 긴급 주거 지원과 위기 지원 서비스를 받을 수 있었다. 전세임대주택에 들어가 적어도 10년은 쫓겨나지 않을 집이 생긴 것이다.

"이제 아이랑 먹고 살려고 부업을 했어요. 집에 일감 가져와 납땜을 하고. 납땜하고 2원, 3원 치는 거, 손에 익지 않은 거 종일 해서 몇 백 원 만들고 몇 천 원 만드느라 힘겨웠어요. 도저히 돈이 안 되더라구요. 나중에 파지를 주우러 다녔어요. 폐지 1kg에 100원이 넘어요. 택배 박스를 차곡차곡 모아 갖다주면 돈 1000원이 되는 거예요. 그래서 애기 낳고 얼마 있다 폐지를 계속 주웠어요. 많은 벌이는 아니더라도 차라리 폐지 줍는 게 낫다 싶어서 한동안 주웠어요. 별짓 다해봤네, 나도."

아이는 계속 아팠다. 수진은 기초생활수급자가 되었다. 그 후 수입은 안 되지만 초기 한부모에게 조력자 역할을 하는 한부모 지원 상담 일도 했다. 그러면서 다른 싱글맘들이 겪는 어려움을 가까이서 살펴보게 되었다.

미혼모라서 '나는 안 되는구나' 포기하게 되죠

"미혼모들이 일자리를 잡을 때 힘든 건 시간 땜에 힘들어요. 통근 시간에 근무시간 다 계산하면 어린이집에 여덟 시간 이상 맡겨야 하는데 어린이집에도 부수적인 비용이 들어가고 일하는 시간이 제한되지요. 애들이 면역력이 약해 자주 아프니까 애 아플 때 빠지거나 조퇴하는 거 감안해 직장을 구해야 하니, 식당이나 허드렛일 같은 거, 청소 같은 거 알아보구요. 정규직은 아예 안 돼요."

그래서 주변의 미혼모들은 미용 일이나 서비스직 일을 하거나 바리스타 같은 자격증을 따기 위해 노력한다. 자신의 가게를 바라는 큰 이유 중 하나는 아이를 옆에 두고 일할 수 있다는 점 때문이다. 재택근무로 아르바이트를 하기도 한다. 학생들의 숙제를 정리해주는 일 같은 아르바이트를 한시적으로 하는 미혼모들도 주변에 있다고 했다.

"미혼모의 노동권을 보장받으려면 우리를 바라보는 시선들이 바뀌어야 해요. 사람들의 편견 때문에 일하는 데 지장이 있고 일하기 힘들어지는 때가 많아요. 우리의 노동권을 보장받으려면 같이 일하는 노동자들한테도 우리가 요구할 수 있는 부분이 있어요. 그런 것도 우리가 많이 목소리를 내서 얘기해야 할 것 같고 사회적 인식 개선이 되어야 노동권도 보장이 될 수 있을 것 같아요. 우리가 일하러 갈 때 처지를 배려해 일을 할 조건을 만들어달라는 거지요. 지금은요, 미혼모들도 자기 상황에 맞는 일자리를 못 찾고 자기를 안 받아줘도 '나니까 안 되는구나' 하고 아이 때문에 포기하는 부분이 있어요. 일은 남보다 더 열심히 할 수 있는데도 잘 받아들여지지 않죠."

일하기 위해 필요했던 건 집, 기본 수입, 아이를 안전하게 돌보는 것, 그리고 '미혼모라서 자르는 게 당연한 것'이 아닌 일터, 그런 것이 상식이 되는 사회였다.

4. 우리에게 일할 권리를

혜진의 이야기

혼자 아이 키운다고 밝히고 났더니

혜진은 아이를 낳고 동네에 있는 생산직 공장에서 일했다. 선풍기를 만드는 곳이었다. 주5일 근무를 고려한 건 아이를 돌보기 위해서였다. 월급은 75만 원 정도였다. 2교대나 3교대로 일하는 공장이 많은데 교대 근무는 불가능하니 아이를 어린이집에 맡긴 동안 정시 출퇴근이 되는 곳을 찾아 일한 것이었다.

"보통 9시에 출근해서 8시에 퇴근하거든요. 선풍기 만드는 데서 기본으로 여덟 시간을 서서 일했어요. 그렇게 서서 일해도 하루 일당이 4만 원밖에 안 되었어요. 점심도 싸갖고 가야 하고 간식도 저희 돈으로 해결해야 했는데, 애 있어서 회식 자리는 못 끼죠. 그럼 '누구는 애 안 키우나? 지 혼자 키우나?' 하고 안 좋은 시선으로 봐요. 처음에는 말 안 했어요. 굳이 먼저 '저 미혼모예요' 라고 말할 필요는 없으니까요. 그러다 일하다 친해져서 미혼모라는 사실을 밝혔거든요. 밝히고 나니 저를 대하는 태도가 조금씩 달라지더라구요. 처음엔 안 그랬는데 제가 미혼모라는 걸 밝히고 나니 뭘 실수하면 '너 그러면 자른다, 자른다' 이러는 거예요. 자꾸 그러니까 속상하더라고요.

그 전에는 밤늦게 전화 오고 이런 게 없었어요. 그런데 아이를 혼자 키운다 하니 밤이든 새벽이든 아는 분들이나 사장님이 전화를 해대는 거예요. '새벽에 술 한잔 하자', '야, 너 늦게 들어가도 괜찮잖아', '뭐

어때, 애 맡겨놓고 나와서 한잔 하자. 남편이 있냐, 뭐가 있냐?' 이런
식으로. 특히 남자들 같은 경우는 예전엔 그러지 않았는데 혼자 산다
는 거 알고 나서는 집적대거나 만만하게 보는 경향이 있더라구요. 남
편 없는 거 뻔히 알면서 일할 때 저한테 농담할 때도 '남편 안아주듯이
그렇게 (선풍기를) 안아서 일을 해야지' 이런 식으로 깔보고 한 단계 낮
춰서 보죠."

혼자 키운다고 말하는 순간 차별을 받게 된다는 것을 혜진은 깨달
았다. 일터에서 성희롱으로, 일상적인 협박으로, 보이지 않는 무시로
고통은 가중되었다. 결국 그녀는 일을 그만두게 되었다.

"원래 그만두려고 했던 게 아니었어요. 우리 아이가 천식이 있고 기
관지가 약해서 감기가 자주 걸리거든요. 아이가 열감기로 앓아 그날
일을 못 나가겠다고 하니 '야, 맡기면 되지, 왜 안 나와! 그만둬!' 이러
더라구요."

화가 났다. 똑같은 입장에서 다른 엄마들이 아이가 아프다고 쉬었
을 때는 회사에서 별 말을 안 했는데 자신에게 다르게 대한 것이었다.
"단지 내가 아이를 혼자 키운다고 말했을 때부터 나를 대하는 태도가
변해온 거니까" '그만두라'는 말뿐 아니라 자신을 그동안 한 단계 낮
춰 대한 일터에 '자존심이 너무 상해서' 더 일하고 싶지 않았다. 미혼모
인 자신에게 "대놓고 그만두라는 소리는 못하고, 애 아프다 하니 빌미
삼아 그만두라"고 말한다는 것을 느꼈다.

시급도 제대로 주지 않던 회사였다. "최저임금 주세요! 제가 일한 대
가를 주세요! 그렇지 않으면 노동부에 신고할 거예요!" 마지막으로 요

구했다. 밀린 임금을 받고 혜진은 그렇게 일터를 그만두게 되었다.

어떤 차별보다 '취업할 때' 느낀 차별이 가장 커

"혼자 산다고 하면 그때부터 보는 시선도 안 좋고 본의 아니게 부딪히죠. 대놓고는 아니지만 그런 분위기가 있기 때문에 많이 힘들죠. 어쨌든 아이랑 먹고살아야 하니까 벌기 위해 버티긴 버티는데 그런 게 가장 힘들어요. 확실히 느낀 게 뭐든 당당해야 하는 것 같아요. 내가 당당하지 않으면 사람들이 우습게 봐서 좀 성격이 드세질 필요가 있더라구요, 너무 드세도 문제겠지만……. 보통 아이가 아파 일을 그만두는 경우도 많아요. 아이가 감기가 심했는데 제가 일하다 못 봐줘서 이주일 만에 폐렴으로 입원해 일을 그만둔 적도 있고 이번에도 아이가 아프니까……."

자신이 일해서 아이가 폐렴에 걸렸다고 말할 때 혜진의 눈이 붉어지며 눈물이 고였다.

아이는 이제 다섯 살, 혜진은 또 어떤 일을 구해야 할까? 한국여성정책연구원은 미혼모가 사회적 편견과 차별을 가장 크게 느꼈던 적이 '취업할 때'(32.9%)라고 했다. 차별은 이웃 관계에서도(17.4%) 가족 관계에서도(11.2%) 존재했지만 일터에서 가장 많은 차별을 느낀다는 것이다. (2009년)

"아이를 혼자 키워야 하니 어린이집 시간에 맞추어 시간제 일자리를 구하게 돼요. 주말에 일 못 하고. 돌봐주는 곳도 없고. 또 아이가 아프면 어린이집에 못 가잖아요. 수족구는 일주일씩 앓는데 전염병이라고 어린이집에 못 가게 되잖아요. 그런 것까지 고려해서 일자리를 잡으려면…… 저 같은 경우 그렇게 일을 했는데 한 달에 75만 원 이상 넘지 못했어요. 아이는 자주 아프고 일할 시간은 정해져 있고. 그렇게 맞춰 일하다 보면 최저임금을 못 받아요. 아이가 어리면 어릴수록 모든 걸 아이에게 맞춰야 하니까 그게 힘들죠."

일자리가 없었다. 지속적인 일자리를 구할 수 없어 집에서 부업을 했다. 부품을 가져와 20일 동안 하루에 일곱 시간을 앉아서 전선을 꼬고 납땜을 했다.

"쎄가 빠지게 했는데 10만 원 나오더라고요. 먹고살아야 하는데, 일자리가 없는데. 10만 원 받고 내가 진짜 이러고 살아야 하나? 싫었어요. 내가 종일 앉아서 고개 숙여 일하느라 애하고 놀아주지도 못하고 설거지도 못하고 집은 엉망인데 그렇게 한 달 해서 10만 원을 번다니……."

애기 엄마, 하룻밤 재워줄 수 있어?

혜진과 수진은 수급을 받고 있다. 기초생활수급이나 차상위 수급을 받는다는 것은 노동시장에 진입하기 어려운 이들이 생존할 수 있는 마지막 보루일 수 있다. 그러나 동시에 그것은 상처를 주는 '딱지'이고, 벗어나고 싶지만 벗어날 수 없는 '굴레'이기도 하다. 수진이 말했다.

"아이를 낳고 수급자를 신청한 미혼모가 있었어요. 사회복지사 두세 명이 조사를 나왔어요. 그리고 동네 이웃들을 붙잡고 '저 집에 혹시 애기 아빠 같은 사람 드나들지 않느냐? 저 집에 누가 들락거리느냐?' 다 물어보더래요. 의심부터 하고 조사하는 거지요. 그러면 그 친구가 동네에서 살 수 있겠어요? 얼굴 들고 못 살죠. 기준이 엄격해지다 보니까 미혼모인 걸 주변에 숨기고 싶어도 숨겨지지 않는 거예요. 중간중간 조사 나와서 이웃 주민들 다 들쑤시고 다니면 어떻게 숨길 수가 있겠어요. 저도 수급자이지만, 미혼모에 수급자다 하면 바닥으로 보죠."

혜진이 일터에서 경험한 일을 수진은 이제 동네에서도 겪고 있다. 미혼모라는 것이 밝혀지고 나면 지역 동네의 태도도 적대적으로 변하는 경우가 종종 있었다.

"제가 미혼모인 걸 동네에서 알고 나니 동네 아저씨들이 저를 보면 이제 이래요. '애기 엄마, 하룻밤 재워줄 수 있어?', '오늘 가면 저녁 먹여주나?' 되게 기분 나쁘죠. 동네 아줌마가 넌지시 와서 나한테 노래방 도우미나 그런 일 해보라고 소개시켜준다고까지 해요. 이렇게 말하는 사람도 있어요. '요즘 세상 좋아져서, 복지 혜택 좋아져서 혼자 애 키우기 쉽지?' 근데 솔직히 우리는 돈도 벌고 살림도 하고 육아도 해야 하잖아요. 하나부터 열까지 경제적으로 해결하면서 살아야 하는데. 우리 같은 사람이 일반 사람들하고 싸우면 싸움의 끝이 뭔지 아세요? 저 그런 얘기 몇 번 들었어요. '야! 니가 지금 내가 낸 세금으로 먹고살고 있어!' 그 말을 들으면 왜 할 말이 없어지는지……. 그 순간에 화도 안 나고 뭔가 쾅 맞은 거 같고 땅에 기어들어가고 싶은 심정이 들어요."

수진은 싫다. 이런 심정이, 이런 상황이, 이런 말을 들어야 한다는 것이.

국가가 보육 문제만 해결해준다면

"애 걱정만 안 되면 일할 수 있어요. 보육 문제 이게 너무……. 애 돌보는 걱정만 안 하게 해주면 백 프로 나가서 다 일하겠죠. 나라에서 나오는 수급비가 얼마나 된다고…… 정말 더럽고 치사하지만, 아이를 보면서 제대로 된 일을 구하기가 어렵잖아요."

손주돌보미 사업(손주를 돌보는 친할머니나 외할머니에게 월 일정액의 지원금을 지급하는 것으로, 국가가 책임져야 할 보육을 혈연 관계의 노년 여성에게 떠맡긴다는 비판을 받았다)이 서초구에서 시행된 적이 있다. 그것을 보고 수진은 자신들에게도 그런 혜택이 있었으면 좋겠다고 바랐다. 단, 가족의 울타리에서 벗어난 방식으로.

"그런 제도도 할아버지, 할머니, 가족 중심이 아니라 우리한테도 현실적인 것이 되었으면 좋겠어요. 동네에 친한 지인을 지정해 우리 아이를 돌볼 수 있게 하고 그런 지인에게도 나라에서 수당을 지원해줄 수 있다면, 그럼 몇 시간 애를 더 봐줄 수 있기만 해도 일하기가 더 나을 거 같아요."

수진의 수급비는 20일날 들어온다. 공과금과 아이 보험료, 통신비가 나가고 월세가 나간다. 쌀과 반찬과 아이의 옷을 사고, 밀린 겨울

난방비까지 달마다 내고 나면 돈이 금세 바닥이다.

혜진은 지금 제대로 된 수입이 없다. 자활 프로그램을 1년 했지만 아이가 아플 때 혼자 돌보느라 일을 계속 할 수 없었다.

"일자리를 제공해주는 자활교육 있잖아요. 자활 갔어요. 일을 했어요. 그런데 아이가 아파서 돌볼 동안 잠시 일을 그만두게 되어, 나중에 다시 일할 수 있냐고 전화해 물어보면 이렇게 말하죠. '교육이 끝났고 어머니가 취업을 이미 한 거고 그만두셨기 때문에 힘들어요.' 그러면 끝난 거예요. 혼자 벌어 먹고살아야 하는데 아이가 아프면 수입이 없잖아요. 임시로라도 한 달이나 두 달 일을 못하게 되면 도움을 주면 좋은데 아예 그런 지원은 없어요. 일자리를 잡았는데 아이 때문에 잠시 쉬게 되면 그것에 대한 도움이나 배려가 정책적으로 있어야 하지 않을까요?"

그 후 동사무소에서 전화가 왔다. 수급이 끊어질 수 있으니 수급자 자격을 유지하려면 무조건 소득신고를 하라는 것이었다. 혜진은 이제 소득이 없는데도 소득이 있다고 신고를 했다. 그래서 수급비는 거의 받지 못하고 자격만 유지하게 된 셈이다. 그랬던 건, 아이의 의료 혜택과 교육 혜택을 유지하기 위해서였다.

아이가 차별에 익숙해질까 벌써부터 두렵다

혜진이 낮은 목소리로 말했다.

"전 일곱 평 원룸에 살고 있는데, 어떤 때는 애가 감기가 걸려 아픈데 수중에 단돈 1000원이 없어서 병원에 못 간 적이 있어요. 애 기침하고 콧물이 흐르는데, 병원비를 빌려 갈 때도 있어요. 그럼 사람들이 그러죠. '일을 해라.' 모르는 사람들은 '일이 왜 없냐고, 찾아보면 널린 게 일자린데 왜 일을 못 하느냐'고 묻죠. 제 입장에서는 안 그렇거든요. 아이를 돌보고 한정된 시간에 한정된 조건으로 일을 구하는 게 쉽지 않아요."

아이가 슈퍼마켓 앞에서 말했단다. "엄마, 저거 사줘." 혜진은 "돈이 없어, 돈이 어디 있니? 엄마랑 너하고 있는데 맨날 뭐 사달라 그러면 피곤해서 못 산다"라고 말했다. 다음에 아이는 아무 말 안 했다. 가게 앞에 서서 자신을 물끄러미 쳐다봤다. 엄마가 고개를 끄덕이면 허락한 거니까 들어가려고, 엄마가 끄덕하지 않으면 저건 허락을 안 하는 거니까 안 들어가려고. 그때 이런 말을 옆에서 들었다. "혼자 키우는 애 엄마가 얼마나 그랬으면 애가 눈치를 보고 있냐, 엄마가 저러니까 애까지 그러지"라는 말을.

"대한민국에서 산다는 게 너무 어렵다는 걸 그럴 때 정말 느껴요. 살만한 곳이 못 되는구나. 나야 한 귀로 듣고 흘리면 그만이라 해도 아이들은 순수하고 상처받고 마음에 담아두잖아요."

두려운 것은 아이가 차별을 받는 데 익숙해지는 것이다. 어린이집에 가서 맞고 코피가 나도 울지 못하는 아이가, 아이들에게 부당하게 맞아도 나서서 때리기를 망설이는 아이가, 초등학생이 되고 또 다른 사회 속에 나갔을 때 '맞을 만하니 맞았지' 하는 차별에 어쩌면 익숙해질까 봐 벌써 두려운 것이다. 아빠와 엄마, 자식, 이른바 정상가족을 빼고 나머지 삶은 잘못되었다고 단정하는 세상이 두려운 것이다.

한부모가족지원법에는 이런 규정이 있다. "국가와 지방자치단체는 한부모 가족에 대한 사회적 편견과 차별을 예방하고, 사회구성원이 한 부모 가족을 이해하고 존중할 수 있도록 교육 및 홍보 등 필요한 조치를 할 수 있다"(2013년 3월 22일자 추가 규정)

우리가 목소리를 높인다면 사회는 바뀔 거야

수진은 현재 미혼모가족협회의 회원으로서, 〈휴먼 라이브러리〉(사람도서관, 책 대신 이야깃거리를 가진 사람을 빌리는 개념의 프로젝트)에 참가하면서 학생들과 만나며 책임감을 느낀다.

"대학교에 가서 학생들을 만나 '사람책'으로서 제 경험을 들려줘요. 사회복지학과 학생들이 많은데 그 앞에서 말할 때 힘이 실려요. 저 학생이 커서 동사무소, 시청, 구청 같은 곳에서 일할 텐데, 저들의 인식만 개선되어도 우리 아이들이 살 세상이 바뀌겠지, 저 학생들의 인식을 바꾸면 사회도 함께 바꾸어지겠지, 하고 생각하고 하는 거예요."

수진은 무엇보다 이 모든 상황이 변할 수 있는 것이라고 생각하는 것이다. 생존할 권리도, 일할 권리도, 차별받지 않을 권리도.

프랑스의 경우, 혼외 출산이 전체 출산율의 절반으로 늘어나자 결혼 여부에 따라 출산을 구별하던 규정을 2006년에 폐지했다. 자녀를 양육하고 있다면 모든 가구가 출산휴가와 육아휴직, 가족수당, 자녀

양육수당, 보육서비스 혜택을 평등하게 받을 수 있게 되었다. 영국은 미혼모들에게 주택, 건강, 돌봄, 부모 교육, 고용훈련 서비스를 제공한다.

수진은 미혼모로서 자신들이 목소리를 높인다면, 사회가 바뀔 것이라고 믿고 있다.

옆집 부부가 부럽지 않냐고요? 전혀!

혜진이 말했다.

"이웃 사람이 저한테 자주 그래요. '넌 네 아들한테 미안한 생각이 안 들어? 너의 이기심으로 아이한테 아빠를 뺏은 거 아니야? 솔직히 옆집 부부 보면 안 부럽냐?' 전 부럽지 않아요. 왜 부러워해야 하는 일인지 모르겠어요. 내가 부모 없이 자라든 아빠가 없든 엄마가 없든 한국에서 태어나든 외국에서 태어나든 다 내 삶인 거예요. 그거를 왜 불행하다고 생각해요? 전 애가 아파서 제가 일을 못 하고 쉴 때 경제적 여건만 갖추어지면 좋겠어요.

우리 (미혼) 엄마들은 공구를 하나씩 다 가지고 있어요. 못질도 혼자 다 하고 가구도 장난감도 고쳐요. 경제적인 것이 허락 안 돼 불편한 것뿐이지 부러운 게 하나도 없거든요. 그렇게 부러워할 만큼 잘 사는 사람도 없고. 전 모든 사람이 미혼모를 나쁘게 생각한다고 생각 안 해요. 열 명 중에 세 명은 저를 지지해준다고 생각해요. 그걸 위안으로 사는 거지요. 함께 바꿔나갈 게 있을 거예요."

보육 문제를 지역사회와 정부가 함께 공공화의 방안으로 나누고, 임금노동이 정규직화되고 삶의 시간을 점령하지 않는 것으로 재편되고, 다양한 가족이 사회 속에서 공존할 때 미혼모들도 일할 수 있다.

아이와 함께하는 삶을 선택한 미혼모들에게 지금 세상이 허락하는 일자리는 많지 않다. 미혼모 노동자가 곁에서 일할 때, 일하고 싶어할 때, 인간으로 생존하고 싶어할 때, 우리는 노동자로서, 시민으로서 연대하고, 함께 일하고, 양육의 권리를 외치며 서로 곁에 있는 세 사람 중의 하나가 될 수도 있다.

5

설치고 떠들고
연대할래!

스타 강사 되는 것보다
더 꿈같은 얘기들

**학원강사 4인을
인터뷰하다**

이럴 때는 어떻게 대처해야 할까? 아이가 학원 선생님에게 간식을 사달라고 한다. 선생님이 안 된다고 하자 아이는 말한다.

"우리 엄마가 내는 학원비로 선생님 월급 받는 거잖아요."

선생님은 당황한다. 그래도 안 된다고 한다. 아이는 다시 말한다.

"그러면 나 학원 끊어요. 나 학원 끊으면 선생님 잘리는 거 아니에요?"

학원강사는 이럴 때 어떻게 해야 하는 걸까? 학원강사들의 친목모임인 한 인터넷 사이트에 심심치 않게 올라오는 질문이다. 댓글이 달린다. 악의는 없으니 아이를 타이르라는 조언도, 학원에 나오지 말라며 따끔하게 혼을 내라는 조언도 있다. 어떤 말을 받아들이든, 학생 입을 통해 자신의 지위를 확인한 학원강사의 상처가 사라질 리 없다.

학원강사 일을 흔히 '먹물들의 막장'이라고 한다. '가르치는 일'에 막장이라는 단어가 어울리지 않는 것 같지만 그 속을 들여다보면 막장이라 부르는 이유를 안다. 앞서 말한 인터넷 사이트에는 하루에도 여러 질문들이 올라온다. 해고를 하루 전에 통보당했다, 학원 월급이 몇 개월째 밀렸다, 보충수업을 하라며 주말 출근을 요구받았다. 어떻게 해야 하나? 하소연 섞인 물음투성이다. 억대 수입의 스타 강사는 정말 별같이 먼 이야기이고, 200만 원 전후(주 5일 전임강사 기준)의 월급을 받는 대부분의 학원강사들은 이런 고민을 안고 산다.

Y씨 이야기 : 수당도 없이 고무줄처럼 늘어나는 근무시간

국어강사 Y씨는 대학교 3학년 때 강사 일을 처음 시작했다. 원장은 나이가 어려도 학원을 같이 키워갈 사람이 필요하다며 Y씨를 뽑았다. 다만 경력이 없으니 주 2회 수업에 30만 원부터 시작하자고 했다. 10년 전 당시 중학생 과외비도 안 되는 돈이지만, Y씨는 이를 수락했다. 과외 구하기가 쉽지 않았다. 시급 4000원짜리 커피전문점, 편의점 아르바이트와 비교한다면 좋은 조건이었다. Y씨는 아르바이트가 필요한 대학생이었다.

출근을 하자, 원장은 말이 달라졌다. 정규수업이 끝난 후에는 지난 수업에 빠진 학생들을 '보충(보충수업)' 해야 한다고 했다. 퇴근이 한두 시간씩 늦어졌다. 얼마 지나지 않아, 이번에는 시험대비 보충이 있다고 했다. 시험 2주 전부터 쉬는 시간도 없이 수업이 계속됐다. 그런데 보충수업 페이(pay)에 대한 이야기는 없었다. 원장은 원래 학원이 그런 거라고 했다. 대신 식사를 제공한다고 했다. 시험기간 내내 김밥과 컵라면이 나왔다.

그렇게 한 달이 지났다. 월급이 들어오지 않았다. 원장은 열흘 뒤에 돈을 입금해주겠다고 했다. 원래 10일 치는 '깔고' 주는 거라고 했다. 학원은 그렇다고 했다. 원래 그런 게 왜 이리 많은 걸까. Y씨는 생각했다. 열흘을 기다렸다. 월급은 들어오지 않았다. 원장에게 전화를 하니 "그래요? 확인해볼게요"라고 했다. 그러고도 며칠이 지난 후에야 30만 원에서 3.3% 세금이 떼어진 돈이 입금됐다.

7년이 지난 지금, Y씨는 학원강사를 구하는 인터넷 사이트에서 주 5일 수업에 60만 원을 부르는 학원을 종종 본다고 했다. 나아지지 않는 조건들. 그럼에도 Y씨가 할 수 있는 일은 이런 학원에 가지 말라는 내용의 댓글을 다는 것뿐이다.

P씨 이야기 : 학원계의 무시무시한 '관례'

대학생들에게 학원강사는 짭짤한 아르바이트다. 그래서 낮은 임금, 근로계약 불이행 등에 크게 반발하지 않는다. 문제는 그들이 사회로 나와 강사를 직업으로 택해도 이 조건들이 크게 달라지지 않는다는 점이다. 대학생들도 강사 일을 할 만큼 낮은 진입장벽은, 원장들에게 '일할 사람은 많다'는 의미가 된다. 오겠다는 사람이 많으니 지금 있는 사람이 귀할 리 없다. 논술강사로 8개월간 일한 P씨는 이것을 두고, 학원이 강사들을 '저렴하게' 취급한다고 표현했다.

P씨는 1년 전 10개 직영점과 30개의 분원을 가지고 있는 대형 프렌차이즈 논술학원에 취업했다. 3개월 수습기간을 거쳐야 정식 강사로 채용되는데, 수습기간에는 교육과 시강(시범강의)이 주된 업무였다. 정식 강사가 된 후에도 시강은 사라지지 않았다. 주 1회 시강에, 한 달에 한 번은 강사들끼리 편을 나눠 하는 토론대회가 열렸다. 이 모든 것이 업무평가로 이어지는 것은 물론, 미진했을 경우 그 자리에서 원장의 질타를 들어야 했다. 핀잔도, 분필도 날아왔다. 시강과 토론, 발표 준비는 정규수업, 보충수업, 교재 연구, 학부모 상담, 그 외 자잘한 업무들을 처리한 후에나 가능했다.

학원은 학부모 상담도 중시해, 2주에 한 번 전화상담, 한 달에 한 번 대면상담을 강사에게 요구했다. 종일 학부모 상담만 하다 간 날도 있었다. 원장의 요구가 아닐지라도 상담은 강사에게 주요한 업무다. 학부모들은 강사가 조금이라도 자신을 안심시키지 않으면 물건을 교환하듯 담당 강사를 바꾸었다. 경쟁과 긴장의 연속이었다.

강사들은 버텨내지 못했다. 8개월이 지나자, 입사 동기 열두 명 중 남은 이는 네 명에 불과했다. P씨도 학원을 그만두었다. 이직률이 높았다. 그럼에도 학원은 개의치 않아했다. 대형 학원에 들어오려는 강사들이 줄을 서 있었다. 새로 들어온 강사들은 P씨처럼 잠자는 시간을 쪼개 동료 교사보다 자신이 나음을 증명하고, 교육 상품을 팔기 위해 온갖 서비스를 제공한다. 쉼 없이 쳇바퀴를 돌리다 어느 날 지쳐 나가떨어지면, 그 자리에 다른 강사가 들어온다. 그뿐이다.

P씨가 학원을 찾은 이유는 논술이라는 과목이 갖는 매력도 있지만, 취업적령기를 놓쳐버린 그의 나이에도 있었다. P씨와 다른 동료들은 스스로를 사회적 '뻐꾸'라 불렀다. 고시 공부를 하거나 취업을 준비하다 나이를 먹어 학원계로 발을 들인 사람들. 임용고시 준비 시절 아르바이트로 시작한 강사 일이 낙방과 함께 직업이 되어버린 사람들. 더는 갈 곳 없는 사람들이라 했다. 그래서 학원강사 일은 '먹물들의 막장'이라 불린다.

그러나 숨 쉬기 힘든 캄캄한 지하 땅굴이 없다면 막장이 아니듯, 학원강사가 막장이라 불리는 데는 노동조건이 크게 작용한다. 원장들이 따르는 학원계의 '관례'는 무시무시하다. 시간외근무수당 지급을 무시하고, 퇴직금과 연차휴가, 해고 1개월 전 통보 등의 의무를 무시한다.

인터뷰에 응한 네 명의 강사에게 물었다. 근로계약서를 작성한 적이 있는가. 단 한 명만이 답했다. (이 강사는 계약서를 작성한 학원에서 당일 해고를 문자로 통보당했다. 계약서가 무의미했다) 퇴직금을 받은 적이 있냐고 물으니, 다른 한 명의 강사가 있다고 한다. 그것도 노동청 진정을 거쳐 받은 반쪽짜리 퇴직금이다. 유급휴가, 산재(산업재해) 처리 같은 것은 물으나 마나다. 월급만 제때 주어도 좋은 원장 축에 속하는 것이 학원가 현실이다.

M씨 이야기 : 수명이 다한 강사들

중등부 수학강사인 M씨는 2년 전만 해도 과학을 가르쳤다. 학생은 줄어드는데 학원은 우후죽순으로 생겼다. 살아남기 위해 원장들은 종합학원에서 특정 과목 전문학원으로 전환을 꾀했다. 주로 영어, 수학 과목을 전문으로 하는 학원이 많았다. 그러자 국어, 과학 같은 과목의 강사들은 취업 자체가 힘들어졌다. 영어, 수학으로 가르치는 과목을 변경하는 강사들이 생겨났다. M씨도 그들 중 하나였다.

그러나 M씨가 가르치는 과목을 전환한 것은 그 이유만은 아니었다. 당시 그녀는 성대결절과 인후염에 시달렸다. 목에서 쇳소리가 났다. 1년 가까이 그런 상태였다. 하루 여덟 타임 강의를 쉬는 시간 없이 진행했다. 과학은 설명해야 할 것이 많은 과목이었다. 일주일 내내 분필가루를 먹으며 떠드니 목이 남아날 리 없었다. 그럼에도 M씨는 병가를 낼 수도, 학원을 그만둘 수도 없었다. 원장이 목의 염증을 산업재해라 인정할 리도 없었다.

M씨가 할 수 있는 일이라고는 강의 과목을 변경하는 것뿐이었다. 수학강사로 전환 후, 과목 특성상 목을 쓰는 일이 상대적으로 줄고 강의 수가 적어지자 염증은 감쪽같이 사라졌다. 현재 M씨는 고등부 강사가 되기 위해 애쓴다. 중등부 강사의 수명이 짧기 때문이라 한다. 마흔만 넘어도 원장들이 고용하기를 꺼린단다. 30대 중반인 그녀는 수명이 조금 더 긴 고등부 강사가 되는 것으로 살길을 찾는다.

수명이 다한 강사들은 어디로 가느냐고 물으니, 그녀는 원장이 된다고 했다. 배운 게 도둑질이라고, 여력이 되는 한 학원을 차린다는 것이다. 젊은 나이에 원장이 된 이들은 자신보다 나이 든 강사를 고용하지 않는다. 편히 부리기 힘들다는 이유에서다. 악순환이다. 학원만 늘어난다. 경쟁은 치열하고, 살아남기 위해 원장은 상담 횟수를 늘리고 보충수업을 무작위로 잡는다. 강사에게 1대 1 맞춤 강의를 요구한다. 학생 한 명 들고나는 것에 목맬 수밖에 없는 원장 아래서 강사들의 노동 강도만 높아진다.

나는 강사들에게 원장의 요구를 무조건 받아주지 말 것을 권한다. 보충수업을 거부하면 안 되냐고 묻는다. 그러자 이들은 교실에 시든 화초처럼 놓인 학생들 이야기를 한다.

K씨 이야기 : 학원을 빙빙 도는 아이들과 관계 맺기

4년차 과학강사인 K씨도 대학시절 학원강사 일을 시작했다. 처음에는 학생들과 사사로운 대화를 하지 않았다. 언제든 그만둘 아르바이트라 여겼다. 원장의 요구가 있기 전까지는 보충수업을 잡지 않았고, 아이들에게 관심 두지도 않았다. 그러나 하루 반나절 이상을 함께 하는 아이들과 친분이 없으니 일을 하는데 힘들었다. 슬슬 아이들 이야기를 들어주고, 진로 상담을 하고 고민을 나눴다. 그러다 보니 학생들 개개인의 부족한 점이 눈에 띄고, 그 부분을 보강해주어야겠다는 마음이 들었다. 수업에 빠진 아이가 뒤처질까 마음이 쓰였다. 어느덧 K

씨는 알아서 보충수업을 잡고 있는 자신을 발견했다.

K씨는 학원강사 일에 매력을 못 느낀다고 했다. 그럼에도 4년째 이 일을 해온 원동력은 아이들과의 관계인 것 같단다. 자신의 작은 행동 하나에 아이들이 영향을 받을까봐 조심스럽다. 수업 한 번 소홀히 하기가 쉽지 않다. 성적에 집착이 강한 사회에서 살아가는 아이들이다. 촘촘하게 짜인 입시제도는 조금이라도 긴장을 늦추는 것을 용납하지 않는다.

아이들은 어릴 적부터 학원을 빙빙 돈다. 경쟁하는 법, 통제당하는 일에 익숙하다. 시든 화초처럼 축 처진 어깨로 학원을 이리저리 옮겨다니는 아이들. 아이들은 어릴 적부터 받은 교육 서비스 경험을 토대로 선생님을 평가한다. 동시에 숨 쉴 곳 없는 일상에서 재미를 찾기 위해 학원 선생님을 놀리고 골탕 먹인다. 그러다가 학원강사의 낮은 지위를 들먹이기도 한다.

'내가 학원 끊으면 선생님 잘리는 거 아니에요?'라고 물은 아이는 이 숨 막히는 교육시스템 속에서 강사와 함께 병들어가는 중이다.

글을 마치며 하는, 짧은 이야기

나 또한 학생 시절부터 틈틈이 학원에서 학생들을 가르쳐왔다. 이 글을 쓸 당시에도 보습학원에서 파트(part) 강사 일을 했다. 채용 당시에는 하루 5시간이었던 강의가 어느새 7시간으로 늘어났으나 원장에게 제대로 말 한마디 하지 못하는 힘없는 강사였다.

그런 나도 새롭게 알게 된 사실이 있다. 아무 권리도 없다는 것. 학원강사들은 정말 어떤 권리도 없었다. 법적으로 노동자가 아니라는 이들(그러나 소수 단과학원 강사를 제외하고는 노동자가 아니래야 아닐 수가 없기에 특수고용직이라 부른다)은 권리를 가질 법도 힘도 없었다. 그러나 이런 환경에서도 노동조합을 만들고 사용자인 원장과 마주한 강사들이 있었다. 부산 효림학원 노동조합 같은 경우 2002년 단체협약까지 맺었다. 협약안에는 초과근로에 따른 수당, 월 1일 유급휴가 등의 내용이 담겨 있었다. 근로기준법에는 있지만 학원강사 현실에는 존재하지 않는 권리들. 스타 강사가 되는 것보다 더 꿈같은 이야기들.

그럼에도 학원강사가 한번 꿈꿔볼 만한 이야기들이다.

변
정
윤

'열두 번의 전쟁',
호텔 룸메이드의 하루

**"호텔의 꽃이라
하지 마라"**

남편이 펄펄 끓는 물주전자를 집어 던지던 날

김은미(가명)는 결혼과 함께 임신을 하는 바람에 직장을 그만두었다. 전업주부로 10년을 지내다 첫애가 초등학교 3학년이 되던 해, 다시 일자리를 구해 거리로 나섰다. IMF가 끝난 지 몇 해 지났지만 실업자가 늘어나던 시절이라 일은 쉽게 잡히지 않았다. 남편이 사업을 시작하면서 수입이 들쑥날쑥하게 된 탓에 고정적인 수입이 있어야 했다. 남편이 사업을 하지 않았어도 은미는 직장을 구할 생각이었다. 다행히 아는 사람 소개로 조그마한 무역회사에서 일을 하게 되었다. 그러다 회사 사정이 어려워져서 중국 사무소에 있는 사장 가족이 일해야 한다며 강제사직을 요구했다.

"그동안 고생했어. 회사 사정이 어려워진 거 미스 김이 더 잘 알잖아. 그리고 이거 받아."

사장은 10만 원짜리 수표 세 장을 은미에게 건네주었다.

"이것도 힘들게 마련한 거야. 3년간 쌓인 정도 있고 해서……. 그래도 미스 김이니까 이렇게 위로금이라도 주는 거야."

하마터면 그 자리에서 수표를 던져버릴 뻔했다. 회사가 어려워진 건 사실이지만 퇴직금을 못 줄 형편은 아니었다. 부당하다고 따질 겨를도 없이 그 돈을 챙겨들고 회사를 나왔다. 남편 사업은 처음부터 잘 풀리지 않았고 집에 돈 한 푼 가져다주지 않은 날이 점점 길어졌다. 괴로워할 여유도 없이 은미는 일을 찾아 나섰다.

겨우 정신을 추스르고 취업한 곳이 출판 다단계회사였다. 다단계회사에서 큰돈을 벌 수 있을 거라 믿었던 은미는 수백만 원의 빚을 지고 난 뒤에야 사기라는 것을 알았다. 그동안 이루어낸 실적은 가족, 친척, 친구들에게 물건을 강매한 것에 불과했고 방엔 회사에서 사들인 물건으로 발 디딜 틈이 없었다. 다단계회사를 그만둘 무렵 남편도 사업을 접었다. 남편은 점점 술이 늘었고 술을 마시면 어김없이 폭력을 휘둘렀다. 동네가 떠나가도록 소리도 질러댔다. 처음엔 남편도 괴로워서 그렇다고 이해했다. 그러나 날이 갈수록 심해지는 술주정과 폭력은 은미가 감당할 수 없는 수준에 이르렀다. 술만 먹으면 사업 실패를 은미의 책임으로 돌렸다. 내조가 있어야 밖에서 사업도 잘 풀리는 법인데 밖으로 싸돌아다녔기 때문이라는 것이다. 손에 잡히는 대로 은미를 향해 물건을 집어 던지고 몽둥이로 패기를 반복했다. 나중엔 성한 물건이 없자 상다리를 뜯어내 몽둥이질을 했다.

남편이 은미를 향해 펄펄 끓는 물주전자를 집어 던지던 날, 아이 둘을 데리고 친정으로 들어갔다. 돈 한 푼 없이 갈 수 있는 곳은 세상천지에 없었다. 그 집에 계속 있다가 죽을 수도 있다는 두려움에 떨었다. 친정으로 들어간 다음 날부터 이력서를 들고 일자리를 찾아다녔다. 애들 생각을 하며 이를 악물었다.

월급명세서에 적힌 건 호텔 아닌 '○○용역회사'

안정적인 일자리를 찾아야 했다. 큰 업체가 안정적일 것이라 여기고 일자리를 찾다 보니 친정 집 근처에 있는 호텔이 은미의 눈에 들어왔다. 은미는 무작정 이력서 한 장 들고 호텔을 찾아갔다. 입구에서 은미를 제지하는 경비에게 취직을 하러 왔는데 총무과가 어디냐고 물었다. 경비는 다른 건 물어보지 않고 사무실을 알려주었다. 그렇게 간 곳이 용역업체였다. 처음엔 용역업체란 걸 몰랐다. 사무실에는 남자 직원 두 명과 경리로 보이는 여성 한 명이 앉아 있었다.

"언제부터 일할 수 있어? 내일부터 가능한가?"

이력서를 보던 남자 한 명이 대뜸 반말을 하며 은미를 아래위로 훑어보았다. 은미는 당장 일할 수 있다고 말했다. 다음 날 바로 출근하라는 말에 은미는 호텔리어가 되었다는 생각으로 기뻤다. 사람들에게 자랑도 하고 뿌듯한 마음에 스스로 대견스러웠다. 그러나 한 달 뒤 월급명세서에 찍힌 ○○회사라는 이름을 보고 호텔 소속이 아닌 용역회사 소속이란 것과 자기가 비정규직이라는 걸 알았다.

첫째 날 고참 언니를 따라 객실로 들어갔다. 객실 하나만 청소하고 퇴근하라는 소리에 속으로 환호를 질렀다. 이불 개고 시트 갈아 끼우고 욕실 청소하고 비품 정리하는 일은 주부들에게 그다지 어렵지 않을 거라 여겼다. 객실 하나를 청소하고 집으로 돌아온 은미는 몸살로 끙끙 앓았다. 한 달 수습기간 내내 몸살을 달고 다녔다. 뼈 마디마디가 쑤셨다. 일을 얕보았던 탓이라며 마음을 다잡았다.

은미는 호텔에 입사하기 전에 투잡을 하고 있었다. 밤에는 백화점에서 대리석 닦는 일을 했고 주말에는 식당에서 서빙을 했다. 호텔에서 일한 지 얼마 되지 않아 퇴근시간에 코피를 쏟았는데 코피가 멈추지 않았다. 투잡을 접었지만 호텔에 입사한 지 한 달 만에 20kg이나 빠졌다. 한 달의 수습기간이 끝난 후, 하루에 객실 열두 개를 청소했다. 할당량을 못 채우면 잔업을 해야 하고 잔업수당은 별도로 없었다. 일을 배우면서 은미는 생각했다. '한 달의 수습기간 안에 내가 이 일을 다 할 수 있을까?'

첫날은 객실 한 개를 청소했다. 둘째 날은 두 개, 셋째 날은 네 개를 청소하는 식으로 객실 개수를 늘려나갔다. 객실 청소 수에 따라 용역회사에 돌아가는 돈이 달라지기 때문에 적은 인원으로 많은 객실을 청소하는 게 회사에 이득이다. 출퇴근이나 잔업, 물품관리 등에 대한 모든 작업지시는 호텔에서 근무하는 정직원에게 받았다. 나중에 보니 용역회사는 '객실 한 개당 얼마'라는 돈 계산하는 일을 하는 수준에 불과했다.

잔업을 하지 않으면 100만 원을 넘지 못하는 임금

룸메이드 한 명당 하루에 객실 열두 개를 청소하는 게 기본이었다. 은미가 일할 당시엔 사람이 부족해서 늘 잔업을 했고 그렇게 받은 월급이 100만 원이 조금 넘었다. 당연히 잔업을 하지 않으면 100만 원을 넘지 못한다. 잔업은 호텔 투숙객 양에 따라 달라지기 때문에 정확한 양을 체크하지는 않았다. 본인이 하기 싫으면 안 하기도 하는데 그렇게 하면 월급이 적어지기 때문에 대부분 하는 편이다. 6시 퇴근시간까지 동료들은 비품까지 모두 정리하고 다음 날 할 일까지 준비해놓고 칼같이 퇴근했다. 그러나 은미는 일이 조금 느린 편이어서 보통 6시 30분, 7시나 되어야 퇴근을 했다. 시간이 지나 동료들과 친해지면서 고참 언니들이 은미를 많이 도와주었다. 언니들이 도와주지 않으면 씻고 뒷정리하다 보면 7시, 8시 사이에 퇴근을 하기 일쑤였다. 객실 하나 청소하는 데 4~5천 원이라고 한다면, 동료들이 와서 방 한두 개를 더 해주면 돈 만 원을 벌어주는 셈이다. 동료들이 그렇게 도와주지 않았으면 못 견뎌냈을 일이다. 다음 날 일할 비품을 챙겨주는 것만 도와줘도 시간적으로 큰 도움이 되었다.

객실 청소하는 데 사용되는 비품은 100개가 넘는다. 그 제품 이름은 모두 달달 외우고 정해진 곳에 정확히 채워둬야 한다. 예를 들어 방에 들어가서 텔레비전 리모컨을 작동시켜보고 작동되지 않으면 배터리를 교환하고 책상에 볼펜, 메모지가 있는지를 눈으로 확인한다. 없으면 채워 넣는다. 욕실에 들어가면 휴지, 면봉, 종류별 수건, 샴푸, 린스, 바디클렌저, 바디로션 등을 확인하고 가지런히 채워 넣는다. 이 모든 것을 눈에 익혀야지 그 많은 비품들을 하나하나 체크하면서 넣을 수는 없다.

일을 잘하기 위해서는 수습기간이 필요했다. 룸메이드가 호텔 정직원이었을 때 수습기간은 3개월이었다. 그러나 룸메이드가 용역회사 소속으로 바뀌면서 3개월에서 1개월로 수습기간이 바뀌었다. 더 많은 객실을 청소해야 더 많은 돈을 받을 수 있는 용역회사는 수습기간을 터무니없이 줄여버렸다. 호텔 객실은 크기가 모두 다르다. 객실 종류는 일반객실, 비즈니스룸, 스위트룸으로 나뉘어 있다. 보통 한 층에 스물네 개의 객실이 있고 룸메이드 두 명이 반으로 나누어 열두 개의 객실을 청소하는 식이다. 그러나 스위트룸은 한 층에 다섯 개 혹은 여섯 개의 객실로 나눠져 있어 하나의 객실이 일반 객실 네다섯 개의 규모인 셈이다. 스위트룸은 내부에 작은 객실들이 한두 개 더 있고, 침대가 다섯 대 정도 구비되어 있다. 침대도 일반 가정에서 사용하는 것보다 훨씬 커서 침대 시트를 벗기고 씌우는 일은 '죽어나는 거'였다. 은미는 호텔 룸메이드는 여성보다 남성에게 맞는 일이라 생각했다. 스위트룸 하나를 청소하면 규모에 따라 다르지만 일반 객실 네 개 혹은 다섯 개 청소한 것으로 인정해주었다. 여섯 개로 인정해주는 스위트룸도 몇 개 있다. 숙달 안 된 룸메이드에게 스위트룸을 맡긴다면 왔다 갔다 하느라 정신없어서 하루 종일 청소해도 다 못 한다. 경력자와 비경력자의 차이가 크다.

은미가 일한 곳은 장기투숙객이나 비즈니스로 투숙하는 손님들이 많았다. 패키지로 이용하거나 하룻밤만 투숙하는 손님이 많은 호텔은 일이 두세 배 더 힘들다. 장기투숙객들은 그나마 객실을 깨끗하게 사용하는 편이어서 단기투숙객들의 방을 청소하는 것보다 덜 힘들다. 그에 반해 단기투숙객들은 굉장히 지저분하게 사용하는 편이다. 가끔 한두 시간 투숙하는 사람들도 있었는데 주로 부적절한 관계를 가지는 사람들이다.

'호텔의 꽃'을 향한 정직원과 투숙객의 성희롱

은미는 일이 힘든 것도 문제지만 가장 견디기 힘든 건 호텔에서 룸메이드를 '호텔의 꽃'이라 부르는 것이었다. 처음 그 소리를 듣고는 여성 비하적인 말이라는 생각이 들었다. 평소에 같은 동료로 봐주지도 않던 하우스키핑(호텔 소속 객실부로 객실 및 룸메이드 관리)에서 꼭 자기들 회식할 때 룸메이드를 불러냈다.

"○○씨, 여기 와서 내 무릎에 앉아!"

첫 회식 자리에 참석한 은미는 부장이 동료 룸메이드에게 자기 무릎에 앉으라고 하는 소리를 듣고 깜짝 놀랐다. 귀를 의심했다. 한두 명도 아니고 하우스키핑 직원들과 룸메이드가 모두 모인 자리였다. 눈앞에서 벌어지는 믿기지 않은 사실에 말문이 막혔다.

"룸메이드는 호텔의 꽃이잖아. 자, 직장 생활이 별거 있나. 열심히 일하고 회식하면서 스트레스 풀고……, 자 건배합시다."

부장은 옆에 앉은 룸메이드에게 거리낌 없이 스킨십을 했다. 룸메이드들에게 '남자 직원 옆에 앉아라', '술을 따라라', '노래를 불러라' 하는 것은 기본이었다. 은미는 스스로 당차다고 생각하며 살아왔지만 그 많은 사람 앞에서 부장에게 대놓고 뭐라고 하지는 못했다.

호텔 직원들이 룸메이드를 접대부 대하듯 하는 것이 화가 났다. 동료들에게 얘기했더니 처음에는 화도 나고 비참했는데, 더러워도 먹고 살려면 어쩔 수 없다는 반응이었다. 말로 표현할 수 없는 수치심이었다. 엘리베이터에서 정규직 남자 직원들을 만나면 남자들은 뒤에서 이상한 신음을 내거나 여성의 신체 일부를 빗대어 이상한 말을 하곤 했다. 룸메이드를 '호텔의 꽃'으로 만든 그들은 그 속에서 즐기는 성희롱을 공식화했다. 그게 정서였다. 용역회사 직원들도 룸메이드를 우습게 아는 건 마찬가지였다.

간혹 투숙객들에 의해 성희롱이나 성추행을 당하는 경우가 있다. '누가 또 그랬다더라' 하는 정도의 얘기만 들었던 은미는 그날 손님의 호출을 받고 청소를 하러 객실로 향했다. 손님이 객실에 있으니 욕실부터 청소를 한 후 침대 청소를 했다. 침대를 청소하고 테이블 정리를 끝낸 후 고개를 돌린 은미는 손님의 모습을 보고 기겁을 했다. 외국인 손님이었는데 은미가 들어갈 때 입었던 가운을 열어젖히고 벌거벗은 모습으로 다리를 쩍 벌린 채 침대에 앉아 있었다. 당혹감에 아무 말도 못하고 고개를 돌렸지만 손님은 너무나 태연하게 그 자세를 유지하고 있었다. 도망갈 수도 없고 뭐라고 큰 소리를 낼 수도 없어 대충 마무리하고 나가려고 하자 손님은 은미의 손에 팁을 건네주었다. 방을 나오자마자 은미는 비참한 자신의 모습에 숨죽여 울었다. 주먹을 너무 불끈 쥐어서인지 팁으로 받은 달러가 심하게 구겨졌다.

손님 불만에 대한 책임도 룸메이드의 몫

호텔은 컴플레인이 자주 들어온다. 룸메이드들이 청소한 후 제대로 됐는지 점검하는 일은 정규직 직원들이 한다. 그들을 인스펙이라 부른다. 정확하게는 인스펙션인데 그냥 인스펙이라 부른다. 룸메이드가 비품을 빼먹는 경우 인스펙이 점검해서 비품을 채워 넣으라고 지시한다. 가끔은 인스펙도 빠진 비품을 못 볼 경우가 있다. 혹은 비품을 다 구비해놓기 전에 손님이 객실에 먼저 들어오는 경우도 있다. 그럴 경우 컴플레인이 들어오는데 이 정도는 애교 수준이다. 간혹 쓰다 버린 성인용품이 나오거나 사용한 수건을 교체하지 않았을 경우, 또는 컵에 루주가 묻어 있는 경우는 심각한 컴플레인이 들어온다. 이 경우 호텔에서 직접 징계를 하거나 해고를 시키면 불법 도급이 되기 때문에 호텔은 용역회사에 연락을 해서 룸메이드에 대한 징계나 해고를 요구한다. 용역회사는 룸메이드에게 입에 담지 못할 욕을 하거나 심할 경우 해고시킨다.

간혹 컴플레인을 이유로 객실비를 내지 않는 손님들도 있다. 자의적으로 문제를 만들어 컴플레인을 거는 손님들이 있는데 그런 손님들은 호텔 내부의 블랙리스트에 올라가 있다. 예를 들어 컵에 루주를 묻히는 것은 증거가 없기 때문에 손님이 악의적으로 만들어내도 어쩔 수 없이 당해야 한다. 그 모든 책임은 룸메이드에게 돌아온다.

"욕조와 타일이 그냥 마르는 줄 아세요? 그거 세제로 다 청소하고 마른 수건으로 일일이 닦아내야 돼요. 객실 유리창은 사람들이 눈으로만 밖을 보는 게 아니라 손을 짚고 보는 사람들도 있어요. 그러면 손자국이 남게 되잖아요. 그것도 다 닦아야 해요. 메모지 놔두고 꼭 벽에 낙서를 하는 손님들이 있는데 그것도 원상태로 보수작업하느라 애를 먹어요. 하다하다 안 되면 관리과에 빨리 연락을 해서 보수하라고 하기도 해요."

일이 너무 많다 보니 컴플레인은 생길 수밖에 없다.

"컵 닦는 장갑, 화장실 청소하는 장갑 따로 있거든요. 근데 너무 바쁘니까 화장실 변기 청소하던 장갑으로 그냥 컵 닦아요. 일이 산더미 같은데 장갑 바꿔 낄 시간이 어디 있어요. 저만 그런 게 아니라 대부분 그래요. 좀 깔끔한 손님의 경우 자기가 사용한 수건을 곱게 접어서 있던 자리에 넣어두는 경우가 있어요. 룸메이드들은 새 수건인 줄 알고 교체를 안 해요. 그것도 나중엔 컴플레인이 들어와요. 그래서 비품은 썼든 안 썼든 일일이 점검을 해야 돼요."

룸메이드에게 과다한 양의 객실 청소를 요구할수록 그만큼 호텔의 질은 떨어진다. 반대로 적정한 업무는 그만큼 호텔의 질을 높이게 된다. 손님들이야 그걸 모르겠지만 은미는 주변 사람들에게 농담 삼아 하는 말이 있다. "호텔 가면 컵 사용하지 마! 사용할 거면 한 번은 꼭 씻어서 사용해!"라고.

노조 만들고 가장 뿌듯한 일은 기본급 만든 일

인스펙은 정규직이다. 그들은 막강한 권한을 가진 존재이므로 룸메이드가 인스펙의 눈 밖에 나면 하루하루가 괴로워질 수밖에 없다.

"약간 눈에 거슬리거나 마음에 안 드는 룸메이드의 경우 꼼꼼하게 점검을 해요. 객실마다 냉장고 미니빠가 있어요. 어떤 손님이 냉장고를 끄집어내서 뒤에 먼지가 있나 보겠어요? 근데 그걸 끄집어내서 왜 청소안 했느냐고 말도 안 되는 트집을 잡는 거죠. 그러면 이 룸메이드는 그날은 그 층에 있는 냉장고 다 끄집어내서 청소를 해야 해요. 옛날 호텔 주전자는 쇠가 있는데, 쇠가 열에 달궈져서 물이 끓는 방식이거든요. 거기를 정기적으로 식초 같은 걸 넣어서 청소해서 녹을 빼내거나 해야되는데 자주 안 해요, 원래. 하는 날이 따로 있어요. 그런데 뜬금없이 그걸 열어서 구석 깊게 끼인 때를 닦으라고 하고, 그런 거 한번 걸리는날은 청소를 못 하죠. 그거 신경 쓰느라고……."

그래도 인스펙이 룸메이드를 지적할 때는 개인적인 지적에 그친다. 문제는 용역회사가 룸메이드 전체를 모아놓고 회의할 때다.

"'누가 인스펙한테 이렇게 많이 걸렸는데 일 똑바로 해!' 그러면서 전체회의 때 공개를 하는 거죠. 인스펙이 용역회사에 다 얘기를 하거든요. 룸메이드 다 모인 장소에서는 몇 층에 어디 담당 그러면 누군지 다알아요."

인스펙이 판단하는 것은 대부분 주관적이다. 그러다 보니 인스펙한테 잘 보여야 편하게 일한다는 것을 알고 있다. 나이 어린 인스펙한테도 '언니, 언니' 하면서 출근해서 커피도 사다 주고, 여행 갔다 오면서 비싼 선물을 사다 바치기도 한다. 아부라는 걸 알면서도 편하게 일하려면 어쩔 수가 없다. 출근 때마다 음료수를 돌리는 사람도 있고 책상까지 닦아주며 청소해주는 사람도 있다. 은미는 그땐 그게 아니꼽고 더럽고 치사해 보였다. 돌이켜 생각해보니 세상은 오래전부터 그렇게 굴러가고 있었다.

용역회사가 바뀌면서 호텔은 용역 단가를 낮췄다. 수익이 있어야 하는 용역회사는 당연히 인건비를 낮출 수밖에 없다. 예를 들어 방 하나를 청소할 경우 4000원이라고 한다면, 잔업을 할 경우 인건비는 1.5배를 지급해야 해서 6500원이 된다. 용역회사로서는 잔업을 시키지 않으려고 안간힘을 쓰게 된다. 결국 회사는 룸메이드 인원을 늘려버렸다.

"예를 들어 원래 100명이 일했다면 120~130명으로 늘려버리는 거예요. 인원을 늘려놓으니까 월급이 반으로 뚝 떨어져버린 거예요. 잔업을 전혀 못 하니까요. 그러고는 무급휴가를 막 뿌려버려요. 돈도 못 받고 일도 못 하고……. 그래서 너네가 (회사) 사정상 우리를 일을 못 시켜도 최소한 이만큼은 가져갈 수 있도록 해줘야 한다, 결국 기본급은 최하가 100만 원이고 오래된 사람은 호봉이 있으니까 130만 원 정도 되더라구요. 많지는 않아도 상여금도 별도로 생겼고, 노조 만들고 가장 뿌듯한 일은 기본급 만든 일이죠."

노동조합을 만들고 은미는 부분회장이라는 직책을 맡았다. 그리고 작지만 소중한 변화를 만들어갔다. 노조 결성하고 용역회사와 교섭을 시작했다. 처음 해보는 노동조합 활동이었고 분위기가 좋아서 조합원들의 사기가 하늘을 찔렀다. 교섭을 통해 하나하나 만들어가는 재미에 교육, 행사, 집회가 즐거웠고 교섭이 끝나고 서로 고생했다고 어깨를 토닥거리며 애들처럼 기뻐했다. 이전에 회사 마음에 드는 사람은 일을 많이 시켜 월급을 많이 받게 하고, 어떤 사람은 기본급만 가져가게 해서 장난질을 쳐대는 것도 막았다. 누가 며칠 일하고 언제 쉬었는지 공개하도록 해서 일이 편중되는 것을 막았다. 꿈같은 날들이 노조를 통해 만들어지고 있었다.

그러나 회사는 계약만료 한 달 전에 열성 조합원 두 명, 간부 일곱 명에게 계약 해지를 통보했다. 집회를 하고 지방노동위원회와 중앙노동위원회에 구제신청을 했다. 지방노동위원회에서 졌을 때 의기소침해하지 않았다. 그러나 중앙노동위원회마저 해고자의 손을 뿌리쳤을 때 내부는 술렁였다. 그 뒤로 법률자문을 몇 차례 구했다.

"현재 상황에서는 법이 지원을 안 해준대요. 법이 너희 손을 들어줄 확률이 희박하다는 거죠. 우리보고 투쟁하는 이유는 합의금을 더 받기 위해서 하는 거라는 거예요. 왜냐면 투쟁을 오래 하다 보면 회사도 좀 정리하고 싶으니까 합의금을 조금 더 제시하고……. 그런 얘기를 처음 들었어요. 우리는 합의금 더 받으려고 하는 거 아닌데? 우리 복직하고 싶어서 하는 건데? 우리는 합의금 욕심 없다. 이렇게 얘기하는 상황에서 회사가 합의금을 제시했어요."

은미는 예전처럼 일하고 싶은 마음이 너무 간절했다. 돌아가지 못할 거란 생각을 해본 적이 없었다. 너무나 애타게 꾸었던 꿈이어서인지 조바심이 일었다. 해고자들에게 합의하지 말고 투쟁하자고 마지막까지 설득했다. 쉽지 않았다. 먹고살아야 하니까 회사가 주겠다고 할 때 합의금이라도 받자고 하는 사람들의 입장을 나무랄 수는 없었다. 설득에 실패하면서 해고자들과 사이도 멀어졌다. 사람을 잃은 것이 가장 뼈아픈 경험이 되었다. 결국 은미는 현장으로 돌아가지 못했다. 현실을 받아들이는 데는 많은 시간이 걸렸다. 노동조합 활동의 경험이 없었다면 은미는 지금 무엇을 하고 있었을까.

"노동조합은 저에게 좋은 경험이었어요. 아마 노조 활동을 안 했으면 지금하고는 진짜 다른 삶을 살고 있었을지도 몰라요. 계속 아르바이트 전전하고 식당에서 일했을지 뭘 했을지, 사람이 어떻게 될지는 모르겠지만."

다시 돌아갈 수 없는 현장이지만 현장의 경험을 되살려서 일을 하게 되었다. 노조 상급단체 간부로서 호텔 룸메이드를 조직하고, 청소용역 노동자들을 조직하는 일을 했다. 여성이라는 이유로, 비정규직이라는 이유로 노동 현장에서 투명 인간이 되어버린 여성노동자들. 자기 목소리를 낸다는 것을 상상조차 할 수 없었다. 저임금과 장시간 노동에도 일을 할 수 있다는 것에 감사하며 숨죽여왔던 시간들이었다. 자존감 회복! 그것은 배부른 소리였다. 그러나 노동조합 활동을 통해 여성노동자들이 당당하게 자기 목소리를 내지 않으면 안 된다는 것을 알았다. 그 목소리가 모여 노동 현장의 권익 개선뿐만 아니라 사회를 바라보는 시야를 넓혀주었다. 남편의 폭력과 양육의 어려움, 온종일 일하고도 저임금에 허덕이는 것이 개인의 잘못이 아니라는 것을 알았다. 부당한 것에 맞서는 용기, 이웃의 어려움에 손 내미는 용기를 가지게 되었다.

지금 호텔 룸메이드들이 노동조합 활동을 하는 곳은 없다. 호텔에 직접고용된 것이 아니라 용역회사 소속의 노동자이기에 계약해지가 되더라도 호소할 곳이 마땅치 않다. 노조 활동을 하려면 장기투쟁으로 이어지기 일쑤고 어떤 경우 목숨까지 위태로워지는 실정이다. 그런 이유 때문에 노조 활동을 하겠다고 선뜻 나서기가 쉽지 않다. 법은 특히 비정규직 노동자들의 권리에 인색하다.

　하지만 은미는 여전히 꿈을 꾼다. 노동조합을 통해 은미가 삶의 의미를 되찾았던 것처럼 많은 여성노동자들이 자기와 같은 경험을 하게 되기를 간절히 바란다. 함께 꾸는 꿈은 현실이 된다는 것을 알기에.

김
향
수

밥이나 하는 여자라고?
우리 일은 소중해

**급식조리원 나리 씨가 들려준
이야기**

무상급식, 친환경급식 등 급식 소비자인 학생과 학부모들의 목소리를 반영한 정책은 뜨거운 논쟁이 일었다. 그러나 생산자이자 노동자인 급식조리원, 영양사들의 목소리는 좀처럼 들리지 않는다. '어머니의 정성과 마음'을 담은 한 끼 식사 광고는 넘쳐나도, 학교급식을 요리하는 조리원들이 어떤 환경에서 더 건강하고 맛난 음식을 만들 수 있는지 논의되지 않는다.

필자 역시 학교식당, 직장식당에서 급식조리원을 매일 만나지만, 주린 배를 움켜쥐며 배식이 빨리 되길 바라는 마음 이상으로 그녀들을 바라보지 못했다. 하지만 중학교 급식조리원으로 일하는 나리 씨를 만나면서 대부분이 여성노동자인 급식조리원의 일에 대해 들을 수 있었다.

'전투 같은 여덟 시간' 급식조리원의 하루

급식조리원들의 노동 과정은 학교 일과시간표와 조리 과정에 따라 이루어진다. 출근은 오전 7시 30분까지다. 출근하자마자 유니폼으로 갈아입는다. 전날 널어 다 마른 빨래는 개고, 퇴근하면서 세탁기에 돌려놓은 유니폼을 한 번 더 헹궈 널어놓는다. 오전 8시 10분에서 15분 사이 영양사의 조회가 시작된다. 조회 내용은 그날 메뉴와 조리법이고 시간은 10분 정도다. 본격적인 조리 작업은 정확히 오전 8시 30분에 시작된다.

나리 씨는 중학생들의 식사 한 끼를 만들지만 집에서 식사 준비하는 모습을 떠올리면 곤란하다. 다섯 명의 급식조리원들은 530여 명의 학생과 교사들의 식사를 준비한다. 530인분을 정해진 시간 안에 조리해야 하며 식중독이 걸리지 않게 위생에도 주의해야 한다. 다섯 명이 530명의 식사를 세 시간 동안 만드는 일은 전투와 같다. 무거운 식재료를 다듬고, 옮기고, 불 앞에서 조리하고, 뜨거운 용기에 음식을 담아 배식 준비를 하는 것. 이 모두를 점심시간 10분 전에 마쳐야 하기 때문이다.

그녀의 작업장은 전처리실, 조리실, 교내식당, 후처리실이다. 전처리실에서 처음 하는 일은 식품 검수다. 식품 검수가 끝나면 식재료를 씻는다. 김치 같은 식품은 냉장고에서 빼내고, 그날 쓸 재료를 씻고 다듬는다. 다듬은 식재료를 조리실로 옮긴 후 그녀는 전처리실을 청소한다. 청소가 끝나면 불을 끄고 모두 조리실로 이동한다. 전처리실에서 사용한 장갑, 앞치마, 머릿수건을 벗고, 조리실에서 사용할 장갑, 앞치마, 머릿수건으로 갈아입는다. 오전 9시 반쯤 전처리실 업무가 종료되니, 한 시간 정도 식재료 검수와 손질에 시간을 보낸 것이다.

조리실로 들어가면 먼저 온 한 사람이 물을 미리 받아 다시마와 멸치로 국물을 내고 있다. 이제 모두 함께 조리를 시작한다. 매일 식단이 바뀌는데, 주찬은 닭볶음이나 제육볶음처럼 아이들이 좋아하는 메뉴여서 양을 많이 해야 한다. 부찬은 칼로리와 영양소 비율을 맞추기 위해 주로 나물이나 샐러드를 한다. 주찬과 부찬은 2인 1조로 돌아가며 일한다. 한 명은 국 끓이고, 한 명은 밥 안치고, 한 명은 고기 양념해서 볶고, 한 명은 나물 무치고.

조리가 끝난 음식은 배식통에 담아 냉장고 온장고에 보관한다. 썬 김치는 시원한 냉장고에 넣고, 뜨거운 온도를 유지해야 하는 닭볶음탕이나 제육볶음, 탕수육은 온장고에 넣는다.

허겁지겁 20분 만에 점심 먹고 또 일해

배식은 학교마다 다르다. 지금 일하는 중학교는 11시 20분에 선생님 배식부터 시작된다. 아이들 배식은 12시 20분에 시작되므로, 10분 전에 보온고와 냉장고에 보관된 배식통을 배식대로 옮긴다. 지금 일하는 곳은 식당 배식이지만 전에 일한 초등학교는 교실 배식이었다. 한 반마다 들어가야 하는 밥, 국, 반찬을 각각 다른 배식통에 넣으면, 아르바이트생들이 와서 각 반 교실 앞에 배식통을 올려놓는다. 배식은 도우미 엄마들, 할머니들이 한다.

초등학교에서 일할 때는 아르바이트생이 배식통을 가져가는 11시 30~40분경이 급식조리원의 점심시간이었지만 중학교는 훨씬 늦다. 식당 배식은 급식조리원들이 배식하기 때문에 아이들의 점심시간이 끝나는 오후 1시가 그녀들의 점심시간이다.

"휴식시간? 그런 거 절대 없어. 점심시간 한 시간밖에 없어. 근데 한 시간을 통으로 쓰지 못해. 20분 만에 밥 먹고, 일어나서 식판 같은 집기를 치우지. 식기는 설거지가 잘 되게 물에 담가두는 거지. 그러면 2시가 되걸랑. 2시 반까지 쉬지. 학교마다 다 다르지만, 우리는 그래."

점심시간 한 시간을 오롯이 가질 수 있을 거란 기대는 망상이었다. 급식조리원들이 식사하는 20분, 1차 설거지와 청소를 마치고 난 후 30분이 하루 중 그녀가 가지는 유일한 휴식시간이자 점심시간이다. 아침 조회 전 10분의 커피타임을 더한다면 하루 총 한 시간 휴식시간이 있지만, 이는 점심시간을 쪼개고 쪼개어 나온 시간이다.

점심시간이 끝나면 2인 1조로 청소를 하는 팀과 각종 집기를 정리하는 팀으로 나뉜다. 밥솥, 잔반통, 조리도구들을 미리 물에 불려야 설거지가 쉽기 때문이다. 2차 청소는 오후 2시 반부터 3시 반까지 설거지와 마무리 청소를 한다. 전처리실, 조리실, 세척실뿐 아니라 학생들이 먹은 식당도 청소한다. 오후 3시 반이면 급식조리원 휴게실에 와서 씻고 옷을 갈아입는다. 그날 사용한 유니폼, 앞치마 등을 세탁기에 넣고 세탁 버튼을 누른 후 퇴근한다.

바쁠수록 사고가…… 다치는 경우 비일비재

나리 씨의 노동 강도는 작업량에 따라 달라진다. 교육청 기준은 영양사를 포함한 급식조리원 한 명당 150명 학생의 식사를 맡는다. 나리 씨는 이 기준에 합리적 의문을 제기했다. '왜 초등학교, 중학교, 고등학교의 학생당 급식조리원 비율이 똑같냐?' 라는 질문이었다. 급식 회수, 예를 들어 아침, 저녁 급식을 하면 거기에 맞게 조리원 수는 증가되지만, 초·중·고등학교에 따라 변화하지는 않았다.

"초등학교도 중학교도 고등학교도 학생 150명당 한 명을 준단 말이야. 근데 음식은 고등학교 애들은 초등학교 애들의 세 배를 먹어요. 생각해봐요, 여덟 살짜리하고 열아홉 살짜리하고 먹는 양이 똑같겠어? 고등학교는 그래서 정말 힘들어. 정말 죽어나. 고등학교가 조리사들이 자꾸 바뀔 수밖에 없지. 내 생각에는 초등학교가 150명이면 중학교는 130명 정도, 고등학교는 100명, 요렇게 인원을 주는 게 맞는 것 같아."

학생들이 먹는 양은 조리해야 될 밥, 국, 반찬의 양과 연결되며, 조리원들의 작업량을 결정한다. 초등학생과 고등학생이 먹는 양이 상식적으로 봐도 다른데 조리원 배치 기준은 같다. 과도한 작업량은 노동자들이 쉴 틈 없이 일하게끔 한다. 돌아서면 배고픈 청소년기 아이들이 배불리 먹을 수 있는 음식을 만드는 일은 재료를 풍부히 살 수 있는 비용만이 아니라 합리적으로 작업량을 측정해 인원을 고용하는 과정 역시 포함되어야 한다.

나리 씨의 노동 강도는 학생 수뿐 아니라 그날 메뉴와 조리법에 따라 달라진다.

"거의 수제로 많이 하는 날이 힘들지. 영양사마다 기준이 다른데 우리 영양사는 수제로 만드는 걸 진짜 좋아해. 수제로 만들면 먹는 사람이야 즐겁지. 먹는 사람이 즐거우면 조리사들이 힘든 거야. 돈가스 같은 거 우리가 다 직접 재서 튀기기도 하는데, 그렇게 다 직접 튀겨서 만들려면 시간이 모자라니까. 인스턴트 돈가스랑 수제 돈가스를 섞어서 쓰지."

학생들은 인스턴트 돈가스보다 수제 돈가스를 더 맛나게 먹는다. 수제 돈가스를 만들기 위해 조리원들은 돼지고기를 망치로 두드리고, 밑간으로 재우고, 밀가루를 묻혀 털어낸 후, 계란 물을 입히고, 빵가루를 골고루 묻힌다. 문제는 그들의 작업이 540명이 먹을 돈가스를 만드는 일에 한정되지 않는다는 점이다. 돈가스는 반찬 중 하나일 뿐, 반찬과 밥, 국을 내놓기 위해 세 시간 만에 재료도 손질하고 요리해야 한다.

타협안으로 인스턴트 돈가스와 수제 돈가스를 함께 만든다. 학생들의 한 끼 식사를 위해 수고스러움을 마다하지는 않지만, 급식조리원들의 노동 강도는 점점 더 세져간다. 과도한 노동 강도는 한 끼 식사의 양과 질에도 영향을 미치기도 하고 산업재해의 요인이 되기도 한다.

"다치는 게 비일비재해. 우선, 일하는 손은 모자라는데 시간에 쫓기다 보니까. 내가 해보니까 바쁘면 바쁠수록 잔사고가 나더라구. 근데 한가한 날은 정말 부딪치지도 않고 잔사고도 안 나. 바쁘니까 급하게 하다가 부딪치고 찢기고 그러는 거지. 안 바쁘면 절대 그런 일이 안 나더라구. 조리 기구가 다 쇠고 스뎅(스테인리스)이니까 항상 조심해야 하는데 열악한 학교는 조리실은 좁지, 전처리실과 조리실은 구분 안 돼 한곳에서 일하지, 좁은 데서 씻고 조리하는데 항상 젖어 있으니 미끄럽기까지 하고. 좁으니까 쭈그려서 일하는 사람, 그 위에 또 조리하는 사람이 있으니 급하게 하면 서로 못 보고 부딪치고 다칠 수밖에 없지."

나리 씨의 이야기처럼, 과도한 작업량에 따른 업무상 긴장 상태가 '잔사고'라 일컬어지는 산재에 영향을 준다. 그녀가 강조한 학생 수당 급식조리원의 비율, 작업환경의 개선, 메뉴와 조리법 등은 급식조리원의 노동 강도에 영향을 끼치는 중요한 요인이다. 사용 경비를 줄여가며 적은 인원을 유지하면, 학생들의 건강이 달린 급식의 양과 질이 떨어지게 될 뿐 아니라 조리원들의 건강도 일할수록 나빠진다.

밥 하는 일, 여자 일이라 그런가?

급식조리원은 대부분 여성이다. '여성은 아주 힘든 육체적 노동을 하지 않는다'는 신화는 여전히 존재한다. 흔히 '밥하는 일쯤이야'라고 생각하지만 수백 명분의 밥과 국, 그리고 서너 가지 반찬을 세 시간 이내에 요리하는 일은 빠른 손놀림과 높은 숙련도, 그리고 집중도가 요구된다. 대부분이 여성인 급식조리원의 업무는 고통과 통증을 수반하는 신체 활동을 포함하고 있고, 그녀들이 감수하는 위험도 남성노동자와 다르지 않다.

"무거운 거 혼자 들면 안 돼. 동그리 바퀴 달린 거에 올려서 이동해야 하고 뜨거운 거 끓이고 옮길 때도 항상 조심해야 되지. 사고가 많이 나니까. 작년에 저기 옆 학교에서 국통 안전핀 때문에 화상으로 입원해 일을 그만뒀다고 하더라구. 올 초에는 어느 초등학교 조리원이 죽었어. 거기가 열악하더라구. 빨리빨리 일해야 하니까. 미끄러져서, 뭘 담그려고 뜨거운 물 받은 통에 빠졌대. 병원서 치료를 잘 하고 있었는데, 여자 생식기가 다쳐서 그 안으로 감염이 된 거야. 며칠 뒤 죽었어. 화상 치료를 받다가 생식기 감염으로 죽은 거야."

여성들이 일하는 일터가 안전할 거라는 편견은 그녀들이 겪는 업무상 재해가 무엇인지, 또 이를 어떻게 개선할 것인지에 대한 논의 자체를 막고 있다. 급식조리원의 노동은 '가벼운 업무'로 취급된다. 그래서 목숨을 앗아간 산재가 발생해도 '안전하고 쉬운 일'을 하는 여성의 실수이고 우연히 여러 일이 겹쳐 생긴 사고지 '위험한 작업장'의 문제라 여겨지지는 않는다.

안전한 일, 허드렛일이라는 편견은 급식조리원이 받는 직무교육 내용에서도 엿볼 수 있다. 이들이 받는 직무교육은 오직 위생교육뿐이다. 위생교육조차 근무시간이 끝나고 한 달에 한 번, 한 시간 동안 한다. 영양사가 달력을 들고 모두 가능한 날을 잡아 영양사실에서 하는데, 그 내용은 다음과 같다.

"위생교육은 한 달에 한 번 하는데 말 그대로 위생교육이지. 일단은 식중독 같은 거, 그릇 옮기는 거, 일할 때 손 씻기, 교차 위험 시키지 말기. 앞치마, 장갑이 전처리실, 조리실, 세척실마다 다 달라. 그런 거 딱딱 지키면서 해야 하고. 균 같은 거 알려주지. 근데 왜 위생교육을 일과 다 끝나고 우리를 앉혀놓고 교육을 하느냐고. 시간외수당도 안 주면서……."

왜 급식조리원의 직무교육은 위생교육밖에 없을까? 텔레비전 프로그램에 나온 요리사, 조리사들은 영양 파괴가 적고 식감이 살아 있는 조리법을 끊임없이 계발하고 훈련하는데, 왜 이런 훈련이 급식조리원 직무교육에 포함되지 않을까? 영양사의 지시에 따라 단순히 조리만 하면 된다고 생각해서일까? 새로운 메뉴가 계발되면 이를 연습하지도 않고 바로 실전에 투입해도 된다는 것인가?

그 이유는, 급식조리원의 일과 기술에 대해 '누구나 여자라면 할 수 있는, 배울 필요도 없는 간단한 업무'라고 보는 편견이 내재되어 있기 때문이다.

무기계약 전환! 권리는 공으로 얻어지지 않는다

여성의 일에 대한 편견은 임금과 근로 계약에도 반영된다. 2014년부터 교육부는 학교 비정규직의 임금을 매달 근무일수에 따라 지급하기 시작했다. 나리 씨가 일하는 서울시교육청은 방학과 주말을 제외한 1년 275일 임금 기준일수로 일당을 준다. 2014년 8월 5일자 『한겨레』 보도(「방학기간 월급 반 토막, 서러운 학교 비정규직」)에 따르면, 여름방학이 있는 8월 임금은 절반으로 떨어졌고, 몇몇 학교는 방학 중 청소 일수를 줄이거나 연차를 사용하도록 강요했다. 임금 지급에 있어 유사한 문제를 겪는 학교 비정규직은 전국 14만 2152명이다.*

'괜찮은 여성 일자리를 만들겠다'는 공약은 항상 떠도는데 학교 비정규직인 급식조리원들의 방학 때 생계 문제는 왜 고려되지 않을까? 최저임금은 왜 이들에게 적용되지 않을까?

뿐만 아니다. 근로계약에 있어서도 급식조리원은 임시직, 계약직이고, 언제든 다시 뽑아도 되는 노동자라고 여겨졌다. 이러한 관행에 제동이 걸린 것은, 2013년 「전국 157개 학교급식 차질」, 「학교 비정규직 파업 '급식 대란'」 등 보도로 알려진 비정규직 학교 급식조리원의 파업 덕분이었다.

당시 조리원들의 요구안은 학교에서 일하는 다른 사람들처럼 일당제가 아닌 호봉제로 전환하라는 것과, 노동 시간 차별을 해소하고 교육청에서 직접 고용하라는 것 등이었다. 2014년 현재 전국 5만 6353명의 급식조리사/원 중 정규직은 2458명에 불과하다. 나리 씨는 작년 노동조합이 데모해서 겨우 얻어낸 것으로, 정규직과 동등한 조건은 아니지만, 비정규직에서 '무기계약직'으로 바뀐 점을 꼽았다.

"어쨌든 무기계약이 되고 나니까 노조가 많이 생겨야 한다고 다들 생각을 해. 노조가 꼭 필요하다고. 그래도 아직도 모르는 사람들이 많아요……. 무기계약이 되니까 조리원들이 할 말을 조금 더 하지. 예를 들어, 영양사가 말도 안 되는 걸 시킨다, 다른 때는 꾹 소리 안 하고 일

---

* 「방학기간 월급 반토막' 서러운 학교 비정규직」, 『한겨레』, 2014. 8. 5.

5. 설치고 떠들고 연대할래!

했는데, 이제는 내 의견을 이야기하지. 조리법에 대해서든 메뉴에 대해서든 말하게 되지. 그 전에는 내가 영양사한테 찍히면 1년 있다 잘릴 수 있잖아. 근데 무기직이 되니 그런 눈치보는 건 사라졌지. 그 전까지는 반문 못 했던 것을 말할 수 있는 거지."

나리 씨는 큰 변화를 느꼈다. 영양사가 시키는 일을 하는 보조가 아니라, 바로 작업에 적극적으로 참여할 수 있는 존재가 되었다는 점이다. 그녀는 노동조합이 필요하다는 공감대가 같이 일하는 동료들 사이에 생기기 시작한 점 역시 중요한 변화로 보았다. '내 권리를 찾는 게 공으로 얻어지는 게 아니라'는 인식이 확산되었기 때문이다.

난 밥 해주려고 태어난 것 같아

마흔일곱에 새로 시작한 급식조리원 일이지만, 이 직업을 택한 이유는 낯선 일이 아니라는 점 때문이었다. 집 가까운 데서 일할 수 있다는 것도 큰 장점이었다. 힘든 일이지만 그녀가 이 일을 계속하는 이유는 밥하는 일을 '천직'이라 여기기 때문이다. 나리 씨는 "딸은 엄마를 닮는다더니, 평생 밥장사만 한 엄마 팔자를 닮아서"라 웃으며 말했다. 처음 시작할 때 예상한 것보다 훨씬 고된 일이었지만 그녀는 이 일에서 보람을 찾는다.

"나는 밥 해주려고 태어난 것 같아, 진짜. 어떨 때 보면 진짜. (웃음) 사람들 밥 해주러 태어난 사람 같아. 이제는 천직으로 받아들이기로 했어. 애들이 맛있게 먹으면 좋고. 급식하고 나서 애들이 참 밝아졌어요. 급식하고 나서 결석률이 많이 줄었대. 왜냐면 공부는 안 하더라도 밥은 먹으러 오는 거야. 진짜로. 그래서 애들이 '고맙습니다', '고맙습니다' 하고, 나는 '많이 먹어!' 이럴 때 기분이 좋지. 와, 내가 이 아이들을 위해서 밥을 했구나. 문제 아이들도 조금 있어. 있지만 걔네들도 계속 웃으면서 대해주면 정말 상냥해져."

나리 씨는 아이들이 맛있게 밥을 먹는 모습만 봐도 흐뭇하다. 한 끼 밥을 짓는 것은 타인을 위한 행위다. 그녀에게 밥 하는 것은 가족을 위한 가사노동이자, 나와 가족 생계를 벌기 위한 임금노동이기도 하며, 타인을 위해 봉사하는 수단이다. 이전처럼 무료급식소에서 밥을 하는 봉사활동은 못 해도, 맛있게 밥 먹는 아이들, 상냥하게 바뀌는 아이들을 보는 보람 역시 크다.

급식조리실과 학교식당, 그곳이 행복한 웃음으로 가득 차길 바란다. 일하는 사람도 시간에 쫓겨 일하지 않고 정성껏 음식을 만들 수 있으며, 먹는 사람들도 맛있고 건강한 음식을 마음껏 즐길 수 있는 그런 공간 말이다.

이
지
홍

보조출연자의 노동자성을
인정받기까지

전국보조출연자노동조합 위원장
문계순 씨

텔레비전에 내가 나왔으면 정말 좋겠네, 정말 좋겠네

어린 시절 흥얼대던 노래 가사처럼, 처음 출연 연락을 받았을 때의 심정이 꼭 그랬다. 아이들이 성장해 독립하면서, 쉰한 살 그녀는 새로운 인생을 꿈꾸기 시작했다. 지역신문에서 본 보조출연자, 일명 엑스트라 모집광고는 매력적이었다. 나이 무관, 학력 무관, 월 수입 200만 원 보장. 텔레비전에 나온다는, 누구나가 한 번쯤 꿈꿔본 상상이 현실이 된 것이다. 소개비 3만 원을 용역회사에 지불한 그날 밤, 그녀는 KBS 별관 앞으로 갔다. 400~500명의 사람들이 그녀와 함께 버스를 기다리고 있었다.

"그때 프로그램이 〈서울 1945〉였는데, 72시간을 꼬박 촬영했어. 잠

한숨도 안 재우고, 찍고, 기다리고, 찍고. 그래도 불평불만 하나 없었어. 텔레비전에 나온다니까, 좋아서 간 거니까. 탤런트들은 다 그렇게 하나 보다 했지. 그게 문제라는 생각은 못 했던 거야."

잠 한숨 못 자는 고통도 유명 연예인과 다정한 포즈로 사진 한 장 찍으면 눈 녹듯 사라졌다. 화면에 스치듯 지나가는 자신을 텔레비전에서 확인하는 재미로, 주인공인 양 최선을 다해 주어진 역할을 소화해 냈다. 피난 보따리를 쥐고 산비탈을 오르고, 폭탄이 터지는 사이사이를 헤집고 다녔다. 산속의 살기 어린 추위 속에서도 버스 뒤편에 서서 다음 장면을 위해 옷을 갈아입었다. 몸의 고통은 연기하는 즐거움으로 대체될 수 있었지만, 보조출연자들을 관리하는 20, 30대 젊은 반장들의 폭언이 남긴 마음의 상처는 쉬이 가시지 않았다.

"어른이고 애고 할 것 없이 모두 '야!' 하고, '이 새끼, 저 새끼' 하는데, 공영방송에서 일한다는 사람들이 이래도 되나 싶은 거야. 두 달 세 달 일하고 보니까, 언어폭력이 쫙 깔렸어. 감독이 '아까 백성 역할 했던 그 새끼 데려와' 그러면, 반장이 고대로 '아까 백성 역할 했던 새끼 나와' 그러지. 완전 개바닥이야. 무시당하고, 포로수용소의 죄수 취급당했어. 그러다 보니 보조출연자하고 진행반장 사이에 싸움이 간간이 있었지."

촬영 현장은 매우 열악했다. 변변한 화장실 하나 없어 사람들은 가까운 인근 밭에 가서 볼일을 보고, 탈의실이 없어 남녀노소가 뒤엉켜 서로의 시선만 피한 채 맨살을 드러내고 옷을 갈아입어야 했다. 어둠이 산속 세트장을 덮으면, 그야말로 아무것도 보이지 않았다. 성추행이 벌어져도 어둠이 모든 것을 삼켜버렸다.

"전쟁 장면을 촬영할 때면 정말 진짜같이 해. 진짜 화살을 쏘면서 싸우지. 누구는 말을 타고, 누구는 칼과 창을 들고 진짜처럼 싸워. 그러다 말에서 떨어지기도, 이런저런 크고 작은 부상들을 당할 수가 있어. 하지만 아까징끼(머큐로크롬액) 하나 없어. 의사 하나 투입되지 않는 거야. 그래도 웬만해서는 얘기 못 해. 괜히 얘기했다가 못 나오게 할까봐. 실제로 성곽에서 보초 서던 출연진이 졸다가 떨어져서 사망한 사건이 있었지만, 그냥 묻혀버리는 거야."

똥이 더러워서 피하냐? 무서워서 피하지!

2012년 현재 보조출연자로 활동하는 사람들은 대략 10만 명(노숙인 포함). 일 공급량에 비해 일자리를 원하는 사람들이 많다 보니 부조리한 일들이 벌어져도 누구 하나 맞서지 못한다. 핏대 한 번 올렸다간 바로 찍혀서 더 일을 할 수 없기 때문이다.

"방송사가 갑이고, 제작사가 을, 용역회사가 병, 그리고 우리가 정이지. 갑을병정, 정. 제일 밑바닥이 우리야. 용역회사에는 '동원부'라고 있는데, 동원부 밑에 지부장들이 있어. 각 지부마다 보조출연자 30명씩 관리해. 보통 오후 3~5시 사이에 용역회사에서 다음 날 일감을 정해서 알려줘. 매일매일이 대기 상태인 거야. 언제 일이 잡힐지 모르니까, 따로 뭘 하기도 힘들고. 그러다 보니, 사람들이 스스로 지부장한테 전화해서 사정을 하고. 상납을 해야 하고. 또, 현장에서 말 한마디 잘못했다가는 반장들이, 너 어디 소속이냐 물어서 그 지부장에게 바로 전화해. 그 사람 보내지 말라고. 그러니 모두 속과 다르게 맨날 좋다고만 하는 거지."

지부장이나 현장반장의 권위는 절대적이다. 그들의 눈에 한 번 띄면 만사가 형통이기 때문이다.

"〈서울 1945〉 촬영할 때, 반장들하고 친한 4인방이라고 있었어. 10대, 20대, 30대 애들인데, 주부도 있었지. 400, 500명 투입되니까 현장반장들도 네다섯 명 됐거든. 그 애들은 매일 일을 받는 거야. 월 200만 원을 넘게 벌고, 일도 쉬운 것만 배정받아. 사람들 관리하는 거, 누가 일 못하나 감시하는 거 시키고. 밤 되면 또 어디 요릿집을 가는지 노래방을 가는지 보이지 않고."

연예인 못지않게 끼를 가진 보조출연자들은 일을 할 수 있다는 것에 감사하면서 길게는 30년, 40년을 버텨왔다. 숙소를 마련해주지 않아 자비로 숙소를 해결하고, 오후 4시에 늦은 점심을 먹고도 두 시간 뒤 저녁밥을 10분 만에 먹어 치워야 하는 몰상식한 스케줄을 감내하면서. 감독이 OK 사인을 보낼 때까지 먹지도 자지도 못한 채 뺑이를 치고, 구역질 날 정도로 오염된 의상 때문에 피부병이 나도 변변한 치료 한 번 요구하지 못하면서도, 그 일이 천직처럼 느껴졌다.

"스타들? 보조출연자들이 걔들보다 더 연기 잘한다고 생각해. 20년, 30년 경력이 된 사람들도 많거든. 그리고 진짜 잘해. 단역 시켰다가도 감독이 마음에 안 들면 보출(보조출연자)을 불러. 오래 했으니 감독도 아는 거야. 원래는 대사를 하면 일당을 100% 올려주게 되어 있는데, 주지 않지. 또 그 사람들도 자기가 떴다고 좋아하고 받을 생각도 안 하고."

더러운 똥인 줄 알면서도 무서워 피할 수조차 없는 사람들, 그들이 바로 보조출연자들이고 또 다름 아닌 이 땅의 비정규직 노동자들의 처지다.

보조출연자도 노동자다

"한번은 100명이 넘는 사람들이 한 현장에 투입됐는데, 그중에 열다섯 명만 철야를 하게 됐어. 그러면 나머지 사람들은 집에 보내줘야 하잖아. 근데 못 가게 하는 거야. 출연하는 사람들은 돈을 받지만, 나머지는 아니잖아. 나중에 보니까 나머지 몫까지 철야로 올려놓고 그 돈을 떼먹으려고 못 가게 했던 거야. 새벽에 여의도에 도착해서 방송국 로비에서 차 시간을 기다리면서 '이건 정말 아니다'는 얘기들이 나왔지. 국회에 가자, 청와대에 가자, 문화관광부에 가자는 사람들도 있었고. 그래서 50명 정도가 즉석에서 서명을 한 뒤, 집에 가서 씻고 아침 9시 30분에 다시 모이기로 한 거야. 그랬더니 여덟 명이 왔더라고. 강제는 없었어. 어디를 가야 하나 하다가, 그래도 우리가 노동자니까 노총을 찾아가자고 했고, 마침 한국노총이 여의도에 있으니 그쪽으로 가게 된 거지. 그날 거기서 노동조합을 만들기로 하고 서울시청에서 노조 인가를 받은 게 2006년 9월 11일이야."

그녀가 보조출연자로 첫 촬영을 한 것이 2006년 6월 20일. 보조출연자 경력 3개월이 채 되지 않은 그녀가 전국보조출연자노동조합의 위원장이 되었다. 대한민국 방송 역사와 맞물린 보조출연자들의 60년 역사 동안 단 한 번도 이루지 못한 노조의 깃발이, 선배들의 비아냥처럼 '이 판의 심연이 얼마나 깊은지도 모르는' 풋내기에 의해서 올라간 것이다.

"알고 보니 선배들도 노동조합을 만들려고 무던히도 노력을 많이 했더라고. 조기축구 모임이나 산악회 같은 것도 하고. KBS 별관 앞 아카라 공원에서 몇 시에 모여라 그러면, 그럴 때마다 '새작(프락치)'이라고 하는데, 누가 가서 회사에 고자질을 하는 거야. 그러면 그 사람들에게 일을 안 줘서 떠나게 하거나, 때론 좋은 곳에 경비 같은 걸로 취직시키기도 하고."

동료 선배들로부터 풋내기가 나서는 꼴이 미워서 '미친년'이라는 수군거림을 듣기도 하고, '3개월을 버티면 내 손에 장을 지진다'는 조소와 비아냥을 들어야 했다. 또 누군가는 한국노총의 명의를 도용해서 돈을 뜯어낸다고 신고를 하기도 했다.

보조출연자 중 많은 이들이 IMF 때 실직이나 사업 실패 등으로 이혼하고 PC방이나 만화방, 사우나에서 생활하는, 그야말로 방 한 칸 갖지 못한 어려운 형편의 사람들이다. 개중에는 일당 1, 2만 원 받고 일하는 노숙인들도 많다. 그러다 보니 노조의 중요성을 알아도 쉽게 뭉칠 수 없는 것이 그들의 안타까운 처지였다.

"처음 여덟 명이 시작했지만 지금은 1700명의 조합원이 있어. 우리가 노조를 만들면서 방송국과 1년에 한 번 정식으로 용역계약을 맺는 네 개의 용역회사와 단체협약을 했어. 노조비로 용역회사에서 조합원들이 일한 수입의 1%를 지급하게 하고 1700명 명단을 올렸는데, 그 사람들이 오히려 조합원들에게는 일을 안 줘. 남들은 100만 원, 200만 원 해도 조합원들은 30만 원, 50만 원밖에 안 되는 거야. 그러니 노조비로 들어오는 돈이 50만 원이 채 안 될 때도 많아. 상근자 세 명이 무보수로 일해도 한 달에 200만 원은 드는데, 지금 빚이 3000만 원으로 불었어. 그래도 이제는 다들 인정해 줘. 노조가 있어서 10년 동안 오르지 않던 일당 3만 6000원이 4만 3000원까지 올랐다고, 필요하다는 건 다 알지."

노조가 이룬 가장 큰 쾌거는 보조출연자들의 근로자성을 인정받은 것이다. 2009년과 2010년 서울중앙법원과 서울고등법원에서 승소하면서 보조출연자들은 더 이상 계약서상에 '사용자'가 아닌 '근로자'가 되었다. 또 2012년 9월 13일에는 114일이라는 질긴 싸움 끝에, KBS 〈각시탈〉 보조출연자 고(故) 박희석 씨가 처음으로 산재를 인정받음으로써 전국 10만 보조출연자의 산재 적용이 가능해졌다.

문화권력과의 싸움, 계란으로 바위치기?
계속 치다 보면 흠집이라도 나겠지

보조출연자가 받는 돈은 일당 4만 3000원, 24시간을 꼬박 촬영해도 4만 3000원이다. 시급으로 치면 1800원 꼴로, 최저 임금 4300원(2011년 기준)에도 턱없이 모자란다. 계약서에 버젓이 적혀 있던 3만 5000원의 숙박비도 노조가 생기면서 받게 됐는데, 야간수당, 철야수당까지 바라는 건 언감생심일까?

"우리나라 방송국이 한 달 동안 보조출연자들에게 지급하는 금액은 총 15억에서 20억 원 규모야. 근데 여기에 연장, 야간, 철야 수당 같은 건 전혀 없는 거야. 그건 다 어디로 간 거냐? 용역회사에다 물어보니, 자기들도 방송국에서 받지 못했대. 그래서 방송국을 찾아갔더니 장부까지 보여주면서 지급했다는 거야. 사진을 좀 찍자니까 비밀문서라 안 된다고 하는데, 우리가 그게 뭔지 알아? 보여주니까 그런가 보다 한 거지. 다른 데 가도 '왜 우리가 보출(보조출연자)들 돈을 떼어먹냐'면서 오리발이야. 그래서 다시 용역회사 사람 불러놓고 그동안 밀린 수당 소급 적용하겠다고 했더니, 정말 안 받았다고 하는 거야. 결국 방송국에서 송금한 내역과 통장을 복사해서 가져왔는데, 정말 없는 거야. 방송국이 안 준 거였어. 그래서 그랬지. 너희도 살려면 우리를 도와라. 방송국 앞에 가서 시위를 할 테니 사람을 보내달라 했지. 나중에 방송국 직원들이 인정하더라고. 줘야 하는 게 맞다, 올해만 해도 100억 이상 드는데 그 예산 올리면 자기들 잘린다, 내년에 꼭 해 주겠다 하는데,

내년이 되면 사람이 바뀌어 있는 거야. 그럼 무슨 얘긴지 모른다고 다시 처음부터…… 그렇게 3년을 미뤄왔어. 문화권력이 그렇게 지독해. 장자연 사건 때도 그렇고, 최고은 작가의 죽음도 그렇고."

노조 활동 6년 동안 몸무게가 25kg이나 늘었다. 6년 전 촬영지에서 찍은 사진 속의 늘씬한 모습은 이제 없다. 하지만 후회는 없다. 전국보조출연자노동조합 위원장이라는 제2의 인생을 넉넉한 품으로 끌어안았던 그 마음으로, 노조가 건강하게 자립할 수 있을 때까지 그녀는 정성을 다해 품을 것이다.

"우리가 바라는 건 모든 보조출연자들이 안전하게 일할 수 있고, 또 일한 만큼 대가를 받아서 정말 세 끼 밥 잘 먹고 두 다리 쭉 펴고 자는 거, 그거밖에 없어. 그게 다야. 이런저런 수당과 교통비 등을 다 합치면 일당이 15만 원 정도가 돼. 그러면 우리가 한 달 내내 일하지 않아도 어느 정도 생활을 할 수 있게 되고, 그만큼 일자리 창출도 되니까 골고루 일할 수 있게 되지 않겠어? 이게 바로 일자리 나눔이고 복지사회로 가는 길이지."

어디에나
여자 할 일은 있다

**조선소 엔진룸에서 일하는
하청 여성 작업자 손경자 씨**

우리는 곧잘 잊지만, 어디에나 여자들은 있다. 더 자주 잊어버리지만, 어디에나 여자들 해야 할 일은 있다. 우락부락 남성들만 있을 것 같은 조선소에도 여자 할 일은 있다.

이 사실을 안 것은 2010년 희망버스 때다. 당시 한진중공업에 들어간 사람들 중 일부는 여성 탈의실을 숙소로 사용했다. 문을 열고 들어가자 여느 탈의실과 다르지 않게 줄지어 늘어선 사물함부터 보였다. 사물함마다 작은 거울이 달린 것이 좀 다를까. 모양이 거울마다 조금씩 다른 것으로 보아 부러 붙인 게다. 게다가 거울은 죄다 아래쪽에 붙어 있었다. 사람 다리쯤 오는 높이. 주저앉아 봤다. 그제야 거울에 얼굴이 비치는 게 높이가 딱 맞았다. 배에서 내려와 몸을 씻고 탈의실 바닥에 주저앉아 로션을 바르고 눈썹을 그리는 여자들이 떠오른다. 제 얼굴을 들여다보는 잠깐을 땅에 철퍼덕 앉아버리는 여자들. 고됐구나.

조선소 엔진룸의 도장 담당 하청업체에서 8년

조선소 여자들의 일은 고되다.

"하루 종일 청소만 하고, 하루 종일 칠만 해봐요."

어깨도 아프고 허리도 시큰거린다. 주로 붓이나 롤러를 가지고 하는 페인트칠(도장)이나 청소, 정리정돈이 여자들의 일이다. 남자들이 스프레이로 페인트칠을 하고 나면 여자들이 붓을 들고 미처 칠해지지 못한 부분과 이음새를 메운다. 남자들이 도장 작업을 하기 전 청소도 여자들의 몫이다.

"여자들이 확실히 세심한 부분에는 낫잖아요."

도장 일을 하는 경자 씨는 여자들의 일을 그렇게 설명했다. 그러다 에라, 싶은 얼굴로 말한다.

"이 시급에 남자들이 하겠어요?"

남자들은 안 할 일을 손경자 씨는 하루 8시간도 하고 12시간도 했다. 그러나 여자 일이 진짜 힘든 건, "남자는 일이 끝나면 진짜 끝이지. 여자는 아니"기 때문이다.

"여자는 힘들어요."

나는 고개를 끄덕인다. 퇴근한 그녀들을 기다리는 것은 식구들의 저녁밥.

"대단하죠, 여자들이."

그 대단한 여자로 사는 일은 피곤하다. 피곤하도록 일을 하고도 여자는 '집에서 논다'고 표현한다. 집에서 밥을 하고 그릇을 씻고 걸레질을 하고, 칭얼거리는 애를 둘러업고 시장에 가도 여자들은 스스로 집에서 논다고 표현한다. "사지 멀쩡한데 신랑 벌어주는 거 앉아서 받기 그래서" 경자 씨도 조선소로 왔다.

들어간 곳은 조선소 엔진룸의 도장 작업을 담당하는 하청업체였다. 업체는 그녀를 달가워하지 않았다. "나이가 많다 그랬죠." 그녀 나이 48세였다. 우리는 45세 이상은 안 받지만, 아줌마는 소개로 들어온 거니 특별히 봐준다. 업체는 말했다. 첫날 그녀 손에 들린 건 빗자루였다. 며칠을 계속 청소만 했다. 시작부터 도장 일을 시키면 다 도망간다고 했다.

처음으로 본 조선소는 엄청났다. 크고, 시끄럽고, 위험했다. 남편도 조선소 밥을 먹었다. 남편이 이런 곳에서 일을 하고 집에 돈을 가져다주는구나, 마음이 짠했다. 감상도 잠시, 조선소는 정신 안 차리는 순간 다치는 곳이다. 처음 족장(높은 곳을 작업하기 위해 달아놓은 발판)에 발을 디딘 날, 그녀는 다리가 후들거렸다. 지금은? 뛰어다닌다. 도장 8년 차다. 8년 차 선배이지만 여전히 청소 일을 한다. 예전에는 신입만 하던 일이다.

"사람들이 나가면 다시 들어오질 않아요. 돈이 적으니까."

같이 일하는 여성 중 정규직이 있느냐? 물어보니, 본관 청소하는 사람들을 말한다.

"이제는 안 뽑아서 거의 없죠. 다른 사람들은 계약직인가. 본관 거기는 일이 훨씬 쉽잖아요."

본관이라면 조선소 안 건물 사무실을 말한다. 경자 씨의 소속감은 함께 일하는 조선소 노동자에게 있지 않다. 하청업체 남성들도 아니다. 조선소에서의 업무가 청소, 정돈, 마무리라 그런가. 조선소 사람들에게서 보던 기능공이라는 자부심은 찾아볼 수 없다. 그러나 그녀에게는 스스로 돈을 번다는 자부심이 있다. "과일 하나를 사 먹어도 맘 편히, 눈치 보지 않고 먹으려" 일을 한다는 그녀는 스스로 벌이를 한다는 당당함이 있다. 그러나 남편에게는 감정을 드러내지 않는다.

"남자들은 자존심이 있잖아요."

남편도 미안하고 고마워할 것임을 안다. 그러면서 경자 씨는 남편이 고맙다고 했다. 야근을 하든 특근을 하든 남편이 말을 하지 않는다는 것이다.

일이 많을 때는 밤 11시까지 일을 한다. 어깨가 빠질 것 같다. 아침 8시에 들어가서 사방이 막힌 공간에서 같은 일을 계속하려니 죽을 둥 살 둥이다. 내일 애들 먹일 반찬도 어질러진 집도 생각나지만 업체 반장은 일이 밀렸다고 으름장을 놓고, 내가 내 집에 보탬 되려 온 거지 여기 일만 하러 왔나? 대거리하고 싶어도 얼굴 맞대고 일하는 사이에 얼굴 붉히는 것이 꺼려진다. 불편한 속으로 잔업을 하고 밤이 늦어 집으로 간다. 그렇게 일하고 와, 남편이 뭐라 하지 않는 것이 고맙단다. 여자가 참 그렇다.

불도 환풍 시설도 제공되지 않는 위험한 '하청 인생'

여자 일이 다 고되지만, 조선소 고됨의 절반은 위험이다. 경자 씨가 꼽은 위험은 탱크에 들어가 하는 작업이다. 배는 참 크다. 아파트 몇 개를 붙여놓아도 선박 크기에 못 미친다. 그 커다란 배 바닥으로 내려가는 길이 맨홀처럼 좁고 깊다. 아래로 내려가기 위해 일자 사다리에 발을 디딘다.

"내 몸만 가나. (페인트) 깡통도 들고 가야지. 간격이 요만한데, 사다리 타고 올라갔다 내려갔다를 해봐. 아래를 쳐다보면 아찔해요. 탱크가 무섭지. 떨어지면 죽어요."

한 손에 페인트 통을 들고 어두운 터널을 내려간다. 불이라도 켜주면 좋은데, 불을 넣기 위해서는 반장과 한판 붙어야 한다. 그냥 목에 건 랜턴 불빛에 의존해 일할 때도 많다. 페인트 신나 냄새가 통풍되지 않은 좁은 굴에 가득 차면 눈물이 난다. 눈이 아파 정신을 못 차리다가 재수 없으면 숨 막혀 쓰러지기도 한다.

"반장이 귀찮아 환기시설을 안 넣어주는 거죠."

사람 쓰러지는 걸 두고 볼 정도로 귀찮거나, 아니면 그걸 염두에 둘 여유가 없을 정도로 분주하거나. 그것도 아님 원래 하청 인생, 거기서도 밑바닥을 차지하는 하청업체 여성 작업자 목숨이 파리 목숨이거나.

"사실 사장은 자기 책임 안 지려고, 뛰지 마라, 뭘 설치하고 일해라 그러거든요. 그러면서 뒤로는 반장들에게 (작업자들) 조지라고 해요. 일을 막 정신없이 시켜놓고 사고가 나면, 거봐라, 내가 뛰지 말라 하지 않았냐. 사장은 그러는 거죠. 반장들이 가운데 끼는 거죠."

앞에서 윽박지르는 반장도, 뒤에서 반장 옆구리 찌르는 사장도, 모두 돈을 좇는다. 인부들은 그냥 돈이다. 돈을 벌어다 주는 인부들은 그런데도 밥이다. 여자들은 반장에게 김치도 가져다주고, 영양제도 챙긴다. 떡 한 쪼가리, 밥 한 끼 넘어가는 일이 없다.

"일하느라 내 식구도 못 챙기는데 반장에게 그러고 싶지 않다."

경자 씨는 단호하다. 그러나 안다. 다른 여자들이라고 못 챙긴 가족 생각이 안 날까. 그러나 사람들 작업장에 보내는 것도 인사권이라고, 반장에게 미운 털 박히고 싶지 않아 상납하듯 음식이 간다.

경자 씨의 심기를 어지럽히고 싶지 않아 묻지 않았지만 반장, 정규직, 심지어 같은 하청업체 남성들까지, 이 사회에서 힘을 가질 수 있는 지위에 놓인 이들이 조선소 하청 여성에게 던지는 폭력과 다를 바 없는 음담패설과 반말지거리는 익히 들었다.

착하거나 순하거나 여리거나 힘없는 여자는 그것을 묵묵히 듣는다. 그러나 여자들은 끊임없이 생존하려 애쓴다. 때로 힘을 이용하기도 한다. 컴컴한 작업장에 불이나 통풍장치를 안 넣어주면 여자는 원청(조선소 기업) 안전요원을 찾는다.

작업 속도를 높이는 것도, 이를 용인하는 이도 원청이지만, 원청 또한 하청업체 사장처럼 앞에서는 점잔을 떤다. 지엄하신 원청 말에 불이 들어오고 통풍장치가 들어온다. 조선소 제일 밑바닥에 놓인 잡부용역 여자들은 원청-하청, 정규직-하청용역으로 말해지는 조선소 내 권력 관계를 이용할 줄 안다.

스스로 싸워 얻기도 한다.

"반말을 막 하는 거예요. 나이도 어리면서 소장, 반장이라고."

경자 씨는 회사에 말한다. 반장 삿대질 못 하게 해라, 욕 못 하게 해라. 말하면 한 번에 해결되나. 그것도 아니다. 총무실을 거치고, 소장, 팀장을 거치고, 사장에게 가기까지 몇 단계를 거치는 동안 당한 여자는 이야기하고 또 한다. 막 대하지 말라는, 고작 그 요구를 하기 위해 얼마나 품을 팔아야 하는지.

"몇 번이나 해야 해요. 그러니 나만 까다롭다 하지요."

어느새 까탈스러운 여자가 되어버린 경자 씨는 얼마 전 노동조합에 가입했다. 어차피 그만둘 날도 몇 해 안 남았다. 미움 받는 것 따윈 무섭지 않다고 했다. 그녀는 인터뷰 내내 몇 번이나 반복해 말했다. 옛날 같지 않다고.

"사람들이 옛날하고 다르잖아요. 다 배운 사람들이에요. 옛날에는 오라면 오고 가라면 가고, 하라면 하고, 요새는 보다가 아니다 싶으면 따지지. 반장들이 일 시키기 힘들게 됐지. 요즘 사람들은 다 알죠. 알고 덤비는데 재간이 있나."

정규직 문을 바늘구멍으로 만들어놓자 경쟁이 치열해졌고, 그녀의 표현대로라면 배운 사람들이 몰리기 시작했다. 정규직이 될 가능성을 좇아 하청업체에도 사람이 몰린다. 업체는 할 말 하는 사람들을 싫어한다. 노동조합이라는 것도 싫다. 여자가 노동조합에 가입했을 때, 사장은 안전교육을 빌미 삼아 안전 대신 다른 이야기를 했다. "나이가 몇 살인데 노조 가입이냐. 얼마나 잘 되는지 두고 보겠다"고.

그녀는 안다. 회사가 왜 그러는지. 다른 여자들 들으라고 하는 거다. 노동조합에 가입하면 저런 소리 듣는다. 잔업도, 주말 특근도 주지 않는다. 경자 씨는 회사에 따졌다. 따져 다시 가져왔다. 옛날하고 다르다 했지만 여전히 엉망이다. 경기가 조금만 어려워져도 회사는 월급을 미룬다. 지난달에도 70%밖에 월급이 나오지 않았다. 회사 잘나갈 때는 잔업에 특근을 해줘도 콩고물 하나 떨어지는 일이 없더니 회사어려울 때는 바로 티가 난다.

회사가 어렵다는 말도 믿기지 않는다. 그녀가 보기에는 '알찐 돈'이 많다. '가라 사원증'. 그만둔 직원들을 퇴사 처리하지 않고 원청 조선소로부터 인건비와 장비 비용을 받는다. 조선소 하청업체에 만연한 편법이다. 사람이 없어도 나오는 인건비가 누구의 주머니에 들어가는지, 인건비는 나오는데 실제로는 없는 사람들의 몫까지 누가 일하는지, 하청업체 사람들은 빤히 안다.

"업체는 그러는 거죠. 억울하면 출세해라, 너거가 사장 해라, 엉망이에요. 안 들키면 그만이고 들키면 모른 척 무시하거나 돈 주고 입 닦아버리고."

눈만 굴릴 수밖에 없다. 월급이 나오지 않아도 눈 부라리며 화낼 사람이 없다. 찍힌다. 배운 사람들, 똑똑한 사람들 조용하다.

"남자들은 더 안 움직이죠. 입 꾹 다물고 있어요. 가정이 있어 그런가."

그래서 경자 씨가 노동조합에 가입했다.

'증권사의 꽃'에서 조선소 저임금 노동력이 되기까지

조선소 일부터 노동조합 가입까지, 돌이켜보면 상상조차 하지 못했던 일들이다.

"내가 조선소에서 일을 할 거라 생각해본 적도 없지요."

여자상업고등학교를 나와 교장 추천으로 증권사에 들어갔다. 당시 은행이나 증권사는 일등 취직 자리였다. 명동 한복판에 있던 증권사. 이제는 통폐합되어 사라진 증권사에서 여직원으로 살았다. 10년을 일했고, 벌이에 부족함이 없었다. 사야 할 옷 사고, 먹고 싶은 거 먹었다.

"직장의 꽃이라 하잖아요. 그런데 막상 결혼을 하니 써먹을 수 있는 게 없는 거예요."

결혼한 여자를 증권회사는 꽃으로 받아들이지 않았다. 경자 씨는 남편이 하는 귀금속 일을 함께 했다. 남편은 귀금속을 만들고 그녀는 팔았다. 자영업자로 10년을 잘 지냈다. 그러다 외환위기가 왔다. 장사가 안 됐다. 사람들이 돈이 없어 귀걸이를 사지 않는 문제가 아니었다. 홈쇼핑이 생겼다. 도심에 대형 귀금속 판매점이 생겼다. 백화점이 들어섰다. 대자본이 들어온 것이다. 동네 장사 하던 그녀는 버틸 수가 없었다.

인클로저 운동. 근대 초기 양들이, 아니 그 양을 다량으로 사들인 돈 있는 자들이 소작농을 땅에서 몰아냈다. 땅에서 쫓겨난 사람들은 도시의 공장으로 갔다. 거대자본은 그렇게 잉여 노동력을 만들어 냈다. 노동력밖에 가진 게 없는 사람들은 공장으로 와 값싼 임금을 받으며 일했다. 경자 씨도 공장으로 갔다. 그녀가 살고 있는 도시에는 거대한 조선소 공장이 있었다.

"하루가 이틀이 되고, 이틀이 한 달이 되고, 한 달이 1년이, 1년이 2년이 되고 그리 산 거지요."

여자 하나 없을 것 같은 조선소에서 일하는 그녀의 삶은, 전형적인 여자의 삶과 크게 다르지 않았다. 젊었을 때는 기업이 원하는 꽃이 되었고, 한창 나이 때는 육아에 전념했으며, 그 아이들이 사회로 나와 새로운 노동력이 될 쯤에는 공장으로 들어가 저임금 노동을 제공한다.

그럼에도 그녀가 그녀인 이유는, 자신의 권리를 지킬 줄 알기 때문이다. 경자 씨에게는 지켜야 할 권리가 있고 돌봐야 할 가족이 있다. 가족과 권리는 충돌하기도 나란히 가기도 한다. 과정에서 그녀는 늘 선택한다. 굽혀야 할 때, 더 큰 힘을 이용해야 할 때, 맞서 싸워야 할 때를 판단하고 선택한다. 당당함을 잃지 않는 선에서. 이 또한 어느 여자들과 다르지 않다.